本书获得国家自然科学基金青年项目（71902156）、士后科学基金（2018M643817XB）、陕西省创新能计划（软科学研究计划面上项目）（2021KRM004）和陕西省教育厅人文社会科学专项（19JK0551）的资助。

员工积极情绪、即兴行为与创新绩效研究：
基于拓展–建构理论视角

门　一◎著

Research on the Relationship between Positive Emotions,
Improvisational Behavior and Innovation
Performance of Employees from a Broaden-Built Theory Perspective

经济管理出版社
ECONOMY & MANAGEMENT PUBLISHING HOUSE

图书在版编目（CIP）数据

员工积极情绪、即兴行为与创新绩效研究：基于拓展 – 建构理论视角 / 门一著 . —北京：
经济管理出版社，2022.3
ISBN 978-7-5096-8343-9

Ⅰ.①员…　Ⅱ.①门…　Ⅲ.①企业管理—人力资源管理—激励—研究　Ⅳ.①F272.92

中国版本图书馆 CIP 数据核字（2022）第 043213 号

组稿编辑：王格格
责任编辑：赵天宇
责任印制：黄章平
责任校对：董杉珊

出版发行：经济管理出版社
　　　　　（北京市海淀区北蜂窝 8 号中雅大厦 A 座 11 层　　100038）
网　　　址：www.E-mp.com.cn
电　　　话：（010）51915602
印　　　刷：唐山昊达印刷有限公司
经　　　销：新华书店
开　　　本：710mm × 1000mm/16
印　　　张：14.5
字　　　数：261 千字
版　　　次：2022 年 7 月第 1 版　　　2022 年 7 月第 1 次印刷
书　　　号：ISBN 978-7-5096-8343-9
定　　　价：88.00 元

前　言

　　员工个人创新绩效的提升是企业实现创新的原动力。全球最佳雇主Google 公司为使员工更好地开展创新与协作，提出了一系列行之有效的管理措施来维持和激发员工愉悦的情绪体验，并削减他们创新过程中的心理压力。越来越多的企业开始意识到开展情绪管理是激发员工内在持续创造力的必要手段。以往研究多从完善组织支持、提升员工知识与技能等视角出发来探讨提升员工创新绩效的途径与方法，鲜有研究在员工积极情绪与创新绩效之间建立联系。因此，现有研究成果较难满足现阶段企业人力资源管理实践的需要，且对员工积极情绪是如何涌现的，以及通过何种路径对员工创新绩效产生影响的内在机制仍待进一步探索。

　　针对现有研究在提升员工积极情绪与员工创新绩效方面的启示与不足，本书提出并解决了以下三个研究问题：其一，工作场所中员工的积极情绪是如何被激发和涌现的？其二，积极情绪通过何种内在机制影响员工创新绩效？其三，在积极情绪的产生和作用过程中，个体认知特质与外部情境因素是如何发挥协同作用的？本书通过 235 名员工的质性数据及对 86 个团队中 375 名员工的实证数据分析，采用结构方程模型的方法，使用 SPSS16.0 及Mplus7.0 等软件对 9 个主假设中所包含的个体层面及跨层面假设关系进行了检验，19 个子假设中的 17 个得到了验证。

　　具体而言，本书主要从以下四个方面展开：

　　研究一：提出并验证了工作特征与关系质量两类要素对员工积极情绪产生的正向影响。Basch 基于西方国家服务业从业人员的文本数据分析出 27 类能够引发员工情绪反应的工作事件，其中个体目标实现、决策参与程度以及同事行为等 14 类工作事件与个体积极情绪的产生有关。鉴于该数据来源及分类的局限性，本书对中国本土来自多个行业的 235 名员工的文本数据进行分析整理，通过逐行编码共获取 3672 条初始代码，后通过聚焦编码共发展出 39 个高频代码，其中"工作"相关代码 17 条，"关系"相关代码 22 条。进而通过绘制概念地图的类属化过程抽取出工作自主性、工作挑战性及工作趣味性等工作特征要素，以及领导－成员关系、团队－成员关系、工作－家庭平衡等关系质量要素。为进一步证明质性分析结果的可靠性，本书还通过建立结构方程模型基于实证数据分析得到研究结论：除工作挑战性与员工积极情绪呈倒"U"形关系外，其余五种要素均能够正向影响积极情绪的产生。这一研究结论表明在中国情境下，维护"关系质量"与塑造"工作特征"对员工积极情绪的产生具有同等重要的作用。

研究二：建立并验证了积极情绪通过即兴行为与心理资本对员工创新绩效产生正向影响的两条不同路径。积极情绪对员工创新绩效的直接作用虽已被证实，但两者间所存在的中间机制尚不明晰。积极情绪的拓展－建构理论指出，积极情绪能够激发个体瞬时的想法和行动，并促进其身体、智能、社会和心理资源的积累。因此，本书在积极情绪与员工创新绩效之间引入了瞬时性的、主动性的即兴行为和可持续的、可累积的心理资本作为中介变量。基于不同时点获取的数据，通过建立结构方程模型并采用 Bootstrap 的方法，结果表明：即兴行为与心理资本均能够在积极情绪与员工创新绩效之间起到中介作用，且即兴行为对心理资本有正向作用。检验结果揭示了积极情绪对员工创新绩效产生影响的作用方式既可以是瞬时性的，也可以是可持续的，也再次证明了积极情绪拓展作用对建构结果的正向影响。这一研究结论丰富了对提升员工创新绩效内在机制的探索，深化了管理者对积极情绪通过拓展与建构两条路径作用于员工创新绩效的中间过程的认识，启发管理者通过两种不同方式提升员工创新绩效。

研究三：通过引入认知灵活性作为个体认知特质，分析并验证了认知灵活性在工作特征及关系质量两类要素与员工积极情绪之间的调节效应。认知灵活性决定了员工认识环境及对环境做出反应的方式。本书分析了认知灵活性是如何通过影响个体情绪的认知－评价过程来调节工作特征及关系质量要素与积极情绪之间关系的。通过建立结构方程模型基于实证数据分析得到研究结论：员工的认知灵活性在工作自主性、工作趣味性、领导－成员关系、团队－成员关系、工作－家庭平衡与积极情绪之间起到正向的调节作用，且在高工作挑战性分组中，对工作挑战性与积极情绪之间的关系起到正向调节作用。这一结论进一步明确了个体认知在积极情绪产生过程中的关键作用，启发管理者应从完善不同类型情绪影响要素和提升个体认知灵活性两个不同的视角出发来激发员工积极情绪。

研究四：分析并验证了学习型目标导向和绩效型目标导向对积极情绪与员工创新绩效之间中介路径的不同调节效应。国内外对不同类型目标导向与员工创新绩效之间关系的研究结论存在不一致，且鲜有研究关注目标导向对员工创新绩效产生影响的中间机制。本书分析了学习型目标导向与绩效型目标导向作为团队情境因素在积极情绪通过即兴行为和心理资本影响员工创新绩效过程中的调节作用。通过建立一个跨层面的有中介的调节效应模型，结果表明：较强的团队学习型目标导向能够增强员工积极情绪通过即兴行为与心理资本对员工创新绩效的正向影响；而较强的绩效型目标导向则会削弱员工积极情绪通过即兴行为与心理资本对员工创新绩效产生的正向影响。这一研究结论发现了不同类型的团队目标导向对积极情绪与员工创新绩效关系的不同作用效果，丰富了对员工积极情绪拓展 – 建构过程的边界认识，鼓励管理者在致力于绩效达成的同时注重学习型目标的设定以顺利实现积极情绪通过拓展 – 建构过程对员工创新绩效的提升，为管理者在创新过程中的目标设定偏好提供了理论依据。

目　录

上篇　理论篇

下篇　实 证 篇

上篇 理论篇

第一章　研究背景与研究问题

当代中国正处于经济、社会、资本全方位转型的时期，求新求变成为目前国家经济活动、体制改革与文化重建的重要课题，创新成为推进各个领域发展的核心力量。随着转型不断推进，传统粗放式的人力资源管理模式已逐渐被精细化和人性化的方式所取代。管理者开始关注对员工在工作场所中情感智能的应用，学习能力的提升和职业发展的满足。本书以员工积极情绪的产生为源头，基于积极情绪的拓展－建构理论，探讨了积极情绪对员工创新绩效的内在作用机制，以及员工认知特质与团队情境因素在这一过程中所发挥的协同作用。本章主要涉及研究背景与研究问题的提出、明确了研究意义，简要介绍了主要研究内容，并提出了本书的逻辑框架。

第一节　转型时代的现实背景

中国正在经历全方位整体性的战略转型与变革，并且机遇与挑战并存。《中国企业家成长与发展专题调查报告》中对 4015 位企业家的调查数据显示：有 61.5% 的企业家认为，目前阻碍中国经济发展最大的问题是自主创新能力弱，有 91.9% 的企业家提出"科学技术创新能力是未来推动经济发展的重要因素"。同时，他们认为提升个体员工创新绩效与应变能力，关注对人力资本的挖掘是转型时期的关键任务。因此，中国企业在实现产品和技术创新时，还应从管理方式、文化理念入手，由表及里、由外及核循序渐进地解决企业乃至个人在转型阶段的创新问题。

1. 提升员工个人创新能力是实现企业创新和持续发展的原动力

（1）经济转型为企业创新带来机遇与挑战。

互联网经济颠覆了各类传统行业的运作模式。2015 年，以"经济转型与商业银行风险管理"为主题的高峰论坛中提到，国家所出台的一系列金融改革政策使金融领域进一步向非国有资本开放，中小型金融机构逐渐增多，创新融资模式及消费金融两大趋势影响了传统银行业的产业格局。2016年，"中国餐饮酒店领袖峰会"披露的数据显示，中国餐饮行业的生命周期从 2.9 年降至 2.1 年。传统餐饮业的从业者开始通过互联网建立了资金、食材和市场的聚合与联动模式以降低成本，带动行业系统创新继而谋求个体发展。同样地，东方航空建立了创新事业部，主要负责对东航业务模式、渠道模式、产品模式，以及商业模式等相关转型事宜的规划、落地与执行。

管理大师德鲁克曾经说过："当今企业的竞争不是产品的竞争而是商业模式的竞争。"经济转型与互联网普及撼动了传统行业赖以生存的根基，企业唯有求新求变才能突破固有模式得以长久发展。由以上产业及企业的转型模式可以看出，互联网作为中国经济的一股新锐力量已经为传统行业带来了新的发展契机，也全方位地改变了人们的工作和生活模式。2015年，大疆、滴滴、人人车等创新商业模式独领风骚。大疆作为第一个将无人机应用于商业领域的企业，其产品已经被应用于军事、农业与媒体报道等多个方面。滴滴出行继顺风车与快车之后，又推出了滴滴巴士业务以方便城市出行新线路的测算，旅游路线的定制等。人人车首创"C2C模式"为买卖双方直接搭建了可靠的第三方平台。

（2）企业创新持续探索但成果转化动力不足。

自2010年之后的10余年，中国企业在创新探索进程中的成绩令人欣喜。参照世界知识产权数据库所发布的数据，中国发明专利数年复合增长率自2012年起均在30%左右，日本仅为0.1%，中国的研发能力与效率也远远超过其他发展中国家。在全球创新指数（Global Innovation Index，GII）排名中，中国在143个国家中居第29位，甚至超越了葡萄牙、意大利等欧洲发达国家。《中国创新发展报告（2015）》指出，中国创新能力进入快速发展阶段，通过对创新环境、创新资源、创新成果、创新效益及国家创新能力等方面的综合分析，对比了1991年中国的创新能力数据指标与美国2012年核心创新能力数据指标得出：中国现阶段创新环境发展速度最快，创新资源和创新成果紧随其后，创新效益发展速度略慢。

中国经济的高速发展为创新提供了条件，但只有实现企业创新成果的快速转化才能反作用于经济的发展。2012年，中国每百万人口专利申请数达到415.62个，增速第一，但是专利的质量并不高，这与《中国创新发展报告（2015）》中的结论一致，中国创新产出效率方面与美国相比仍有较大差距。2013年的"企业家成长与发展专题调查报告"中显示：中国企业创新动力不足是经济转型期需要克服的重要难题。当环境的复杂性和不确定性提高，应对环境变化应不断建立全新的商业模式来引领发展，加速创新成果转化才能实现平稳过渡。因此，寻找创新低效率的根本原因，提高创新效率就成为创新工作中的重中之重。

（3）全员创新成为企业创新成果实现顺利转化的新引擎。

要实现企业创新成果的顺利转化，从根本上是要关注企业完成创新的动力从何而来，而员工创新绩效是企业创新得以实现的根基。百度公司首先使用了"授权式创新"激活员工的创新能力。技术人员在完成任务过程中随时都可以与部门领导、同事，甚至公司总裁交流想法或讨论问题，这是百度形成自下而上创新机制的关键。"百度文库"最初是由百度公司中一个 10 人以下的团队完成的，百度公司在应对后期"百度文库"的盗版危机时除采用传统人力筛查盗版文档外，还授权一个独立团队开发了一套反盗版软件。由此，百度公司的 DNA 盗版比对技术上线并申请了专利。类似地，百度 91 通过扶持内部员工创业来培植公司创新项目。由此可见，当管理者创新思维不足时，最好的方法是激活员工的创新思维，以问题为导向授权员工的创新有利于创新成果的快速转化。

2014 年 9 月，在夏季达沃斯论坛上，总理李克强提出"大众创业，万众创新"这一理念，包括"大众、万众"和"创业、创新"两组关键词。前者是后者的主体，没有"大众、万众"便无所谓"创业、创新"。将这一概念放在社会层面，是鼓励营造人人创新的态势，而放在企业层面，可理解为激发企业内部每个员工的创新精神和创新基因。由于一线员工实实在在地参与到企业生产、运营、管理的各个环节中，他们依靠工作经验的指导及对市场环境的敏锐洞察能够及时把握创新突破口。同时，他们也是新方法、新工具、新流程的直接受用人，对创新成果有效性的评价具有权威性。当企业与员工价值共享的时代来临，个体与企业的关系不再是服从和依附，两者变成了共生关系。激活了个体的创新活力，就能以点带面实现企业、产业甚至国家创新。因此，管理者如何通过有力措施来激励员工内在创新动机成为有待深入破解的难题。

2. 关注员工工作情绪成为激发员工创新绩效的新思路

（1）社会转型及互联网普及致使社会情绪失衡。

经济转型伴随着社会转型，大的社会变革易引发社会心态问题。"十二五"规划历史性地将社会心态作为重要议题，其中一个重要组成部分是社会情绪。社会情绪是社会成员对生活现状的心理感受和情绪反应，是个体与社会之间相互建构形成的最为宏观的心理关系。它能够对社会行为者形成模糊的、潜在的和情绪性的影响。

社会情绪状态有着明显的分水岭，个体的情绪表达间接地、离散地呈现出社会整体的情绪状态。20 世纪 60 年代，中国社会以自给自足的自然经济和农耕生活为基础，计划经济体制下的生活方式被动且节奏较慢。这个时期人们沉浸在对未来新生活的向往中，整体情绪比较平静积极和乐观向上。20

世纪 80 年代，改革开放政策打开国门，市场经济产生萌芽。传统的集体主义、家族主义价值观与西方的个人主义、自由主义与独立主义价值观相碰撞，人们的情绪状态是迷茫的、波动的、矛盾与纠结的，选择与恐惧成为这个时期的代名词。21 世纪，在市场经济体制的利益驱使下，城镇化进程的加快引发了贫富分化矛盾，让"北漂""蜗居""蚁族"等不同群体出现，外来人员在城市缺乏归属感，难以融入社会。《社会心态蓝皮书》中提到，"房难买""学难上""病难看"等现实问题也在短期内很难得到彻底解决。社会公平、公正的缺失也引发了多领域、多层面的信任危机。以上问题是致使现阶段社会情绪失衡的首要原因。

另外，互联网普及对传统文化观念形成巨大冲击。截至 2014 年 6 月，中国的网民数量达到了 6.32 亿，微博用户达到了 83%，活跃用户达到了 62%，手机设备持有量达到了 12 亿台①。在新时期核心价值观还未形成的"真空期"，中国传统文化与外来文化在互联网这一虚拟平台上展开博弈。面对不同文化和不同价值观所带来的冲突与矛盾，大多数人感到疲惫不堪，整体心理承受能力下降，负面情绪不断激升。互联网为负面心态和负面情绪的大规模快速蔓延提供了媒介与平台。由此，在社会急剧转型过程中，焦躁疑惧、迷茫失落、愤青思维和拜金主义等社会情绪的失衡之势已经形成。而社会心态失衡引发工作场所情绪问题成为一种必然，也将是现阶段组织亟待解决的问题。

（2）工作场所情绪问题频发，呼吁人性化管理措施的推行与实施。

世界卫生组织在 2019 年公布调查结果，中国有 70% 的人处于亚健康状态，同时由于社会情绪的整体失衡，新闻报道中个体情绪问题所引发的连锁反应更是不绝于耳：某公交车司机由于心情不好，拒载乘客；城管人员暴力执法；员工与管理者发生口角后持刀报复；地铁员工对乘客有不满情绪借以地铁屏幕加以宣泄。事实上，员工需要根据情感规则来调整外在行为表达甚至是内在情绪感受，它伴随着个体在行为上、经验上和心理上的反应（Gross，2002）[1]。情绪工作不仅发生在个体的日常生活中，在工作角色和组织情境中更为常见（Hochschild，1975）[2]，情绪工作概念的提出为解决员工个体在工作场所的情绪问题提供了可能。

越来越多的企业意识到员工知识技能给企业带来的效益是有限的，积极良好的情绪状态不仅能够保证和谐的工作氛围，而且能够有效地将人工智能转化为生产力，成为提升组织绩效的关键催化剂。宁波一企业对员工实行"心情签到表"，通过记录员工每日心情来进行日常工作安排；余姚市采取了

---

① 数据来源：微博数据中心的《2014 年微博用户发展报告》。

情绪签到和情绪管理司机的方法，即心情不好的司机不能安排出车，这种方法有效地避免了司机负面情绪给公共交通带来的隐性不便，为市民提供了更优质的服务；中华恐龙园实行带薪情绪假，员工在心情不好时可以休假以放松心情；同时，有企业为员工提供专门的情绪宣泄区，确保员工心理健康；中国国家电网、中国移动通信及中国石化等公司均已引入"员工心理信息管理项目（Employee Assistance Program，EAP）"，该项目旨在从职业规划、人际交往、情感家庭、子女教育、压力与情绪调整等多个方面，分析员工心理健康现状和存在的问题，提出解决办法。企业聘请专家针对员工的具体问题进行专业的心理辅导，积极缓解员工压力以提升员工的幸福感和满意度。

　　由此可见，中国企业对员工情绪问题的逐步重视已经将目前基于岗位的、围绕战略的人力资源管理模式推向以人性化为出发点的管理模式。如何更好地培养员工积极情绪，建立人性化的、高效的互动平台，形成内部协作，成为解决企业与员工个体共生问题的关键。

　　（3）人性化管理措施的推行与实施能够有效激发员工创新绩效。

　　商业管理杂志《世界经理人》指出，人性化管理高居十大创新管理实践之首。以3M、交通银行和德胜洋楼为代表的企业，通过在人力资源管理实践中引入"员工心理信息管理项目（EAP）"在践行人性化管理举措方面取得了卓越的成绩。由此可见，企业中的员工，企业中的"人"被提升到了前所未有的高度。

　　美国硅谷的企业VIPABC试图从多个角度出发建立人性化的管理制度，成为业界领先的充满"幸福感"的公司。VIPABC为公司员工提供弹性的工作时间，男女同享长达4个月育婴假，每周五"无会议日"，在雾霾等恶劣天气下可以选择在家办公等福利以保证员工能够在工作时兼顾家庭。同时，对全体员工开放免费健身、美发、医疗等人性化生活服务，以保证员工健康，提升个人魅力。

　　VIPABC之所以建立如此健全的高福利工作制，目的是希望公司员工能够充分发挥创造力，以积极的工作状态，为公司再创佳绩，以吸引更多人才的加入。VIPABC鼓励员工利用"无会议日"为公司献计献策，进行头脑风暴，擦出更多创新火花。在企业规模快速成长之际，工作效率与质量必须同步提升。通过人性化的制度和良好的福利体系能够激励员工士气，提升工作效率，而人才和效率是企业能否一再创新、更上一层楼的关键。

**　　3. 建立学习型平台是达成企业创新和满足知识型员工需求的途径之一**

　　（1）集体目标与员工个人目标的融合是解决创新"负效率"的关键。

　　厉以宁在2017经济学家年会上提出了"负效率"的概念，他认为产生负效率的首要原因是企业目标与个人目标的不一致，这种情况一定会导致效率丧失，进而出现负效率。

以往企业的做法是通过企业文化指导员工，使员工的价值观与企业价值观保持一致，继而促使两者的目标达成一致，但现实中的情况却不尽如人意。一些公司对自身价值观的传递是灌输式的、压制式的。例如 Uber 公司，新员工在加入 Uber 时被要求了解并接受公司的 14 条核心价值观，其中包括"大胆的投资""迷恋客户"，以及"永远在工作"，但由于公司过于强调业绩与公司目标实现，导致员工之间尔虞我诈、相互竞争等违规现象时有发生。国内美团外卖公司有广告语"美团外卖，送啥都快"，以"快"为企业目标，但却将员工的个人安全置若罔闻，有大量新闻报道称该公司不承担员工送餐过程中的工伤责任。

可见，长久以来在企业与员工双方的关系中，员工的角色是被动的、次要的，企业及其代理人有更多的话语权和决策权。但是随着经济的发展和就业机会的增加，技术的普及和学习成本的降低，员工与企业双方的地位逐渐趋于平等。单方面强制性地敦促个人目标向集体目标靠拢这一做法正在逐渐失效。如何从"要我做"走向"我要做"，最终实现"我们一起做"就需要明确以下几点：员工需要其个人需求、个人利益及个人目标得到尊重，而企业需要找到在实现集体目标时如何去兼顾员工个人目标的方法和途径。

现如今，越来越多的企业意识到兼顾员工个人目标才能实现组织目标。例如，日本企业家稻盛和夫提出了"阿米巴哲学"，其核心经营思想是将企业员工发展放在首位。他为了保持运作活力将公司划分为一个个小的集体，确立与市场挂钩的部门核算制度，培养具有经营意识的人才并且实现了全体员工共同参与经营，从而取得了巨大的成功。

（2）资本转型令知识型员工成为企业实现创新的中坚力量。

《中国企业家成长与发展专题调查报告（2013）》中提出，企业家们认为增强企业的人力资本是提升企业创新能力的关键。高素质的人力资本正在取代物质资本成为中国经济持续、健康、快速发展的重要推动力。相较于以往企业在厂房、设备及资产上的投入，管理者发现对员工在知识、技能和认知能力提升上的投入能够让物质投入发挥更大的效用。

随着经济的发展和互联网竞争的全面展开，"中国制造"正在向"中国智造"转型，人口红利正在向人力资本红利过渡，而中国的人力资本红利开掘的空间巨大。《中国创新发展报告（2015）》中指出，中国的科学研究与试验发展（Research and Development，R&D）人员（研发人员）总量已经超过美国，R&D 投入与美国的差距逐步缩小。中国高等教育毛入学率已超过

30%，主要劳动人口中受过高等教育的比例达到 12.5%。在数量庞大的农民工和蓝领工人中，接受职业教育或者在岗培训的人也越来越多。同时，"一技之长走天下"已经不适合未来职场，知识技能更新和综合能力的提高成为个人保持职业竞争力、取得长远发展的关键。正如现代管理学之父彼得·德鲁克在《新型组织的到来》中所说的，"20 年后的今天，企业的组织结构将发生变化，知识型员工成为企业的主体力量"。

由于管理者面对着专业程度比自身更强的员工，而员工或受过高等教育，或经验丰富，或由于价值创造潜力拒绝向集体或他人妥协，或不愿服从命令，或不愿分享个人的技能与经验等。因此，对知识型员工的管理相较于工业社会时期对工人的管理难度更高，管理者需要具有更多的平等精神和参与精神。华为公司为更好地管理知识型员工提出了"灰度管理"的管理理念，这一理念指出，首先，应在不确定性与混沌时期承认知识资本的价值，构建与知识型员工共创共享的机制；其次，深入理解人性，把握知识型员工的心理需求与管理底线，强调弹性与人情味；最后，建立试错型文化。"灰度管理"理念在一定程度上反映了现代知识型员工的基本需求，他们对职业发展和能力提升有强烈诉求，重视张扬个性和自我实现，因此，推动员工与企业共同成长是解决知识型员工管理问题的切入点。

（3）重视学习型目标设定为企业吸引知识型员工并实现创新提供了可能。

彼得·德鲁克认为，管理知识型员工需要企业与员工从利益共同体变为事业共同体，最终成为命运共同体。利益共同体将员工的个人利益与企业的利益紧密地结合起来，摒弃以往压榨劳动力的管理方式，管理者在满足员工基本生理和安全需求的同时，激励员工去追求更高层次的需求。事业共同体让员工成为组织的一部分，将员工的事业与企业的事业合为一体，企业保证知识型员工能够得到更多学习和培训的机会，使员工不断充实自己，实现自我。当企业与员工价值观实现融合，员工不再是被动地接受任务或是单纯地用劳动来获取报酬，而是将自己的命运与企业的命运结合在一起时就形成了命运共同体。

彼得·圣吉认为，管理知识型员工建立学习型组织势在必行。员工在学习型组织中能够熟练地进行知识的创造、获取和传递，并善于改善自身以适应新的环境，同时这类企业为员工提供了丰富的学习与实践机会。学习型组织的建立依赖于共同愿景的建立、团队学习、改善心智模式、自我超越以及系统思考。其中，团队学习正因以团队为单位的工作模式的盛行而得到推崇。美国的微软公司以及中国的联想公司均是以搭建学习型平台为目标的标杆企业。微软倡导"学习是自我批评的学习，是信息反馈的学习，是交流共享的学习"，因此，在完成任务的过程中，微软不同团队中的员工还关注从过去和当前的研究项目中学习、通过数量化的信息反馈学习、以客户数据为依据的学习以及促进各个团队各个产品组之间的沟通与联系，定期交流共享学习成果。国内的联想公司也在组织学习实践中表现得十分出色，从而在技术创新方面实现了较为重要的突破。

上述现实背景表明：当环境复杂性不断提升，企业传统创新模式失效时，有哪些新的途径值得探索？如何更好地发挥人力资本效力，在保证企业创新效率的同时兼顾员工利益？想要解决中国企业在转型时期创新过程中的这些问题，要明确经济转型时期的企业转型需要依托于创新能力的提升，而人力资本成为企业实现创新的核心动力。社会转型所引发的工作场所中员工的情绪问题和资本转型所带来的人力资本的红利迫切需要企业实施人性化管理模式，而关注员工的情绪问题及自我提升为激励员工创新绩效并实现企业创新提供了可能。

全球最佳雇主 Google 公司看似天马行空且自由的企业文化并不是毫无章法的，它之所以能够成为具有高效创造力并最具幸福感的企业，是因为它一直所践行的是消除任何象征或强化等级划分的壁垒，创造透明、宽松、方便、富有创造力的工作环境，并让员工真正感受到工作意义。传统管理模式将员工绩效提升与企业的人性化管理放在对立的位置，认为过多地关注员工的需求会将企业目标置于次要位置，然而本书认为只有改变以往压榨式的、强迫式的、功利式的管理方法，采取以人为本的管理理念，关注对员工情感智能的应用，关注学习型平台的搭建，才能激发员工创新绩效，达到事半功倍的效果。因此，在创新过程中，如何化被动为主动，将情绪问题转化为情绪资源，将创新压力转化为创新动力，将看似毫无联系的各类资源转化为对它们的综合利用，将帮助管理者在管理实践中剥开云雾见太阳。

第二节　理论研究背景及概述

1. 员工创新绩效的相关研究

（1）员工创新绩效研究引起广泛关注。

有关员工创新绩效的研究可以追溯到 20 世纪 50 年代，在半个多世纪的发展过程中，员工创新绩效始终是人力资源管理及组织行为领域内学者讨论的重要课题。员工创新绩效（Creativity）被认为是在高不确定性和高竞争性的外部环境下组织创新（Innovation）提升的关键影响因素。围绕员工创新绩效有两种不同的视角：过程视角和结果视角。Kahn（1990）[3]认为，员工创新绩效是从行为、认知和情感上都试图去创造新成果的过程。Drazin（1999）[4]认为在复杂情境中，员工参与到创新活动中就是一种创新。与以上观点相左，以 Amabile（1983）[5]为代表的学者则认为员工的创新必须要能够看到新颖的、有用的想法、程序或产品的产生。

越来越多的研究从创新者的特征、创新的内在心理机制以及创新的外部环境建立对员工创新绩效展开了探讨。有部分研究集中探讨了个体的差异化特点是如何影响创新的。个体的认知风格（Amabile，1996）[6]、认知能力、动机导向及人格特质（Feist，1998）[7]均是员工创新绩效的影响因素。另一部分研究集中探索了外部情境因素是如何对员工及团队创新产生影响的。例如，组织及主管的鼓励、自由且无妨碍的工作支持、充足的资源及适当的工作压力均能够对个体创新产生影响。基于员工创新绩效对组织创新的重要贡献，研究者认为应该从个人、工作及组织三个不同的主体出发建立创新影响因素的整合模型（Glynn，1996）[8]。

（2）对提升员工创新绩效内在心理机制的探索。

随着员工创新绩效影响因素的不断完善，越来越多的研究者认为个体及环境特征对创新的影响是通过内在心理机制转化发生作用的（Amabile 等，1996）[9]。个体在人格构成（例如性格、能力和动机等）所呈现出的特征决定了其创新的一般倾向性，具体情境能够通过激发其不同的心理机制对创新行为的发生产生影响。计划行为理论指出，个体行为的发生是由自身感知到的行为控制力和行为意愿决定的。以往的研究认为，员工创新绩效是通过创新自我效能和创新意愿两个心理过程完成的。创新自我效能体现了个体对自身能力的评估和预测，而创新意愿则体现了个体完成创新的内在心理倾向。国内学者在中国情境下延续使用了计划行为理论，在"我是""我能""我愿"的逻辑框架下提出了员工创新绩效的三大心理要素分别为：创新角色认同、创新自我效能与创新意愿（杨晶照，2011）[10]。个体对自我的创新形象判断越强，在创新过程中的参与度越高。创新自我效能反映出员工对创造力实现的信念表现，表现为相信自己能够产生新的想法；对创新性地解决问题充满自信；有帮助其他人完成新想法的技巧和冲动；自信能发现解决新问题的办法。创新自我效能通过提升创新信念、坚持和努力程度来增加创新的可能。创新意愿则是个体最直接的心理动机。其中，创新自我效能作为工作场所中员工创新绩效的重要内驱力被作为中间变量进行了广泛研究（Tierney 和 Farmer，2002）[11]。

（3）对创新目标设定和创新结果之间关系的探讨。

创新是否能够实现与个人和集体如何设定创新目标有着十分密切的联系。研究者从多个角度对创新目标作出诠释，包括：目标实现的难易程度，目标设定的来源，目标承诺及目标的广度。创新目标实现的难易程度与生产效率目标实现的难易程度的交互作用对创新结果会产生影响，个体在"尽力做最好"的创新目标和较难实现的生产效率目标的指导下创新性和生产力最高（Shalley，1991）[12]。同时有研究指出，当创新目标来自个体内部时，也就是自发的创新目标相较于被动的创新目标具有更高的实现可能（Shalley，1995）[13]。创新反馈有助于提升个体对创新目标的承诺从而有利于创新产出（Carson 和 Carson，1993）[14]。国内学者认为，创新目标广度越大，也就是创新目标越多，越能够保证创新成功（王悦亨等，2015）[15]。

与上述目标诠释方式有所差异，近期出现的目标导向理论从目标特征的角度分析了团队或个人目标导向与创新实现的联系。相较于创新目标难易程度，设定来源，目标承诺以及目标广度，目标导向更具概括性地反映出集体或个人为什么以及是如何去实现各种各样目标的。其中，团队层面的目标导向作为情境变量逐渐引起学者们的注意，研究者将团队目标导向分为学习型目标导向和绩效型目标导向两类，有研究指出，这两类目标导向均与员工的创新绩效正相关，而也有本土研究认为学习型目标导向与员工创新绩效正相关，而绩效型目标导向与员工创新绩效负相关（路琳和常河山，2008）[16]。后期又有部分研究通过对边界条件的探讨对这一关系中可能存在的内部机制进行了纵向挖掘（Hirst 等，2011）[17]。

2. 积极心理学及积极情绪的相关研究

（1）积极心理学为探索个体、企业乃至社会的进化机制提供了理论基础。

从历史上来看，无论是西方先哲还是东方思想家都对人类积极心理的发展提出过自己的见解。20 世纪 30 年代，Terman 发现，在智力方面表现出卓越特征的个体在婚姻中体会到的愉悦感程度更高，这一研究关注了人类除智力特征之外的幸福感的产生。20 世纪 60 年代，Maslow 与 Rogers 认为心理学仅仅关注了那些非正常的现象，使人们丧失了应对未来的信心。因此，Maslow 提出了尊重的需求与自我实现的需求等高阶心理需求，两者均展示了其对人类健康人格与自我完善的重视。实际上，中国思想家对人类积极心理的探索远早于西方学者，最典型的是老子与庄子，庄子主张人应积极地与自然融为一体，进而找到生命真正的意义。

心理学从治疗心理疾病，填补心理缺陷转向"积极"不仅是基于先哲的思想理论基础，还有其现实理论依据。首先，在"二战"结束后，由于战争给人类带来的巨大创伤，心理学逐渐成为为少数人服务的、帮助人类矫正和治疗的科学，这造成了学科发展的不平衡与不对等。其次，社会的跨越式发展为积极心理学的出现奠定了十分坚实的基础，当人类的经济基础得到提升、生存问题得到解决后，自然而然地开始关注积极的一面。最后，心理疾病从治疗到预防的改进也让积极心理学的发展有了充分的理由。

无论从哲学基础、历史发展还是理论建立的时机来看，Seligman 提出积极心理学都有其充分的理由。积极心理学目前主要关注三个主题：首先是主观层面上不同时期个体的情绪、情感体验，例如：个体对过去的成就感与满意度，个体在现阶段感受到的快乐、幸福与愉悦，个体对未来所抱有的希望与乐观等。其次是个体层面上自尊、友好、勇气、仁爱等人格特质和良好品德。最后是集体层面上个体与周围的人和环境所建立的积极的、友好的人际关系与互动。

从提出伊始，研究者对积极心理学的探索就从未停止过。2000 年《积极心理学导论》的发表预示着西方学界开始了对积极心理学的深入研究（Seligman 等，2000）[18]。2001 年《美国心理学家》开辟了专栏，对当时有关积极心理学的 20 篇论著做了整理，其中涉及快乐、幸福感、乐观、情绪与健康等最新热门话题。随后，2002 年《积极心理学手册》出版，这一论著中收录了近 55 篇文章，对当时积极心理学在各领域的发展状况进行了梳理与归纳（Seligman，2002）[19]。有学者对积极心理学得以快速发展的原因进行了分析，并提出了以管理现象为着眼点进行探索的路线（Gable 和 Haidt，2005）[20]。2012 年，McNulty 与同伴通过对乐观、宽恕、积极思维及仁慈四个关键积极心理学变量的研究发现：不同的情境因素可能对相同的特质与幸福感之间的关系有不同的作用，情境因素可以是个体自身的身体健康状况、时间等（McNulty 和 Fincham，2012）[21]。自 2003 年以来，中国学者根据西方学者提出的研究思路和热点问题提升了该学科在中国的影响力。总体来说，积极心理学在提出伊始就得到了学术界与整个社会的积极响应，并在后期得到了蓬勃的发展，该理论的贡献在于捍卫了一直以来被孤立出心理学的关键理论和研究，探索了使个体生命更有意义的途径和方法。

（2）积极心理学推动了组织行为学和"以人为本"管理理念的发展。

不同时期所提出的，以满足人的基本需要为前提的不同人性基本假设推进了现代人力资源管理实践的不断演化与变革。斯密的"经济人"假设认为，人的工作需求是为了获得经济报酬以维系生存；梅奥的"社会人"假设则认为，除了物质需求，人还有与他人发生联系的心理需要以及实现其自我价值的需求；"智能人"假设认为，现阶段人的需求驱动着市场的运转，人的创造决定着企业的生存，而人的智能则体现着自我的价值。如果在现阶段依旧停留在个体经济属性、社会属性和观念属性的讨论显然不够。"智能人"假设需要人力资源管理政策能够激发人的智能性，当人成为了真正意义上的人时，才能发挥对企业的价值，企业的管理才能称之为"以人为本"。

积极心理学运动符合现阶段人性基本假设的观点，迎合了人们对于生活及工作的目标与追求，因而其对人力资源管理实践及组织行为学研究都有着十分重要的意义。首先，在积极心理学未被引入组织行为学之前，组织行为学多关注员工的压力或离职及工作效率低下等负面问题。积极心理学的基本假设是发掘人类身上所固有的、潜在的建设性力量以使其获得更美好的生活。其核心价值观在于强调正常个体能动的自我、选择的自我，主张研究个人的整体意识经验，重视人的尊严与价值。这些优势恰恰迎合了现阶段员工的需求特点。因此，该理论逐渐走进组织行为领域的视野，并被广泛应用。Luthans 等认为积极组织行为学应该关注：具有积极导向、可开发并能有效管理的人力资源和心理能力，关注如何让员工更快乐地工作或挖掘他们的内在潜力，并致力于提升组织中的工作绩效（Luthans 等，2005）[22]。后续地，自我效能感、希望、乐观、主观幸福感，以及情绪智力等多个积极组织行为学概念被提出。

此外，随着积极心理学在组织行为学中的应用与发展，人力资源管理实践也因此出现了一些新的趋势。例如，在人力资源的选拔与招聘中不只关注员工的学历与经验等一系列"硬"指标，也开始重视个体的心理资本水平。在考核与培训时，企业开始关注员工的积极心理体验、愉快的工作氛围以及对员工良好品质与乐观心态的培养。在制度建设方面，薪酬体系、晋升体系等不再被作为影响员工工作态度积极性的唯一因素，灵活的工作制度、充分的授权体系，以及充满活力的激励制度成为更有效的人力资源管理制度。

（3）积极情绪开辟了探索以情感为驱动的员工内在心理机制的新视角。

积极心理学中提及的积极人格是个体趋于稳定的特质，积极的社会组织建立涉及个人与他人的互动，而积极的情绪体验对人是平等的。积极的情绪体验无论何时、何地、何人都有可能发生。也正因此，积极情绪成为积极心理学研究最为广泛的内容及最重要的研究分支。积极情绪是情绪研究的一个重要方面，与消极情绪是相对的，前者的研究依托于积极心理学有利于激发个体潜能，实现个人幸福感；后者的研究依托于传统心理学成为治疗个体心理疾病的重要依据。

积极情绪对员工健康心态的培育与积极心理的发展有着十分重要的作

用。积极情绪能够通过转换个体的认知模式改善个体的情绪问题和不良行为；积极情绪的启动效应能够在环境发生变化时依靠情绪节点产生的刺激扩展个体大脑的兴奋，使人在听觉、视觉和语言上都体现出关联性，并留意变化以适应环境；积极情绪还能帮助个体在风险决策的情境中表现出"谨慎的乐观主义"（Nygren 等，1996）[23]。积极情绪虽然短暂，但其影响并不是稍纵即逝的。拓展 – 建构理论建立起了积极情绪与个体认知、行为及可发展的资源之间的联系，明确了积极情绪在个人自我实现过程中的重要价值（Fredrickson，2001）[24]。

3. 积极情绪的拓展 – 建构理论相关研究

（1）拓展 – 建构理论为提升积极情绪的影响力奠定了基础。

积极情绪的研究始于 Fredrickson 的一系列实验。消极情绪往往发生在个体感受到环境中的危机时，个体当下反应能力及选择视野都会受到限制。积极情绪则代表着安全性，它能够让个体的反应范围扩大，能够增加个体的认知与行为选择（Fredrickson，2001）[24]。同时，积极情绪使个体不仅聚焦于短期生存，而且启发个体关注自身对环境的长期适应与发展。由此，Fredrickson 认为积极情绪具有两大核心功能：一是瞬时的拓展功能，通过促使个体积极地思考诸多行动的可能性，从而拓展个体的注意、认知、行动力；二是长期的建构功能，可建构个体长久的身体、智能、社会及心理资源（Fredrickson，2001；Fredrickson，2004）[24, 25]。

Fredrickson 先后发表了多篇有影响力的文章，对该理论的提出、发展和推进做出了贡献。2001 年，积极情绪的拓展 – 建构理论被提出，文章中作者介绍了该理论的主要内容及贡献，并回顾了以往有关积极情绪研究中能够佐证该理论的论点，提出并明确了在该理论框架下待解决的实证研究问题。2004 年，Fredrickson 分析了不同类型的积极情绪可能引起的不同拓展及建构结果，为个体行为预测与行为引导提供了参考。同年，她针对一种独立的积极情绪——感激的拓展 – 建构作用进行了研究（Fredrickson，2004）[26]。通过实验证明了单一拓展路径的可靠性，积极情绪有助于个体认知与行为范畴的扩大化（Fredrickson 和 Branigan，2005）[27]。结合 Brown 及其团队的选择投入理论（Selective Investment Theory），学者强调了积极情绪能够让个体的思维不再局限于自身，同时聚焦于长期回报、适应与进化（Cohn 和 Fredrickson，2006）[28]。基于拓展 – 建构理论，后续又提出了螺旋上升理论，该理论在拓展与建构两条路径中建立了联系，再次证明了积极情绪对个体长期发展有作用意义（Cohn 和 Fredrickson，2010）[29]。Vacharkulksemsuk 对该理论的相关研究进行了回顾，并对该理论如何在组织情境中得到应用与发展给出了自己的见解（Vacharkulksemsuk，2013）[30]。纵观拓展－建构理论的发展过程，西方研究者多基于 Fredrickson 的理论框架与实证研究成果企图建立积极情绪与其他个人或组织产出的联系。而中国学者自 2000 年才开始逐渐重视对积极情绪的研究，并试图将西方研究成果放在中国情境下加以验证。

（2）积极情绪的拓展－建构理论为探索员工创新绩效的内在机制提供了新的可能。

情绪与创新之间存在联系，为了探索何时以及为什么情绪能够影响个体创新，有研究者建立了双路径创新模型。在该模型中，情绪高水平激活程度能够通过作用于个体的动机和记忆来影响员工感知到的情绪效价。积极情绪能够通过提升认知方面的灵活性和包容性作用于员工创新绩效想法的新颖性；消极情绪则通过保持认知方面的持久性和耐力来保证员工创新绩效的实现（De Dreu 等，2008）[31]。

拓展－建构理论的提出不仅丰富了积极情绪的研究，还为解决组织管理领域员工积极情绪与创新之间的关系提供了新的可能。个体通过感知和表达积极情绪与周围环境发生互动，这一过程能够拓展并提升个体的认知，当个体的工作有一定的智能要求时，就必须要通过这种方式来提升工作绩效。认知方面的提升还能够直接促发更高水平的坚持以及更强的创造力（Staw 等，1994）[32]。接受挑战性的工作是个体产生创造性想法或完成创新的第一步。同时，完成工作不仅需要依靠自己的能力和知识，而且需要依赖团队其他成员。积极情绪能够帮助个体与周围环境和谐相处，帮助个体顺利完成创新任务与工作。探究积极情绪与员工创新绩效两者关系的本土研究并不多见，有研究者认为，个体积极情绪通过提升个体的认知、记忆、学习策略和信息理解增加了员工创新绩效知识学习的动机与韧性，同时积极情绪能够影响个体的创新思维和创新自信，进而提升其创新能力。而团队的积极情绪氛围能够有效地提升团队创新绩效（刘小禹和刘军，2012）[33]。

4. 现有研究有待改善的方面

（1）有关员工创新绩效研究的不足。

首先，员工创新绩效驱动力的研究多集中在以判断为驱动的内在心理机制的建立，忽略了对以情感为驱动的内在心理机制的探索。以判断为驱动的员工创新绩效研究主要从两个方面出发：一是与个人认知风格和人格特质有关的影响因素的探讨，二是以认知评价为基础的个体创新心理因素构成的剖析。能够影响员工做出创新行为主要取决于三方面要素：意义构建过程、动机以及知识与技能（Ford，1996）[34]。当其中一个方面有所缺乏时，个体的创新行为都不会发生。个体付诸创新行为取决于其目标的设定，接受的信念

（指个体对创新价值与行为能够获得回报的信念），对自身能力的信念。同时，员工的三大创新心理因素中，创新角色认同是对自我创新角色的认定和理解，是个体所感知到的自我在他人面前的表现以及对这种表现的判断（杨晶照等，2011）[10]。创新自我效能是个人对于所从事的特定任务是否具有产生创新行为的能力和信心的评价（Tierney 和 Farmer，2002）[11]。创新意愿则体现了个体进行创新的动机和创新愿望的强度，这其中包含了个体对外部环境的判断。可见，现有关于员工创新绩效内在心理机制的建立多是基于理性的、认知的、判断的，均属于对个体"硬智能"的开发与探索。仅有极少研究涉及员工情感这一"软智能"可能在创新过程中发挥的重要作用。

其次，现有研究广泛地探讨了影响员工创新绩效的情境因素，对情境因素与个体心理因素的互动作用探讨较少。组织情境（Zhou 等，2012）[35]、组织结构（Wei Wu 等，2012）[36]、人力资源管理（Jiang 等，2012）[37]、领导风格（Afshari 等，2011）[38]、团队结构（Somech 和 Drach-Zahavy，2013）[39]及团队组成的多样性（Shin 等，2012）[40]等外部因素均能够对员工的创新产生影响。此类研究虽能为管理实践提供丰富的对策与建议，但是却忽略了这些情境因素与人的互动作用，也缺乏对创新实现过程的剖析（Anderson 等，2014）[41]。随着现阶段员工与组织关系的转变，员工议价能力的提升及员工对组织活动参与度的提升，员工个人力量或个人特征能够起到蝴蝶效应推动组织发展。因此，本书认为应探讨情境因素在积极情绪产生及积极情绪对员工创新绩效产生影响过程中与个体心理、行为等的互动作用。

最后，现有研究多关注不同目标导向对创新结果的预测作用，这一直接关系在国内外研究中存在不一致的结论，且受到多种条件因素的影响，鲜有研究关注不同类型的团队目标导向对创新中间过程产生的不同效应所导致的最终结果的差异。国内外研究对学习型目标导向与绩效型目标导向和创新成果的关系有着不同的认识。西方研究者得出结论，学习型目标导向与绩效型目标导向对员工最终产出均有正向作用。且不同的目标导向是否能够实现对最终结果的积极影响还受到类似官僚主义文化或创新风险条件的调节作用。而中国研究者认为，学习型目标导向由于其非结果导向并鼓励学习和冒险对个体最终产出有积极的作用，与绩效型目标导向以成绩论英雄、用业绩证明能力有着截然不同的作用效果。除探讨目标导向与创新的直接作用，目标导向在其他变量与创新关系的调节作用也有研究涉及，但多数研究仅关注了目标导向对二元关系的调节作用，并未能进一步探讨目标导向是如何对中间机制或作用过程产生影响的。因此，进一步深入探讨目标导向作为情境变量是如何对创新产生影响的中间机制是对现有研究很好的补充。

（2）有关积极心理学与积极情绪研究的不足。

首先，积极心理学在本土化过程中仅是对西方研究成果的再应用，缺乏考虑本土文化背景下积极情绪可能存在的新的影响因素。积极心理学已经出现 20 余年，无论是研究方向、研究方法还是研究主题的选择上，本土学者都追随着西方学者的脚步。虽然对积极心理学扩大其影响力有十分重要的作用，但是对研究推动不明显。例如，东方人在情绪上表现出更高水平的克制，尤其是在中国情境下，很多中国人对自身情绪缺乏认识，认为情绪微不足道。不同的文化背景，积极情绪的来源可能存在差异，也会导致积极情绪与结果产出的作用方式不同（Chon 和 Hahn，2001）[42]。因此，对在中国文化情境下是否存在新的影响因素作用于员工积极情绪，而西方研究中所提出的一些影响因素是否会在中国情境下失效等问题给予回答是后续研究的一个重要着眼点。

其次，受限于前期研究方法，有关积极情绪的研究多数集中在心理学及教育学领域，在组织管理领域内的探索才刚刚开始。仅国内研究，通过在知网以"积极情绪"或"积极情感"为搜索的关键词，共有 422 篇文献是来自心理学及教育学的研究。这 422 篇文献中有关组织员工积极情绪心理机制探索的不足 30 篇。为了简化情绪研究过程，对积极情绪多采用实验研究的方法来确保情绪唤起时机掌握的准确性和情绪影响效果的显著性，这样的方法极大地限制了积极情绪在组织管理领域的发展。由于拓展－建构理论的出现，对积极情绪研究时效性的问题已经被解决，积极情绪的影响作用不只是在被激发和被唤起时瞬间的、短暂的情绪表达或行为表现，而是具有复杂的过程机制以及长远作用效果的。同时，积极情绪研究量表的开发极大程度上为积极情绪的实证研究提供了便捷性和可能性。因此，后续研究应尝试采用实证研究的方法，关注员工在企业中的积极情绪作为积极心理的外在表征所产生的深远影响。

最后，研究多关注在激发员工积极情绪时组织提供了哪些支持要素，但是对积极情绪来源的讨论不够系统、全面。组织情境下对积极情绪来源的探讨是基于情感事件理论的。但由于工作场所中"事件"本身所具有的随机性、任意性和繁杂性，使积极情绪来源的研究逐渐趋于具体化和细微化（Basch 和 Fisher，1998）[43]。往往单一事件对应单一的影响作用，对情绪触发因素的分析缺乏特征性和概括性。同时，情感事件理论中多数事件与"工作"有关，弱化了工作场所中最为重要的主观性因素——人的作用。其一，员工作为具有能动性的主体，能够通过意识解读客观环境中庞杂的、多样的工作事件并形成自身对工作特征的认知，这些认知相较于对单一事件的感知具有稳定性和概括性；其二，即使在工作场所中员工也具有其社会属性，除工作以外，员工对与自身发生紧密联系的社会关系的评价与认知也具有稳定性与概括性。因此，从员工自身对工作特征与关系质量两方面的认知入手，能够更为系统地、全面地对积极情绪触发因素进行分析。

（3）有关积极情绪拓展－建构理论研究的不足。

首先，未能通过实证研究的方法在组织情境下对拓展－建构理论进行应用。目前拓展－建构理论只作为说明积极情绪有益于达成个体认知能力提升的理论依据，研究重点放在认知能力得到提升后能够为个人带来哪些有益产出。该理论的发现与验证均是在实验室条件下完成的，研究者认为在一定的情境中给出相应的刺激源就可以激发出个体的积极情绪体验，这一苛刻的条件对该理论在其他领域内进一步的推广显然不利。但在工作场所中，因为受到环境中多种因素的影响，情绪结构本身会变得更为复杂，组织情境下才能够真实地反映员工个体情绪的本来面目。因此，将组织情境中那些繁杂的、能够影响个体积极情绪产生的因素进行整合归纳，尽可能地简化研究情境，进一步框定研究边界能够为拓展－建构理论的应用建立基础。同时，通过实证研究的方法研究该理论在组织情境下的应用，能够为探讨个体积极情绪在组织中的产出以及贡献提供依据。

其次，未能在同一研究中同时探讨拓展与建构两条路径是如何独立发挥作用又是如何相互影响的。在理论提出伊始，拓展与建构是两条相互独立又共同发挥作用的路径，并且拓展路径能够对建构路径产生影响。但现有多数研究是将两条路径合二为一，认为积极情绪对个体认知具有影响力，而将建构路径作为拓展路径的一种必然结果，对两条路径独立的作用机制与作用地位辨析不足。同时，已有研究过于强调拓展作用对于个体认知的积极影响，忽略了其对个体行动力方面的作用。单一的积极情绪能够产生多种拓展结果和多种建构结果（Fredrickson，2004）[25]，组织情境中当多种积极情绪混合在一起时必定能够产生其独特的拓展与建构方式。因此，如何在明确研究问题的前提下，找到存在于拓展路径与建构路径上相应的内在作用机制，建立积极情绪与最终结果变量间的中间关系就成为了需要进一步解决的问题。

第三节 研究问题与研究意义

一、研究问题

综合以上现实及理论背景和现有研究不足，本书认为：

首先，鉴于现阶段理论发展在员工创新绩效心理机制探索上的不完善，以及在组织管理实践中员工创新绩效行为激励措施的频繁失效，预示着探寻个体内在创新动机，动机产生的源头及其在鼓励员工创新绩效的过程中发挥的独特作用具有重要意义。Staw 的研究给本书的研究带来了一定的启发。Staw 通过纵向研究的方法，证实了积极情绪对工作场所中员工的工作成就带来的正向影响，其中创造力就是工作成就中的重要指标之一（Staw 等，1994）[32]，但是作者并未突出积极情绪与创造力的单独作用机制。Amabile 在 2005 年的研究中将员工情感与创造力单独联系在了一起，但是也仅分析了两者之间的直接关系，未能对内在作用机制进行深入剖析（Amabile 等，2005）[44]。同时，依照员工创新绩效现有的以判断为驱动的研究思路，积极情绪能够通过提升个体认知能力这一间接方式来提升个体创新。参考现实背景，面对人力资本大规模的低龄化、西方化和个性化所带来的冲击，实践人性化的管理措施迫在眉睫，这是提升员工软实力，维护员工硬实力的重要依托，企业必须重视员工在参与创新时情感智能的重要性。因此，积极情绪作为个体情感的外在表征，理应会为激发个体创新的内在动机做出极大贡献。

其次，出于对理论与实践的双重考虑，本书认为增加对组织中员工积极情绪产生机制的探讨才能使积极情绪的研究不再是无源之水、无本之木，才能让管理者对员工情绪管理的实践有法可依。现有情绪研究成果多集中在心理学领域，尤其在发展初期研究者往往关注个体消极情绪产生的负面影响，以及消极情绪的调整策略，忽视了积极情绪的价值。积极情绪能够改变个体的思考方式和行为方式，从而优化个体长期的成长与发展以增强其适应性（Fredrickson，2003）[45]。但学者多关注情绪是什么，情绪会产生怎样的影响及应该如何处理情绪等问题（Barrett 等，2001）[46]，弱化了对情绪来源或其产生机制的探索。讨论积极情绪的来源问题不仅能够使积极情绪的理论构建更具完整性，在逻辑上更严密，还能在实践中提升管理者在人力资源管理策略的设计和实施上的靶向性和针对性。因此，应该以积极情绪的产生为源头，概括性地找到组织中能够对员工积极情绪产生影响的关键因素，弥补理论上的空白，为情绪管理实践提供借鉴。

再次，本书认为积极情绪的拓展－建构理论为积极情绪对员工创新绩效产生影响的内在机制的建立提供了理论基础。Fredrickson 在提出拓展－建构理论时指出，积极情绪的拓展与建构功能有着不同的地位与意义。拓展功能通过在短期内作用于个体的注意力与行为对最终产出产生影响，建构功能则通过对身体资源、智能资源、社会资源及心理资源方面的长期积累产生作用使个体的适应性得到提升，并完成个人成长与发展。部分已有研究证实了积极情绪能够拓展个体的注意力、视野及对环境的关注度，也有部分研究证实了积极情绪能够对个体的人力资本和社会资本的提升产生积极的影响。但是现有研究未能呈现个体的积极情绪是如何实现对个体行动方面的拓展功能的，也未能呈现积极情绪是如何实现对个体心理资源方面的建构功能的。从认知到态度再到行为是典型的组织行为学的研究范式，行为被认为是评价员工工作态度、工作有效性的重要外显指标。而心理资源是一种需要个体不断积累和内化的资源，是影响个体能否顺利对人力资源与社会资源等其他资源加以运用和发挥的根本性资源。因此，关注积极情绪对个体行为的拓展和对心理资源的建构能够有效弥补现有研究的不足，为管理员工创新绩效提供丰富的途径与方法。

最后，积极情绪的产生及其作用过程是个体内部与外部情境互动产生的结果。因此，探索积极情绪对员工创新绩效的作用机制应综合考虑个体内部情感、认知及外部情境因素等的协同作用，有助于建立系统性的研究框架。Lazarus 的情绪认知 – 评价理论认为外界环境刺激个体产生情绪结果，这一过程是通过认知 – 评价过程完成的，这一过程还受到个体心理结构因素的影响（Lazarus 等，1970）[47]。个体的认知特质是其最为重要的一种心理构成因素，它能够对个体如何认识周围环境，对周围环境做出何种反应产生极大的影响。在积极情绪研究情境化的过程中，学者已经逐渐开始采用跨层面的研究方法，团队特征作为一类重要的情境因素被重视和研究（McColl–Kennedy 和 Anderson，2002）[48]。在建立积极情绪与员工创新绩效之间的联系时，结合个体认知、团队特征等情境因素可能对此过程产生的影响，才能为员工创新绩效建立更全面、更稳健的系统性提升策略。

由此，针对理论研究不足与组织管理实践，本书提出以下三个具体的研究问题：

问题一：工作场所中员工的积极情绪是如何被激发和涌现的？

积极情绪目前主要应用在临床医学及心理学领域，采用实验研究的方法。在这样的研究背景及研究方法的指导下，虽然保证了研究对象与研究结果受到较少的外部干扰，并将一些不相关的因素很好地剥离出非研究系统，但是也妨碍了积极情绪在工作情境中的发展与应用。情绪的认知 – 评价理论中提到了环境产物说，也就是员工是通过认知过程去理解当前工作情境中的刺激的，个体对不同刺激的知觉不同，所理解的意义也有差别，进而产生的情绪体验也不同（Lazarus 等，1970）[47]。然而该理论中所提到的"环境"是泛指，仅明确了情绪产生的方法与途径，未能探究其具体来源。后期发展出的情感事件理论则指出员工在工作场所中的情绪体验是由工作场所中一个个事件所激发的，这些事件涵盖了工作环境、工作氛围、工作对象、工作目标及工作任务等多个方面（Weiss 和 Cropanzano，1996）[49]，对事件的分类过于精细缺乏系统性的整合与归类。同时，有关情感事件的分类是基于西方工作场所和研究情境的，忽略了中国文化因素可能对情绪产生的独特影响力。

如何抽丝剥茧找到工作场所中影响员工积极情绪产生的关键要素，使对积极情绪来源产生的研究更具概括性并兼具中国文化特色成为了本书第一个要解决的问题。员工的情绪往往是由工作情境特征所引发的，同时其结果又受到个体自身认知评判过程的影响。受以上两种理论的启发，本书认为应该结合两种理论的核心观点，在中国情境下，通过质性研究的方法，根据员工对自身积极情绪产生的认知－评价过程的回顾来概括性地整理出激发积极情绪涌现的影响因素。

问题二：积极情绪通过何种内在机制影响员工创新绩效？

研究者对员工创新绩效内在机制的探索从未停止过。从组织行为学的视角出发，多数研究集中探讨了员工智能资源所带来的积极效应以及有哪些组织支持有利于创新绩效提升，且已经在这两个方向上分化出对许多具体概念与创新相关性的研究。较为典型的有员工认知方式，员工目标取向，自我效能感，组织创新氛围，团队共享心智模式以及领导方式等。虽然在一定程度上关注了员工的心理环境与心理状态，且有利于研究者对问题的深化与纵向剖析，但不得不承认这在一定程度上限制了员工创新绩效研究模式的多样化发展，同时也忽略了心理要素中个体情感作为重要参与部分所可能带来的影响。

Staw 已经提出了积极情绪可能对员工创新绩效产生的影响，但是横跨在这两者之间的内部转化机制依然是悬而未决的问题。因此，如何在积极情绪与员工创新绩效之间建立联系，并丰富完善其内在机制是本书想要解决的第二个问题。拓展－建构理论作为分析积极情绪作用的理论为解决这一问题提供了可能。拓展－建构理论鼓励从拓展及建构两种不同的功能出发来对积极情绪的产出进行研究。这两条路径有一定的逻辑顺序关系，但是又能够发挥独立的、平行的作用。其中拓展功能注重积极情绪在短期内对个体注意力与行动力的拓展；建构功能则侧重于积极情绪在身体资源、智能资源、社会资源以及心理资源方面的积累。即兴行为需要根据环境变化快速做出反应，受到员工情绪状态波动的影响十分显著。且即兴行为作为一种承载个体创新动机与创新意识的，自发性的、前倾性的员工行为能够提升个体创新的可能性。同时，心理资本对于个体来说是一种最为根本的，最具概括性的资源，其需要个体在组织中长期的积累与存放。已有研究证实了心理资本作为员工创新绩效预测因素的可靠性。因此，本书意图通过建立以员工即兴行为为拓展路径，以心理资本为建构路径从积极情绪到员工创新绩效的内在作用机制，并探讨两条路径之间的联系。

问题三：在积极情绪的产生和作用过程中，个体认知特质与外部情境因素是如何在这一过程中产生协同作用的？具体而言：其一，个体的认知特质，即认知灵活性是如何在情绪的认知－评价过程中起到调节作用的？其二，外部情境因素除了为个体积极情绪的产生提供丰富素材外，团队目标导向作为团队情境要素是如何对积极情绪的拓展－建构过程及员工创新绩效发挥作用的？

首先，组织心理学与组织行为学探讨了在组织情境中个体及其所在团队的心理及行为特征、过程和作用结果。在组织情境中，人的态度与行为结果往往是自身与外部情境互动后的复杂产物。从个体自身来看，认知与情感（包括情绪）是其心理活动得以顺利进行的两大关键系统。从个体外部工作情境来分析，组织中的多个子系统能够相互作用，相互包容。组织中的工作、同事、领导及团队均可以为员工个体的认知及情感这两大心理活动提供大量素材，不仅可以直接影响员工的认知与情感结果，而且可以作用于个体的认知过程和情感过程。

现有研究已经对个体认知与情感的关系有了新的认识。以往研究将个体的认知与情感当作分割的、平行的甚至是两个独立的系统，积极的情绪会直接导致个体无法审慎地思考，而最新的研究发现，积极的情绪不仅能够使个体更加高效地思考和解决问题，同时帮助个体思考得更加慎重并更具开放的心态。而且，越来越多的学者提出对个体认知、情感进行整合研究的重要性（Isen，2003）[50]。然而，现有研究多关注个体的情感是如何影响认知过程的，鲜有研究探索个体的认知特质是如何对其情感过程发挥作用的，尤其是个体的认知灵活性这一特质在个体对外部环境进行认知评价的过程中是如何发挥作用的。

其次，现阶段的组织行为学开始试图将群体情境因素融合在理论模型的构建中，个体层面的现象往往需要借助团队层面影响因素的介入才能揭示本质。情绪与目标联系紧密，目标的设定能够影响个体情绪的效度与强度，而情绪能够影响个体对目标的承诺。同时，在个体层面，管理者或人力资源开发过程中对创新目标的设定有利于个人创新的实现（Egan，2005）[51]，团队目标导向有益于个体创新产出（Gong 等，2013）[52]。本书在团队层面引入了团队目标导向，探讨团队不同的目标导向是如何对积极情绪与员工创新绩效的中间机制产生影响的。综上，本书试图通过在积极情绪产生阶段引入个体的认知灵活性，并在积极情绪的拓展－建构阶段引入团队的目标导向来建立员工情感、认知与外部情境因素的协同系统，来构建对员工创新绩效作用机制的系统性研究框架。

二、研究意义

提升员工创新能力，辅助企业创新的重要性已经成为共识，但是如何在此同时兼顾员工个人工作幸福感，帮助员工自我成长与发展的问题仍然亟待解答。在管理实践的指导下，多数理论研究思路都局限在如何通过激励措施挖掘员工的智力资本去实现创新，以此为切入点的员工创新绩效研究已经有了丰硕的成果。但智力资本所能发挥的作用是有限的，员工情感智能的价值应该得到同等程度的肯定。目前鲜有研究将员工情绪作为核心动力，去建立员工情绪与创新绩效之间的联系。本书依托于情绪的认知－评价理论与积极情绪的拓展－建构理论，从积极情绪的涌现为出发点，以积极情绪的拓展－建构功能为实现路径，探索了员工积极情绪与创新之间的内在联系。并通过引入个体认知特质及外部情境因素与积极情绪作用过程的协同作用，实现了对员工情感系统、认知系统及外部情境系统的整合，具有较强的理论和实践指导意义。

1. 理论意义

首先，本书通过探索员工个体积极情绪是如何涌现的，填补了本土研究对积极情绪来源探讨的匮乏，完善了对积极情绪关键影响要素类别的分析与探讨。

现有研究侧重于关注积极情绪所带来的有益产出，而关于情绪来源的探讨多数停留在对个体生理结构、个体特质差异及外部环境刺激等方面的剖析。关于情绪来源的学说及理论，例如环境产物说、情绪的认知－评价理论及情感事件理论均为本书带来启发，但均存在一定的局限性。其中，情绪的环境产物说将个体自身放在较为被动的地位；情绪的认知－评价理论将情绪看作是认知的产物，缺乏对情绪后续结果的讨论；情感事件理论对情感事件的分类由于其文本数据来源的局限性倾向于从工作特征入手且不能全面地反映出中国国情及文化特征。那么，如何利用已有的学说与理论去解决积极情绪的来源问题，又如何规避现有学说与理论的缺陷？同时，对积极情绪影响因素的探讨又如何更好地反映中国文化背景及中国员工特征？本书基于以上学说及理论，将组织情境作为激发员工积极情绪的重要诱因，去研究个体对组织情境的认知－评价过程及评价结果是如何激发其积极情绪的。具体操作时，以中国本土企业为调查背景，通过质性研究的方法，从多个行业的员工所提供的访谈及问卷的文本数据中提炼出了工作特征与关系质量两类六种积极情绪影响因素。其中，本书重点关注了以往研究未能关注的情绪影响要素——关系质量要素，这一影响要素的提出与讨论是对工作特征要素的补充。本书试图通过关注人的社会性以及中国员工所特有的"关系"导向特质，为本土研究提供更为完整的情绪影响要素分类框架。

其次，本书通过深入剖析员工积极情绪是如何对员工创新绩效产生影响的，建立了以积极情绪为核心动力，以积极情绪的拓展和建构作用分别为不同实现路径的员工创新绩效研究框架，丰富了对以情感为驱动的员工创新绩效研究的内在机制的探索。

其一，以往研究多从认知视角出发来探讨对员工创造力提升的重要意义，这一研究模式为逻辑构建和研究方法均提供了一定的便捷性。员工创新绩效首先受制于个体不同的智力水平和专业技能水平，知识、技能及个性特征等因素均能够对其创造力产生影响。以判断为驱动的研究模式认为个体创新是理性思维的结果，但现实情况是员工创新绩效有时是灵感突现，有时是冲动而为，这些情况下的创新行为乃至创新成果不仅是个体理性思维的结果，情感因素在触发、引导这些良性结果的产生时也扮演着十分重要的角色。同时，现有研究较多地关注以判断为驱动的员工创新绩效主要是由于方法上的便捷性，个体的智力、专业知识与技能及个性特征均可以通过成熟的测量工具得到较为准确的测量结果，而情感是看不到、摸不着的，难以测量或对其实施操作。那么，究竟员工的情感在其创新过程中扮演着何等重要的角色？通过何种方式能更有效地利用积极情绪这一员工智能？本书以员工积极情绪为切入点，试图采用实证研究的方法，将研究焦点从"硬智能"转换到"软智能"，以证明情感智能对员工创新绩效内在动机激发的重要作用。相较于传统的认知智能，积极情绪这一情感智能在员工创新绩效动机内化的过程中起到了十分重要的作用，对员工创新绩效行为的发生十分有利。

其二，现有研究已经开始通过多种方式来试图破解个体创新绩效提升的内在机制是如何建立的。已有研究多关注心理要素在构建员工创新绩效内在机制方面的重要意义，而对心理因素的剖析大致从个体如何认识创新、个体的创新能力及个体的创新意愿三个方面出发。但心理因素构成只是促成个体创新绩效发生的环节之一，个体所积累的经验、情绪及行为也都会对创新绩效的提升产生影响。为了回答个体的情绪是通过何种过程对员工创新绩效发挥作用的这一问题，本书基于积极情绪的拓展－建构理论，通过引入即兴行为和心理资本，揭示了积极情绪通过员工行为拓展和心理资源建构两条路径对员工创新绩效产生的影响。深入分析了这两条相互独立又相互影响的路径是如何在积极情绪与员工创新绩效之间建立桥梁的，丰富了对员工创新绩效提升途径的探索。

最后，本书通过探讨不同层面情境变量在积极情绪产生及拓展－建构阶段所发挥的协同效应，扩展了对积极情绪到员工创新影响过程中边界条件的探索，进一步深化了对个体认知与情感互动关系的认识，细化了对积极情绪作用机理的刻画。

其一，以往研究认为个体积极情绪的产生受到个体生理结构、情绪特质及外部情境的影响，本书认为基于个体认知与情感的不可割裂性，个体的认知特质同样在这一过程中具有一定影响力。组织中的情境因素是客观存在的，但通过个体感知会产生不同的结果。认知灵活性能够帮助个体认识环境、适应环境，也是个体对相同环境产生不同评价并做出不同情绪反应的关键影响因素。那么，这一特质是否能够通过对个体的情绪认知－评价过程产生影响来决定员工积极情绪的涌现？本书通过在积极情绪的产生阶段引入员工的认知灵活性作为调节变量，探讨了这一特质在个体对外部环境进行认知评价时的协同作用。

其二，越来越多的研究开始关注那些能够影响员工创新绩效的情境化因素。员工创新绩效的情境化研究有两大分支：一是对工作环境中影响创新的外部因素的探索；二是关注团队特征或领导者特征对个体层面创新提升的跨层次作用。前者的研究已经较为成熟，而后者的研究正在逐步展开。团队特征虽然是由多个团队成员共同组成的，但是从个体到整体的聚合过程使团队特征相较于整体成员特征能够发挥其独特作用。因此，本书试图通过引入团队目标导向这一团队特征作为情境变量，来探讨学习型目标导向与绩效型目标导向分别是如何作用于员工积极情绪的拓展－建构过程对员工创新绩效产生影响的这一研究问题。通过引入这一跨层次的调节变量在一定程度上框定了研究边界，细化了研究问题，启发研究者在积极情绪作用过程的研究中关注不同层面情境因素的协同作用。同时，试图对不同类型目标导向之所以导致不同绩效结果的研究结论给出进一步的合理解释。

2. 实践意义

在"以创新为舵"的今日，管理者应该借助怎样的途径与方法驶好企业这艘船，平稳地度过变革时期成为亟待解决的问题。达尔文曾经说过："情绪的产生能增加生存的概率，因为在所经历的环境里，他们给出了恰当的反应。"从这一角度来说，情绪在现如今多变的商业环境中，对企业或是员工个人适应性的提升有着重要意义，如何理解积极情绪、利用积极情绪让积极情绪发挥其真正的价值能为企业和个人的长远发展奠定坚实基础。本书以员工的积极情绪为切入点，以提升员工创新绩效为目标，试图为管理者在情绪管理策略、人性化管理方式及人力资本发掘等多个方面提供参考依据。

首先，本书对积极情绪来源的探索为管理者在中国情境下采用多种方式去激发个体积极情绪提供了有意义的参考。在员工情绪管理的实践中，管理者面临着许多问题：对员工情绪的重视是否会影响其个人乃至组织的工作绩效？现阶段，什么样的工作设置及安排能够更有效地激发新一代知识型员工的积极情绪？除从工作特征入手外，还存在哪些能够影响中国员工情绪状态的外部因素？为了帮助管理者回答以上问题，本书着力于以下几个方面的研究：

其一，关注积极情绪产生的源头能够有效地提升管理者对工作场所中员工情绪的重视与应用。以往管理者可能多通过培训、教练或组织学习等方式来促进员工知识、技能等方面的提升从而忽略了员工的情绪也可以导向积极的方向并对绩效产生影响。在现实工作情境中常有要求员工"不要将个人情绪带到工作中来"的领导，通过对积极情绪产生源头的探索能够纠正管理者此类错误的认识。随着工作生活边界的模糊化，员工的情绪不仅能够从生活中带入到工作情境中，同时工作情境中的多个因素也能够对员工的情绪产生深远影响，管理者应重视保护那些能够激发积极情绪涌现的情境因素，改进那些不利因素。其二，随着员工与组织的关系从原始的被动依附到现在的相互依存，以往将员工个人排除在工作设计系统之外的做法逐渐失效，现如今的组织与员工，工作与员工的关系逐渐从支配式的向交互式的发展。因此，工作特征要素的提出能够启发管理者在管理日常中了解和倾听企业员工对工作设置的评价、需求及不满，有效地根据员工工作需求调整其工作内容、工作结构以及工作难度来完成对引发不良情绪的工作情境的重建，以利于积极情绪的产生。其三，组织往往希望员工是完全理性的，所以管理措施往往苛刻、生硬、缺乏对人性的考量。但员工在组织的日常生活中是通过与上级、与同事、与下级沟通和对接来完成工作的，在这一过程中所产生的关系互动结果不仅能够影响员工的工作态度、工作行为及工作结果，与此同时，个体的情绪状态也会受到人与人之间互动关系的影响。关系质量要素的提出启发管理者在完善员工工作设置之余，还应全面了解员工个体与周围环境中其他互动主体的关系质量，关注员工的社会属性可能对其情绪产生的影响，从而通过为员工处理工作场所中的关系问题提供更有针对性的辅导来提升其积极情绪发生的概率。

其次，本书对积极情绪与员工创新绩效间关系的探索为管理者激发员工创新绩效提供了新的思路与视角，为提升员工创新绩效提供了丰富的途径与方法。在实际管理中，如何将员工情绪管理与创新绩效提升有效地结合？如何兼顾人性化的管理措施及个人和组织目标的实现？如何在多样化的创新提升方法中化繁为简，厘清思路？本书为管理者在管理实践中解决以上研究问题奠定了基础。

其一，以往研究倾向于通过提升个体认知智能鼓励员工创新绩效的发生，这导致管理者在管理实践中也多聚焦于个体的思维能力、专业知识和技能水平，并通过增加培训、鼓励知识共享等措施来保障员工创新绩效性想法的产生以及创新行为的发生。然而能够有效激发个体内在动机的管理措施是帮助员工发挥知识与技能的根本途径。从现实中许多企业的成功案例中可以看出，关注员工情感智能的开发与利用能够为管理者激发和维持员工的愉悦心情打下坚实基础，也为创新内在动机的产生带来了积极的影响。本书将积极情绪与创新联系起来，正是为了启发管理者认识情绪与创新之间的紧密关系，以及积极情绪在触发个体创新内在动机时的重要意义，提倡将那些与情感智能提升有关的人力资源管理措施放在与认知智能提升相关措施同等重要的位置。其二，管理者往往希望管理措施是易于操作的或是立竿见影的，多样化的员工创新绩效提升途径为管理实践中方法的选择增加了难度。目前组织中管理者对员工的评价往往是结果导向的，工作是否完成，完成的质量如何成为衡量员工绩效好坏的标准。本书试图从不同时间导向为管理者提供创新绩效提升的基本思路，通过在积极情绪与员工创新绩效之间建立瞬时性的和长期性的两条不同路径启发管理者在提升员工创新绩效时应从这两个不同的视角出发，避免管理者因短视而急功近利，放弃为员工搭建试错型的学习平台。积极的情绪和主动性的行为均对员工创新绩效有着十分重要的意义，即使这些情绪或行为在现阶段可能无法为组织带来有利结果，也应有意识地促进员工短期内的积极情绪及行为来为员工长期资源的留存和积累打下坚实基础。

最后，本书对个体认知特质及团队目标导向协同作用的探讨有助于帮助管理者在员工积极情绪提升创造力的过程中建立系统化的管理理念。员工情绪管理不仅是简单地规避员工的负面情绪，激发员工的积极情绪，这一过程涉及个体内部认知、情感及外部组织情境因素的综合作用，是一个较为复杂的、系统性的管理工程。但是往往在实际管理过程中，管理者容易被问题的主要矛盾所牵绊，缺乏对问题系统性的考量。如何帮助管理者建立一个系统性的个体情感、认知及外部情境互动机制，帮助其更加全面地考虑问题？本书重点从以下几方面研究工作入手：

其一，本书讨论了个体的认知特质——认知灵活性是如何在情绪的认知－评价过程中起到调节作用的，意图进一步阐释认知在个体积极情绪产生过程中所产生的增补作用。对于这一问题的解答有助于管理者在对员工进行情绪管理的过程中全面地认识员工认知与情感智能的平衡互补作用，鼓励管理者学习对两种智能的多重运用，通过建立情绪的认知－评价反馈体系，及时发现员工情绪问题并采取相应措施。其二，团队作为与个体关系最为紧密的工作单元，团队的目标设定是打造高绩效团队的重要一环。在管理实践中，团队的目标是由组织及管理者制定和传达的，而团队成员人数众多，成员们普遍在目标设定环节参与较少，在实现目标的过程中往往出现偏差。如何设定一个能够被大多数员工所接受的整体性目标就显得尤为重要，在管理过程中具体的目标究竟是什么变得不再重要，目标的特点与类型是影响目标贯彻、实施及最终实现的关键因素。本书通过讨论团队目标导向在情绪的拓展－建构过程中对员工创新绩效产生的调节作用，试图启发管理者可以在管理员工情绪的过程中同时关注对团队特征的塑造，了解不同类型团队目标设定的作用机理，从而引导团队目标导向向有利于个体积极情绪的作用方向发展。

总体而言，本书意图为提升员工创新绩效提供新的思路和方法，为管理者提出更加人性化的管理举措，提升个人工作幸福感及个人资源积累、能力提升提供有意义的参考，进一步为解决长久以来组织目标实现和个人需求满足无法很好兼顾的现实矛盾找到了途径。

第四节　研究内容、逻辑思路与研究框架

一、研究内容与逻辑思路

根据情绪认知－评价理论可知，积极情绪的涌现需要依赖个体的认知，而情绪的涌现为后续的拓展过程与建构过程提供了丰富的素材。又根据积极情绪的拓展－建构理论，个体通过行为拓展与资源建构两条不同的路径来发挥积极情绪与认知、情绪与心理、情绪与行为的主观能动性，在积极情绪涌现与员工最终产出之间搭建了桥梁。而根据螺旋上升理论可知，积极情绪的最终产出还将对个体后续情绪涌现发挥重要作用。本书在积极情绪拓展－建构理论的指导下，将员工的积极情绪作为核心动力，通过分析环境中能够影

响积极情绪产生的关键因素建立积极情绪涌现的作用机制，依托积极情绪的
拓展与建构两条平行独立且相互影响的路径来探索员工积极情绪在激发其创
新过程中的内在作用机制。具体而言，本书试图通过质性研究的方法概括性
地整理出促使积极情绪涌现的影响因素，通过分析积极情绪对员工即兴行为
和心理资本的影响作用，明确积极情绪对员工创新绩效的内在作用机制。引
入个体的认知灵活性作为个人认知特质探讨了其在积极情绪产生阶段所发挥
的调节作用，同时，还引入团队目标导向作为外部情境变量来完善积极情绪
对创新影响过程的研究边界划定。图 1–1 为本书的核心逻辑框架。图中，以
积极情绪为核心，从积极情绪的涌现为出发点，经过积极情绪的拓展与建构
作用，对积极情绪的最终产出产生作用。

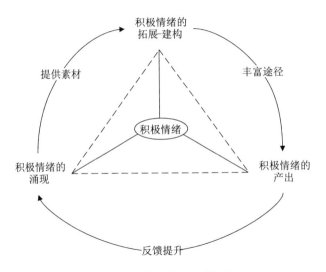

图 1-1 本书的核心逻辑框架

本书通过理论分析、半结构化访谈及发放实地或网络问卷，基于质性
数据及量化数据的实证分析，对不同的理论假设采用不同的统计方法进行检
验。首先，通过聚焦编码与理论编码析出积极情绪主要影响因素的定性分析
结果，对其概念化后采用已有的成熟量表，并在保证信度、效度的前提下对
本书中的所有量表加以修订；其次，通过验证性因子分析，对所提出的构念
进行了效度检验，保证了聚合效度与区分效度。在假设验证方面，采用了结
构方程模型的方法，使用 Mplus7.0 软件对模型中的各个假设路径的相关性给
予分析。总体而言，本书试图通过可靠的数据处理方法来解决研究问题，以
保证结果的真实性与有效性。

二、研究框架

本书沿着是什么、为什么、怎么办的思路，建立了以下研究框架，具体如图 1-2 所示。

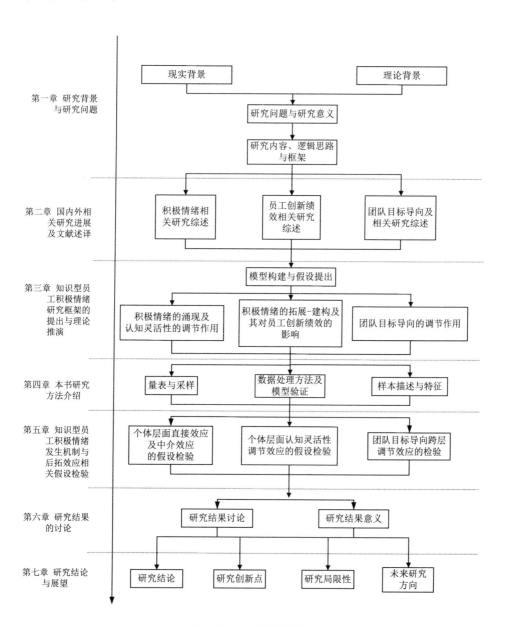

图 1-2　本书研究框架

第一章为研究背景与研究问题。本章主要涉及研究的现实背景、理论背景以及理论研究的发展现状，提出总体研究问题以及研究的理论意义与实践意义，简单介绍研究内容、逻辑思路与框架。

第二章为国内外相关研究进展及文献述评。根据研究整体的主题与内容，对现有相关研究成果进行了系统性的整理与分析，并提出了现有研究对本书的启示与不足，对研究成果如何联系本书并得到应用进行了阐释。鉴于本书意图建立以积极情绪的产生及拓展－建构过程为主线，以个体认知与团队情境因素为辅助系统的员工创新绩效提升机制。本章从以下几个方面对现有文献进行了梳理。首先是积极情绪相关研究综述，其次是员工创新绩效相关研究综述，最后是团队目标导向及相关研究综述。

第三章为知识型员工积极情绪研究框架的提出与理论推演。本章首先明确了以积极情绪为核心动力系统的员工创新绩效机制是如何建立的。分别通过创新实现路径的多样性，积极情绪作为核心机制激发员工创新绩效的可实现性以及情绪、认知与团队情境因素在激发个体内在创新动机的协同作用三个方面来说明该机制是如何建立的。其次构建了积极情绪的涌现与拓展－建构对员工创新绩效影响机制的研究模型。通过对绪论中提出的三个研究问题的逐一回答明确了具体变量间的逻辑关系，并在此基础上构建了理论模型。最后基于本书提出的理论模型提出了变量之间的假设关系 H1–H9 共 9 个主假设，共 19 个子假设。在积极情绪涌现机制建立的部分，主要介绍了影响因素提出的背景与理论依据，研究方法与数据来源以及质性数据分析过程。后通过理论说明了个体认知灵活性的调节作用，积极情绪的拓展－建构过程在积极情绪与员工创新绩效之间的中介作用以及团队目标导向所起到的跨层面的有中介的调节作用。

第四章为本书研究方法介绍。在这一章中，详细地介绍了本书中所涉及构念的量表来源、预调研过程及修订结果。介绍了正式采样程序、数据来源以及样本的描述性统计分析结果。简单呈现了实证数据处理的具体方法及假设模型的验证思路。

第五章为知识型员工积极情绪发生机制与后拓效应相关假设检验。在这一章中，首先检验了方法与量表的有效性，再根据上一章中所提出的模型验证思路对假设逐一进行检验，并对未能验证的假设进行了进一步的分析。

第六章为研究结果的讨论。在本章中针对上一章中假设检验的结果进行讨论，并提出了本书的理论研究意义与实践研究意义。

第七章为研究结论与展望。在本章中主要针对本书的结论、创新点及研究的局限性与对未来研究的展望等多个方面的问题进行了讨论。

第五节　本章小结

本章在介绍了本书的现实背景与理论背景的基础上，提出了本书所聚焦的研究问题与研究意义，进而对研究内容与研究框架进行了阐述与设计。从现实背景来看，提升员工个人创新能力是实现企业创新和持续发展的原动力，关注员工工作情绪成为推进人性化管理模式建立以及激发员工创新绩效的新途径，建立学习型平台是兼顾实现企业创新和满足知识型员工需求的途径之一。从理论背景来看，员工创新绩效的相关研究、积极心理学及积极情绪的相关研究、积极情绪的拓展－建构理论的相关研究均为本书提供了坚实的理论基础。

通过对现实背景及理论背景的了解，本书抽象出了三个关键的研究问题：工作场所中员工的积极情绪是如何被激发和涌现的？积极情绪通过何种内在机制影响员工创新绩效？在积极情绪的产生和作用过程中，个体认知特质与外部情境因素是如何在这一过程中产生协同作用的？具体而言：其一，个体的认知特质——认知灵活性是如何在情绪的认知－评价过程中起到调节作用的？其二，外部情境因素除了为个体积极情绪的产生提供丰富素材，团队目标导向作为团队情境要素是如何对积极情绪的拓展－建构过程及员工创新绩效发挥作用的？

本书的理论意义在于：首先，本书基于情绪的认知－评价理论完善了对积极情绪来源的探索，提出了工作特征与关系质量两类能够影响积极情绪涌现的关键要素，建立了较为完整的积极情绪研究框架。其次，本书基于拓展－建构理论在员工积极情绪与创新之间建立了联系，将积极情绪作为员工创新绩效的核心驱动力，在同一研究中实现了对拓展与建构两条不同路径的具体应用，为员工创新绩效内在机制的探索提供了新的思路。最后，本书综合考虑了个体认知灵活性及团队目标导向在积极情绪产生及提升员工创新绩效过程中的协同调节作用，建立了较为全面的、系统性的员工创新绩效研究机制。

本书的实践意义在于：首先，本书通过质性研究将影响员工积极情绪的六种因素划分为工作特征与关系质量两大类别，为管理者激发个体积极情绪提供了有意义的参考，同时，结合中国文化特征强调了重视关系质量在优化员工情绪过程中的重要作用。其次，本书基于积极情绪的拓展－建构理论，通过引入即兴行为与心理资本两大核心构念，丰富了提升员工创新绩效的有效途径，为管理者提供了激发个体创新的新视角和新方法。最后，本书所建立的以员工积极情绪为核心，以认知特质及团队情境变量为辅助的员工创新绩效提升机制，有助于管理者形成系统化的管理理念，启发管理者关注对员工认知与情感双重智能的开发与利用，重视以学习型目标为主导的团队建设思路。

研究总共分为上下两篇，上篇为理论篇，分为三章，依次为：研究背景与研究问题、国内外相关研究进展及文献述评和理论模型及假设的提出；下篇为实证篇，分为四章，依次为：研究方法、假设检验、结果讨论和研究结论与展望。

第二章　国内外相关研究进展及文献述评

第一节　积极情绪相关研究综述

一、情绪与积极情绪

1. 情绪

（1）情绪的定义及相似构念辨析。

哲学、神经学、生理学、心理学等多个学科的研究均对情绪有所涉及，根据心理学中的不同理论情绪有如表 2-1 所示定义。

表 2-1　不同情绪理论概述及情绪定义

情绪理论	理论概述及定义
詹姆斯 – 朗格情绪理论	情绪是对机体变化的知觉，机体的生理变化在情绪经验中是第一位的，个体的情绪是直接由生理变化引起的。该理论强调了身体表现在情绪中的重要作用
丘脑情绪理论	情绪的产生是大脑皮层解除丘脑抑制的综合功能，即激发情绪的刺激由丘脑进行加工，同时把信息输送到大脑及机体的其他部分。输送到大脑皮层的信息产生情绪体验；输送到内脏和骨骼肌的信息激活生理反应。身体变化和情绪经验是同时发生的，而情绪感觉则是由大脑皮层和自主神经系统共同激起的结果
认知 – 生理结合情绪理论	从生物机体内部平衡的控制原理来看待情绪的产生过程。该理论认为情绪以有机体的一种有组织的稳定性为基线，这种稳定性是通过自主神经系统调节的机体正常过程和适宜状态；当不适宜的信息输入超越了这个基线，它所引起的被扰乱的程序就是情绪，即把情绪看作由某种原因引起的"不协调"过程
情绪的认知 – 评价理论	情绪是一种朝向评价为好（喜欢）的东西或离开评价为坏（不喜欢）的东西的感受倾向，当倾向强烈时就可称为情绪
动机 – 分化情绪理论	从进化的观点论述情绪是新皮层发展的产物，随着新皮层在体积上的增长，情绪的种类也不断增加，面部肌肉系统的分化也越来越精细。情绪在生存和适应上起着核心的作用

资料来源：作者整理。

情绪常与情感、感觉相伴发生，心境为情绪的发生提供了更为宏大的心理背景。从表2-2中的释义可以看出：情绪、情感、感觉和心境可以互为释义，尤其是情绪与情感之间，既有紧密的联系又有微妙的差异。

表 2-2　情绪、情感、感觉及心境等不同概念的定义

概念	定义
情绪 （Emotion）	①并非通过有意识的努力而是即时产生的伴随心理变化的心理状态，是一种快乐、悲伤或生气的感受；②这种心理状态不是通过逻辑推理方式所获取的
情感 （Affect）	①感受或情绪，体现在面部表情和肢体语言上；②已经产生的性情、感觉或趋势
感觉 （Feeling）	①生理上或者是个体经历的一种触感；②一种情绪，例如快乐或悲伤；激动的强烈的情绪卷入式的心理状态；一种反映内心情感的情绪
心境 （Mood）	①一种特定的精神和情绪；②一个观察者普遍的印象；③一段时间或某种情况下的愉快或生气；④一种倾向或性格

资料来源：根据美国传统英语字典整理及翻译。

　　情绪是一种由客观事物与人的需要相互作用而产生的包括体验、生理和表情的整合性心理过程，是个人感觉的一种投射和展示。情绪的展示可以是真正的也可以是假装的。人们向外部传达自己的情绪，有时候传达的是其内在的一种状态，其他情况下，是为了满足某种社会期望。人类情绪的社会性会随着年龄的增长和社会化的不断加强得到提升。情感作为感情性反应的范畴，是一种社会性的情绪过程中的主观感受或主观体验，它出现在潜在的、未成形的、未能结构化的时刻。情感十分抽象，因为情感无法完全用语言去形容，它是先于意识或意识之外的存在。感觉是一种通过核对以往经验并被赋予标签的感受。它是个人的，且是以个人经历为依托的。因为每个个体都有一套完全不同于其他人的对其先验感受的解读和标签。心境是工作中所遭遇的情感状态，心境不专注于任何特定对象、事件、个人或行为，它无所不在。它并不需要个体倾注完全的注意力，也不需要个体去中断正在进行的思维过程或行为。心境为个体经历日常事件提供了一种情感色彩。

　　以上四种概念存在一定的区别与联系。情绪与情感均是个体的一种主观体验，都反映着个体的某种需要，环境与人的互动关系是情绪与情感的来源。从种属关系上来看，情绪包容着情感，是更高一层的概念。情感又是一种高级的情绪。感觉是个人的，生理性的。而情绪具有先天性和适应性，也

是社会性的。Morris 认为，心境常用于替换情绪或情感，但其与这两者又存在一定的区别。其一，心境是个体对较大范围及种类的事物及事件所给出的反应，而情绪能够促使个体发生相对较为有限的反应。其二，心境相较于情绪来说，强度更低。个人的心境被卷入到自我调节的过程中，有助于人们知晓他们存在的一般状态。

虽然以上四个构念之间存在些许细微区别，但在现阶段的许多研究和实践应用中并未能做出严格的区分。首先，Ross 在其研究中指出，对于情绪的研究已经发展到生物学、行为学以及社会学等多个领域，这导致对情绪的研究出现了定义和概念应用时的混乱和不一致。例如，有本土研究将"Affect"译作"情绪"，或在研究"情感"时意指短暂的情绪反应。其次，有研究看似涉及了情绪、情感及心境等不同构念，但研究在实际测量过程中均采用同一量表。因此，在本书中，在遵照以往研究和共识性翻译的基础上，仅关注积极情绪这一类情绪体验，并采用 PANA 量表中有关积极情绪的部分量表进行测量。

（2）情绪类别及维度划分。

情绪具有倾向性，基于这一特性学者们提出了情绪两因素模型，认为自评估的情绪结构包含两大彼此独立的基本维度：正性情绪又称为积极情绪（Positive Affect），负性情绪又称为消极情绪（Negative Affect）（Watson 和 Tellegen，1985）[53]。这两类情绪均通过多个特定的、不同的情绪反应来定义，具体如表 2-3 所示，且在同一维度上也表现出一定强度的差异。积极情绪反映了个体充满热情的、积极活跃的状态，而消极情绪则反映的是个体消沉的、低迷的状态（Watson 等，1988）[54]。PA 与 NA 也被认为是个体经历的积极或消极情感状态的性格倾向，即 PA 或 NA 不是实际的经验感受，而是积极或消极情感的经验倾向（James 等，2004）[55]。类似地，对情绪类别的划分还参照了情感伦理论（Wheel of Emotions），研究者提出了八种两极的原始情感：欢乐与悲伤、愤怒与恐惧、接受与厌恶、惊奇与预感，其余的情感皆由这些情感交叠而成，有着复杂的成分和细微的差异（Plutchik，1980）[56]。

表 2-3　积极情绪与消极情绪举例

积极情绪	消极情绪
充满兴趣的（Interested）	易怒的（Irritable）
兴奋的（Excited）	悲痛的（Distress）
富有灵感的（Inspired）	羞愧的（Ashamed）

续表

积极情绪	消极情绪
坚强的（Strong）	不安的（Upset）
坚定的（Determined）	紧张的（Nevous）
细心的（Attentive）	内疚的（Guilty）
充满热情的（Enthusiastic）	害怕的（Scared）
活跃的（Active）	担心的（Afraid）
自豪的（Proud）	战战兢兢的（Jittery）
警觉的（Alert）	充满敌意的（Hostile）

资料来源：根据 Watson、Clark 和 Tellegen（1988）的文献整理[54]。

最初对情绪结构的探讨将核心情绪（Core Affect）与典型情绪集合（Prototypical Emotional Episodes）进行了区分。核心情绪反映了个体无针对性的、最基本的、有意识的情绪感受，它的结构划分为两个维度：愉悦感（Pleasure）和激活度（Activation）。而典型情绪集合则指的是大多数人所认可的最明确的情绪体验，是将不同类别（Basic-Categories Structure）、不同层级（Hierarchical Structure）及不同维度（Dimensional Structure）的情绪体验掺杂在一起形成的（Russell 和 Barrett，1999）[57]。这两者共同组成了完整的情绪，后者虽然结构松散，却是对前者的必要补充。

随着后期对情绪研究的不断深入及认识的逐渐统一，情绪被划分为效价（Valence），唤醒度（Arousal）和趋近动机强度（Approach Motivational Intensity）三个维度。效价反映了个体情绪是积极的或是消极的；唤醒度反映的是个体的情绪激活水平；趋近动机强度与唤醒度有关，高唤起的情绪个体不一定伴随行为，高的趋近动机能够引发行为产生。

（3）情绪特质。

情绪特质在个体层面与集体层面均存在。情绪智力（Emotional Intelligence，EI）是个体监控自己及他人的情绪和情感，并识别、利用这些信息指导自己的思想和行为的能力（Mayer 等，1990）[58]，是相对于认知能力存在的。同时，情绪智力是影响人应对环境需要和环境压力的一系列情绪的、人格的和人际能力的总和（Reuven，1999）[59]。也有研究者认为情绪智力是个体顺利完成情感活动所依赖的个性心理特征，是以情感为操作对象的一种能力（卢家楣，2006）[60]。情绪智力分为以下几个方面：其一是情绪知觉、评估与表达能力；其二是情绪对思维的促进能力；其三是个体理解、分析和运用情绪知识的能力；其四是熟练调节情绪，促进情绪和智力发展的能力（Salovey 等，2003）[61]。

　　情绪智力的研究关注它是如何影响员工工作绩效的以及这一过程受何种因素的影响。无论研究对象的职业类型、层级水平如何，EI 都对工作绩效有积极的正向的影响（陈猛等，2012）[62]。同时，EI 能够通过其他中间机制间接地对工作绩效产生影响。EI 较高的个体能更好地处理与周围人的人际关系，在获得较多的人际支持的基础上，工作绩效会得到提升（Brackett 等，2005）[63]。EI 能够提升个体心理能力，帮助建立健康的心理状态，使个体用乐观积极的态度来应对环境中的压力和变化，EI 水平高的个体更容易在压力较大的环境中采取主动行为（Jordan 等，2002）[64]。

　　随着对个体情绪智力研究的不断完善，学者认为群体中所弥漫的情绪特质是影响团队氛围与合作的关键。Druskat 和 Wolff 提出了群体情绪智力（Group Emotional Intelligence），它反映了群体中的成员对群体情绪的理解和感知力以及对情绪作出解释和行为反应的能力（Druskat 和 Wolff，2001）[65]。群体情绪智力可以增强团队内部的信任感和认同感。团队情绪氛围（Team Emotional Climate，WEC）是在个体互动过程中，大家共同经历一些事件后所产生的对情绪交换的共享的感知（Liu 等，2014）[66]，对团队生活及团队有效性有重要影响。与个体情绪类似，团队情绪氛围也具有积极的和消极的两面性。积极的团队情绪氛围体现为高涨的士气、愉悦的氛围及和谐的人际关系，它能够通过作用于个体情绪感受和动机来影响个体的创造力，还能通过作用于团队整体的互动行为，来影响团队创新绩效（刘小禹和刘军，2012）[33]。

2. 积极情绪

（1）积极心理学（Positive Psychology）与积极情绪（Positive Emotion）。

　　积极心理学作为一门科学虽然仅出现了十几年，但能够在西方先哲以及东方伟大思想家们的论著中追溯其久远的历史。古希腊人性论的开创者苏格拉底指出，人应该认识自己心灵的"善与美"；柏拉图提出人生的终极要义，是将个体的灵魂从肉体中解放，去认识最高的理念"善良"；亚里士多德提出人的本性在于追求美好的生活与幸福。

　　不仅如此，中国古代思想家的独到见解也为积极心理学的发展奠定了基础。孔子曾提出"见贤思齐焉，见不贤而内自省也"（出自《论语·里仁》第 25 条），意为见到具备贤德的人就应该努力让自己与他一样，反之，见到德行不佳的人就应该主动地反省自己是否也存在同样的问题。论语中有："三人行，必有我师焉，择其善者而从之，其不善者而改之。"这些言论均反映了孔子积极入世，主动提升个人修为的思想主张。与孔子不同，

《老子》中有云："上善若水，水善利万物而不争。处众人之所恶，故几于道。居善地，心善渊，与善仁，言善信，政善治，事善能，动善时。夫唯不争，故无忧。"他主张处事应从自身能力出发，行动要善于时宜，但是又不强求的人生哲学，是一种超然的人生境界和和谐统一的幸福感。相较于孔子的积极，老子的积极是提倡个人的发展与环境发展的相统一。

纵观东西方历史上积极人生态度的论著，从积极心理学的视角出发对组织和员工进行研究有其必要性和合理性。自"二战"以来心理学的研究把人类的本质嵌套进了疾病研究模式中，致力于对人类心理问题的修复和解决，忽略了正常人这一基数庞大的群体所具备的内在心理力量，这种力量无关痛苦与抑郁，也无关损伤与破坏，它指向的是努力去构建人类生命中最美好的东西，更快乐、更充实也更有成就[1]。马斯洛认为，心理学作为一门科学在研究人类消极方面取得的成就远远大于在积极方面取得的成就，它展示的是人类消极黑暗面，应该使心理学摆脱它对于人性悲观的、狭隘的偏见。积极心理学应运而生，其出现并非一味地挑战传统心理学，它捍卫了被孤立出去的理论与研究，令使生命更有意义的研究在心理学领域也能占有一席之地。它是对传统心理学在研究目标，研究内容和研究方法上的继承与超越。

积极心理学的基本假设是：人们的美好与卓越，与疾病、混乱和悲痛同样是真实存在的（Peterson，2006）[67]。在积极心理学的研究框架内，理解和描述美好生活的完整图示可以被划分为三个领域：积极的主观情绪体验、积极的个人特质及积极的社会组织系统。积极的社会组织系统可以促进积极特质的展示与体现，从而促进积极的主观体验（Seligman 和 Csikszentmihalyi，2000）[18]。

积极情绪的研究建立在积极心理学的基础上，积极的情绪体验是积极心理学研究中极其重要的一个方向。积极情绪是对个人有意义的事情的独特即时反应，是一种短暂的愉悦（Fredrickson，2001）[24]。在整体愉悦感的包裹下，积极情绪有多种表现形式，而这些表现形式往往不是松散的，具有很强的相关性和伴随性。人们在体验到一种积极情绪的同时往往能够体验到其他的积极情绪，例如，当赢得一场比赛时，个体的自豪感与激动感常常相伴发生。

基本的积极情绪与其他一切的人类特征一样，是与生俱来的，是本质的。但是积极情绪状态的水平高低可能因人而异，也可能因主体所处情境而异。不同高低水平的积极情绪具有不同的作用方式，低水平的积极情绪唤起

---

① 源自 Seligman 的 TED 演讲。

或稳定的心境状态可能与遗传、文化背景或个体的学习经历有一定的联系，而高水平的积极情绪唤起，往往表现得比较激烈，与当时所处的情境有极强的联系（Peterson，2006）[67]。

（2）十种典型的积极情绪（见表 2-4）。

表 2-4　十种典型的积极情绪

积极情绪	描述与具体表现
愉快的	出现在个体在当前情境中有了非预期的好的遭遇时。例如：当个体听到好消息或是获得了惊喜
感激的	出现在当个体获知其他人成就了他的非预期的好的遭遇时。例如：当个体意识到自己的好运是由于其他人的慷慨相助所获得，愉悦感会转换为感激之情
平静的	又被称为满足感，出现在当个体珍惜并满足于他们目前所拥有的一切时。例如：当个体感受到舒适和安逸时，平静感就会出现
充满兴趣的	当情境较为安全并十分新奇时，个体会感受到有兴趣。例如：个体会在遇到神秘的或是充满挑战但是又并未超出承受能力范围时表现出自己的兴趣
充满希望的	当个体在可怕的情况下感到害怕，却又对情况好转充满渴望的情况下会感受到希望。例如：当情势较为严峻时，个体仍然设想事情会有机会好转
自豪的	自豪感出现在当个体获得了某些好的结果从而赢得一定的社会声望时。例如：当个体完成了一个重要的目标时
乐趣的	当个体被卷入一些不严重的社会不协调时。例如，当个体犯了一个无伤大雅的错误或是跌跌撞撞时
备受鼓舞的	当个体从某种途径感受到或目睹到一个人的卓越时。例如，当个体看到其他人在工作中有了卓越成就时
敬畏的	当个体遭遇规模宏大的美好事物时。例如，当个体被一些罕见的、壮阔的、美丽的人或事所打动时
充满爱意的	最常见的一种积极情绪，当人与人之间出现其他类型积极情绪时，就出现了爱意

资料来源：根据 Fredrickson（2013）的文章整理[68]。

（3）积极情绪的功能。

从生理健康而言，积极情绪可以降低人类的不良反应、发病率、死亡率，以及提升存活率。在对患者进行观察的过程中，积极情绪水平较高的患者，感受到的疼痛感和抑郁程度都较低。从心理健康方面而言，积极的情绪能够有效预测被试所体会到的生活意义。个体更易在积极情绪中感受到生活的希望和自己的追求，这为健全人格的发展提供了一定的保障。有研究表明，积极情绪能够提升个体的自我倾注程度，也就是自我知觉和自我注意的程度（Salovey，1992）[69]，这一过程有利于观点采择来理解他人，增强自我控制能力来达到社会标准，提升自尊水平以获取更大成功。

积极情绪还具有启动 - 撤销功能。积极情绪能够激活个体的内在动机兴趣并激发人去探索和掌握新的信息与经验，以促进自我发展；满意能让个体乐意去保持现状并将自己与环境融为一体；自豪感令人想要去分享喜悦与成功，并获取更多、更大的成就；而爱则令人愿意与之所爱的人在一起。当被试观看情绪图片后，积极情绪会随着时间加强，所以积极情绪具有促进和启动情绪持续反应的作用（郑希付，2003）[70]。当试验中的被试面对突发的压力任务时，后续激发个体积极情绪的观影过程能够有效地帮助个体恢复心血管活动水平，这种对消极情绪的撤销效应要比个体通过自我调适来完成生理恢复更加快速（Fredrickson 和 Levenson，1998）[71]。

二、有关积极情绪来源的理论综述

1. 有关积极情绪来源的观点（见表 2-5）

表 2-5　有关积极情绪来源的观点

情绪来源的观点	内容
生理来源说	积极情绪的产生基于生理构造，一般不会发生较大的变化，与人类遗传进化有着密不可分的联系。人类大脑中的杏仁核能够觉察和评价情绪，下丘脑能够自主调节情绪，而前额叶和基底神经节则控制情绪反应。所有积极情绪的产生和发展都是基于这样的生理结构而完成的。在紧要关头或愉快时刻，情绪甚至是不需要通过大脑皮层进一步分析的，以上结构能够给出最直接的，最无意识的反应和评价
特质来源说	积极情绪的产生是与个体特质有关的，是天生的。积极的人总是充满着向上的力量，而消极的人总是萎靡不振。具有不同情绪特质的人形成了一些自己独有的生活方式或人际互动模式，导致了周围人的不同态度和评价，从而形成了独有的情绪特质
环境产物说	情绪不可能是无缘无故发生的，它的发生需要外部环境的刺激。一个乐观开朗的人不可能时时刻刻都表现出高涨的、愉悦的情绪。身体的、社会文化的、个体经历的环境刺激及外部事件都有可能成为引发积极情绪的刺激物

资料来源：作者整理。

2. 情绪的认知 – 评价理论

（1）情绪的认知 – 评价理论的主要内容。

情绪的认知 – 评价理论（Cognitive-Appraisal Theory of Emotion，CAT）于 19 世纪 60 年代兴起，用于探索情绪的来源与本质。不同环境中的刺激对个体意义不同，知觉不同，因此，认知是环境中的刺激因素与情绪反应的中介过程。Arnold 认为经过这样的认知 – 评价过程，个体会有被加强或被削弱的情绪反应，而这些情绪为个体后续的态度与行为产生奠定了基础。由于这些情绪反应是依托于个体过去的经验、认识和记忆来执行的，所以认知 – 评价过程能够在短时间内完成（孟昭兰，1985）[72]。

随着认知 – 评价理论逐渐被接受，认知 – 评价过程被扩展为信息筛选、情感评价、情感行为、交替活动及身体反应的反馈等评价与再评价的过程。Lazarus 认为个体的认知 – 评价过程不仅局限在对周围环境的评价，同时还能够对自身可能采取什么行动进行评价，每一个情绪均受到个体生理、认知与行为的三重影响，是一种综合性的反应（Lazarus 等，1970）[47]。简单来说，情绪是通过对情境刺激的评价所引起的身体反应冲动所得到的。而认知 – 评价包括两个方面的成分，首先是对情境的认识，其次是对个体心理结构的认识，心理结构又包括价值观、态度与人格特征等，如图 2–1 所示。

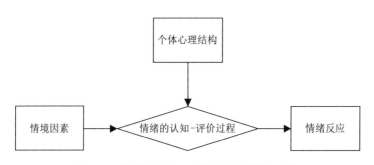

图 2-1　情绪的认知 – 评价理论逻辑示意图

（2）情绪与认知灵活性的研究综述。

20 世纪 50 年代，理性情绪疗法通过帮助患者理性地分析问题来转变非理性的观念与做法。人们情绪化的、不理智的想法或行为并不是因为外部的事件直接导致的，而是由于每个人对事件的解读和认识不同导致的。情绪的认知 – 评价理论的贡献在于将认知与情绪这两个一直以来被对立研究的概念联系起来。自此，情绪与认知这两类一直以来被割裂的心理学内容，逐渐向互补相生的方向发展。

个体的认知与情绪能够相互促进。个体的情绪发展依赖于认知发展程度，而认知发展也同样依赖于情绪状态是如何的。Schachter 和 Singer（1962）证实了认知结构的复杂程度、对行为结果的不同归因等能够对情绪产生的作用[73]。积极的情绪对于个体注意力范围、认知分类及认知控制都有十分重要的影响。Ashby 的研究表明积极情绪能够使中脑边缘皮层、前扣带皮层多巴胺水平升高，这种神经递质能够让人类去克服已经固化的反应方式，增强思维的灵活性（Ashby 和 Isen，1999）[74]。Fredrickson（2001）认为积极的情绪能够拓展注意力，帮助个体关注到更多的内容[24]。

可见，个体的积极情绪与其认知灵活性联系紧密。认知灵活性包括自发灵活性与反应灵活性两种类型。自发灵活性（Spontaneous Flexibitliy）是在无外界刺激的情况下个体自身多种反应定式的产生，也就是个体为自身提供的多种选择；适应灵活性（Adaptive Flexibility）则是在有外部刺激的情况下，个体根据环境要求转换自身定式（Grattan 和 Eslinger，1989）[75]。认知灵活性体现为个体有意识地去做出灵活的选择，主动去应对某种环境，并对自身能力有足够的信心等三个方面（Martin 和 Rubin，1995）[76]。

首先，认知灵活性能够间接地影响个体积极情绪的产生。认知灵活性是个体正念力的组成部分之一，也是其结果之一（Bishop 等，2004）[77]，正念力能够促进个体的心理健康并灵活地应对压力，它能够帮助个体实现平稳的情绪反应与过渡，并很好地去认识其他人的情绪状态。认知灵活性作为提升正念力的关键组成成分，会对积极情绪的提升有所帮助（Feldman 等，2007）[78]。其次，积极情绪能相应地提升个体的认知灵活性（Isen 等，2007）[79]。Fredrickson 主张积极情绪能够使个体的注意力范围更广，以便更全面地了解整体信息。从实验结果来看，快乐的个体将更多因素纳入了不常见的要素系列，同时在固定数量的因素中找到了更多的不常见要素（Isen 等，1987）[80]。在分组对比试验中，积极情绪能够有效降低 Stroop 效应，该效应利用颜料与意义上的矛盾刺激测试者说出字的颜色，而不是字的读音。积极情绪能够增加个体偏好新异性信息与刺激的程度，从而能够显著地促进任务转换，减少转换损失，从而提升其认知灵活性（王艳梅和郭德俊，2008）[81]。同时，一定水平上的积极情绪的适应性调节能够有效地增加个体的认知灵活性（Feldman 等，2007）[78]。Hill 的研究发现情绪积极的个体，更倾向于选择那些具有挑战性的任务，在没有提示的情况下去完成回忆过程，进而加强自己在认知方面的灵活性水平（Hill 等，2005）[82]。Dreisbach 的研究结果与之相似，适当地诱导积极情绪的产生能够提高个体的认知灵活性、降低保守性，并促进问题的解决和决策的产生（Dreisbach 和 Goschke，2004）[83]。

3. 情感事件理论

（1）情感事件理论的主要内容。

情感事件理论（Affective Events Theory，AET）不同于情绪的认知－评价理论，它聚焦于一种环境或一种特定场合。该理论中的"情感"成分较为复杂，包括较为稳定的"心境"，也包括"情绪"（Frijda，1993）[84]。由于情绪与具体事件的相关性更高，后期研究中虽然一直沿用"情感"这一说法，但研究的实质内容是情绪。

AET 关注了情绪反应的结构、诱因及结果，给出了较为完整的工作场所情绪研究框架，如图 2-2 所示。工作场所中的环境特征能够引发工作事件，个体在体验事件的过程中形成了自身的情感反应，而这些情感反应对其行为的发生起到了至关重要的作用。一种行为是直接由情感反应所激发的，叫情感－驱动行为，而另一种行为则是在个体情感反应对工作态度产生作用后被激发的，是判断－驱动行为。同时，个体的情感倾向不仅在工作事件与情感反应之间起到一定的调节作用，还能通过激发情感反应影响员工工作态度（Weiss 和 Cropanzano，1996）[49]。

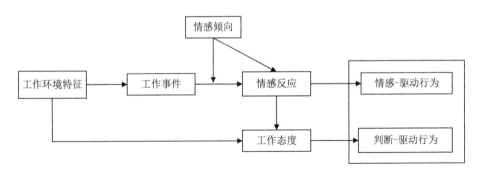

图 2-2　情感事件理论逻辑示意图

（2）AET 理论中对"情感事件"的分类。

AET 中"事件"是引发情感变化以及工作中其他现象的最近端因素，应从事件的解读、事件的结构，以及事件的信息价值入手对情感事件作以研究（Weiss 和 Beal，2005）[85]，具体分为工作特征事件、角色冲突事件及重大战略事件三类。

工作特征事件：Basch 通过阐释工作事件的分类与相应情绪经验的关系建立了事件－情绪矩阵（Basch 和 Fisher，1998）[43]，具体如表 2-6 所示。

表 2-6　情感事件理论中对事件的分类

积极情绪经历的工作事件	消极情绪经历的工作事件
工作同僚的行为	工作同僚的行为
管理行为	管理行为
目标达成	目标无法达成
目标进展	犯错
获取认同	缺乏认同
客户行为	客户行为
挑战性任务的卷入程度	任务问题
与客户的互动	公司政策
组织声誉	外部环境
负面预期的不可确认	身体问题
可控的与可影响的	缺乏影响力与控制力
参与决策	工作压力
参与计划	个人问题
参与问题解决	

资料来源：根据 Basch（1998）的文献整理[43]。

从研究者事件－情绪矩阵对比数据中可以得到：积极情绪与消极情绪反映了情绪的不同效价，但是不同的情绪效价往往是由相似事件的不同结果所导致的。例如，在涉及同僚关系的事件中，和睦的关系可以引发个体的积极情绪，而同僚关系较差时则会引发个体的消极情绪。在该研究中积极情绪影响事件主要包括：同僚的行为、目标的达成及获得认同。在同一研究中，事件－情绪矩阵结果表明不同工作事件的不同结果会产生不同的情绪状态。例如，员工在获取认同时，体验到了愉快、幸福、充满活力、自豪以及感动等积极情绪，但是在缺乏认同的事件中体验到失望的消极情绪。工作特征能够有效地激活个体的积极情绪（Saavedra 和 Kwun，2000）[86]。工作或任务的丰富性能够为员工积极情绪的产生提供诱发"事件"，包括任务的同一性和完整性、技能需求的多样性、任务的显著性、自主性，以及及时的反馈等（Fisher，2002）[87]。

角色冲突事件：角色冲突被认为能够增加个体消极情绪体验的概率（Jackson 和 Schuler，1985）[88]。高水平的角色冲突意味着道德不良、在资源上的需求不被满足等事件的发生，这些事件往往会导致生气、疑惑、担忧、害怕等负面情绪（Fisher，2002）[87]。

重大战略事件：当管理者在战略决策过程中遭遇积极的或消极的事件时，情感"注入"的认知过程对于战略决策有着重要作用（Ashton-James 和Ashkanasy，2008）[89]。战略层面的事件虽具有宏观性和整体性，但主要从以下几个方面产生影响：其一，是战略变革。在战略变革的过程中所遭遇的组织机构精简、兼并及工作重设使员工的心理安全感降低，不确定性升高并感知到较少的社会支持（Ashton-James 和 Ashkanasy，2008）[89]。这将引发个体在家庭生活（Dowd 和 Bolus，1998）[90]、心理健康（Everly Jr，1998）[91]、生理健康（Muhonen，2003）[92]、工作满意度、组织承诺与组织忠诚（Schweiger 和 Denisi，1991）[93]等方面的负面情绪。只有组织变革向高效、增加福利及社会支持的方向发展，才能引发个体积极的情绪体验。其二，是经济、法律及政治事件。管理层必须采取即时的变革或重新确立目标来对动荡的环境做出反应（Keck 和 Tushman，1993）[94]。在动荡的环境中管理者往往被迫做出许多即时的、迅速的行动反应，而快速反应与情绪变化、情绪产生有着密不可分的联系。其三，在组织中不同利益方由于不同偏好和目标所经历的资源分配的协商过程也会影响个体的情绪（Ashton-James 和 Ashkanasy，2008）[89]。当一方在达成目标，或比预期更迅速地获得所需结果时会产生积极情绪。当一方的行为阻碍协商进程，并有可能产生对己方不利的结果时，就会引发负面情绪（Kumar，1997）[95]。

（3）对 AET 理论观点的应用与发展。

AET 理论主要用于解决情绪与员工工作满意度之间关系的问题。在 AET理论提出之前，对工作满意度的研究主要建立在个体认知的研究框架下，忽略了情感在预测工作满意度时的解释方差（Judge 和 Ilies，2004）[96]。通过经验取样的方法（Experience-Sampling Methodology），Weiss 一天内对样本情绪状态实施四次采样证明了工作情绪状态以及工作认知两方面均对工作满意度产生了影响（Weiss 等，1999）[97]。

AET 理论明确了工作满意度是一个人对工作评价的判断，它与个体的情绪状态有一定的区别，但是又受到个体在工作中情绪体验的影响（Weiss 和Beal，2005）[85]。Connolly 与 Viswesvaran 的元分析结果表明，无论是积极情绪（PA）还是消极情绪（NA）均与工作满意度有十分紧密的联系，同时积极情绪的影响更为重要（Connolly 和 Viswesvaran，2000）[98]。有研究通过对不同时点管理者在工作及家庭两个不同场所的情绪状态进行多次测量得出结论：首先，不同情境下的情绪状态均对其工作满意度有一定程度的影响，同时这种影响作用具有跨情境的溢出效应，工作场所中的情绪状态会影响家庭生活中的情绪状态（Judge 和 Ilies，2004）[96]。其次，在对员工 OCB 行为的研究中，员工指向其他个体的 OCB 行为（OCBI）在大多数情况下是由情感驱动的，而指向组织的 OCB 行为（OCBO）在大多数情况下是判断驱动的行为（Lee 和 Allen，2002）[99]。最后，有研究开始关注情绪变化的作用机理。普遍的研究结论证实，开心（Happy）的员工比不开心的员工绩效水平更高。但 Fisher（2003）的研究关注了个体是否在较为开心的情况下比不开心的情况下绩效水平更高，且这种个体内部的差异性比人际间的差异性对绩效的影响更显著[100]。

围绕 AET 理论还出现了两种类型的情绪结构，其一是弥漫性的情绪状态（Diffuse Affect State），其二是离散型的情绪状态（Discrete Emotions）（Weiss 和 Beal，2005）[85]。弥漫性的情绪状态反映了个体综合性的情绪表现，常使用 PANA 量表进行测量，通过个体对不同情绪状态的评价，采取综合测量值来反映情绪与个体态度与行为之间的关系。针对离散型的情绪状态，有学者对多个情绪条目进行测量，通过将解释一般意义的积极情绪与消极情绪的方差剔除后，将解释剩余方差的情绪条目分为两个因子，即为积极的离散情绪与消极的离散情绪，结果离散型的情绪因子对员工的组织公民行为与破坏行为有更强的预测作用（Lee 和 Allen，2002）[99]。

三、积极情绪的拓展 - 建构理论

1. 拓展 - 建构理论

（1）理论的内容。

Emotion 的词根是 motion，说明情绪能够在个体内部运行，甚至可以成为个体的动力（Peterson，2006）[67]。有实验研究验证了积极情绪对消极情绪负面影响的撤销效应（Fredrickson 和 Levenson，1998）[71]。这一研究结论点燃了研究者对积极情绪所引发的一系列轻松状态原因的探索，以及积极情绪所特有的进化功能。

拓展 - 建构理论（Broaden-Build Theory）是从人类进化的视角以积极情绪对人类适应能力的提升为基础提出的。从进化的角度来看，积极情绪与消极情绪对人类适应性的不同作用主要体现在时间维度上。消极情绪是点时间的作用机制，例如，在遭遇危险情境产生恐惧感，人类是通过战斗、逃亡或投射这些行为来摆脱险境的；而积极情绪则是长时间的作用机制。Fredrickson 认为积极情绪的功能，经过自然选择几千年的不断塑造，是为个体积累生存的资源，这种积累功能是通过暂时地去拓展个体的意识、思维、行动以及知觉的广度来实现的。

积极情绪在人类进化的过程中由于不断反复出现进而变得十分有用便被保存下来，自发的扩张意识让人类将这些有用的东西发展成为一种资源用以生存。积极情绪体验虽然转瞬即逝，但是却通过设定它们的增长轨迹重塑了人类，并构建了持久的生存资源（Fredrickson，2013）[68]。拓展－建构理论解释了积极情绪体验不但反映个体的幸福，而且有利于个体的成长和发展，具有长期的适应价值。即积极情绪具有两大核心功能：瞬时的拓展功能通过促使个体积极地思考诸多行动的可能性，从而拓展个体的注意、认知、行动。当个体在无威胁的情境中体验到积极情绪时，会产生一种非特定行动的趋向，个体会变得更加专注并且开放。在此状态下个体会尝试新方法，发展新的解决问题策略并采取独创性的努力；长期的建构功能可建构个体长久的身体、智能、社会和心理等资源。这种建构的功能是在"拓展"的基础上实现的，已建构的个体资源可以长期储存，以供日后的提取，从而改善个体未来的应对策略并提高个体存活的机会（Peterson，2006）[67]。积极情绪的拓展－建构作用过程如图 2-3 所示。

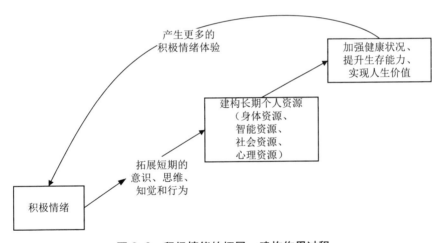

图 2-3 积极情绪的拓展－建构作用过程

Fredrickson 基于拓展－建构理论整理出十种关键积极情绪的评价题目、核心描述词汇、拓展作用下所带来的思维与行动倾向以及建构作用下的资源积累（Fredrickson，2013）[68]，具体如表 2-7 所示。

表 2-7　十种核心积极情绪的评价题目、拓展－建构结果及核心描述词汇

情绪	评价题目	拓展结果	建构结果	核心描述词汇
愉快的	安全、熟悉但预料之外的好的遭遇	玩耍、参与	在经验学习中获取的技能	充满欢乐的、高兴的、幸福的
感激之情	得到礼物或好处	亲社会的冲动	表现关心、忠诚以及社会联系的技能	感谢的、欣赏的、欣慰的
平静的	安全、熟悉、低努力的	尽情享受、整合为一体	新的优先顺序、重新审视自己	宁静的、满足的、平和的
兴趣的	安全、新奇	探索、学习	知识的积累	感兴趣的、警觉的、好奇的
希望的	担心最坏结果、渴望更好的	计划一个更好的未来	弹性的、乐观的	充满希望的、乐观的、被鼓励的
自豪的	社会价值体系下的成就获取	远大梦想	成就动机得到提升	感到骄傲、自信的、自我肯定的
乐趣的	不严重的社交不协调	分享快乐、欢笑	社会关系的加强	逗乐的、风趣的、愚蠢的
备受鼓舞的	见证人类卓越	向更高的水平奋斗	个人成长动机的加强	受到鼓舞的、向上的、提升的
敬畏的	遇到规模宏大的、美丽的或壮阔的	全神贯注、适应	新的世界观	敬畏的、惊奇的、惊讶的
爱意的	一种或几种积极情绪发生在人与人之间	相互的关心	社会关系的加强	爱、亲密、信任

资料来源：根据 Fredrickson（2013）的文献整理[68]。

（2）理论的证实。

拓展－建构理论提出后，大量研究集中在拓展与建构两个不同的方向上。

Fredrickson 与 Branigan 通过视频与图形等实验工具来探索个体的积极情绪、消极情绪及中性情绪是否会对其全局－局部视觉处理任务（Global-Local Visual Processing Task）的结果产生影响（Fredrickson 和 Branigan，2005）[27]。在实验过程中，通过五段影片来激发个体的五种不同情绪状态，包括：乐趣

感、满足感、愤怒、不安及中性情绪状态。在情绪产生后通过 Navon 的四组图形来观察个体是全局倾向的还是局部倾向的（Navon，1977）[101]。实验结果表明：积极情绪实验组中的个体选择全局倾向图片的数量显著高于中性情绪组。第二个实验在通过不同的视频引发被试不同的情绪状态后，通过 1 到 2 个词汇来形容自己当时的情绪状态，并要求被试从视频情境中脱离，想象自己会在何种情况下产生这种情绪，以及在这种情况下想要立刻做的事情有哪些。通过对每个被试所提供的多条"我想要做什么"的描述语句中与思维 – 行动资源相关语句的摘录，研究者发现，积极情绪所能引发的行为冲动的数量要远远高于消极情绪与中性情绪的数量（Fredrickson 和 Branigan，2005）[27]。

　　后续对积极情绪拓展功能的研究延续了 Fredrickson 的核心思想，通过激发积极情绪来观察被试的不同反应。Wadlinger 和 Isaacowitz 通过使用国际情感图像系统来观察被试目光定位和在图片上的持续时间。与中性情绪条件下的被试相比，积极情绪状态下的被试目光转换频率更快，关注外围图像的时间更长（Wadlinger 和 Isaacowitz，2006）[102]。Schmitz 的 PPA 实验中，个体被要求辨认图片中被大量干扰图所包围的人类面孔是男性还是女性，研究结果表明，相较于中性情绪状态，积极的情绪状态帮助个体去关注了更多的周围环境（Schmitz 等，2009）[103]。

　　建构功能的验证挑战了拓展功能的实验条件（同一时间，同一实验），它需要积极情绪的不断产生来保证足够的时间去积累资源。Cohn 的研究中，日常体验的积极情绪能够有效地预测一段时间后个体弹性特征（Cohn 等，2009）[104]。同时，人与人之间积极情绪的交换和互通，可以增加个体关系资本的积累（Algoe 等，2013）[105]。对 258 名中学老师的纵向追踪研究结论指出，工作中的积极情绪与个体的人力资本以及所获取的社会支持均有十分紧密的联系（Salanova 等，2006）[106]。对建构功能的验证除了使用纵向时点研究的方法，还聚焦于个体在一段时间内情绪的轨迹是否对资源的建构产生影响（Fredrickson，2013）[68]。Fredrickson 与其团队在计算机公司内部开设了 7 周的减压课程班（Loving–Kindness Meditation Practise），首先，初步掌握了征集的 202 名员工的工作满意度、人力资本现状以及抑郁症状。其次，在后续 9 周的时间里要求这些员工填写自己的情绪体验以及课程练习情况，在课程结束 2 周后再次调查个体的实际情况。通过观测数据的连续变化，研究者认为伴随着课程的推进，被试的积极情绪一直在缓步得到提升，同时积极情绪的提升会对个体认知（正念、路径思考以及享受的能力）、心理（环境掌控、自我接受以及人生目标）、社会（社会支持的获取与他人积极的关系）及生理（自评估病态指数的降低）资源的变化和提升产生显著影响（Fredrickson，2013）[68]。

在对建构功能作以独立验证的同时，拓展功能是否能够对建构功能产生影响成为了进一步的研究课题。研究者通过测量被试在一天之内的三个最长时间的社交互动与联系，将这一指标作为呈现个体每天拓展的社交意识的重要指标（Waugh 和 Fredrickson，2006）[107]，通过关联个体每个周的积极情绪与每个周的社交互动与联系的数据发现，前期的积极情绪能够有效地预测下一阶段中个体感知到的社交互动与联系的亲密感，这说明拓展功能对建构功能逐步产生了影响。

（3）理论的发展。

拓展－建构理论的应用在后期开始关注更多的特殊领域和不同对象间的相互影响。例如，美国军队为士兵提供了情绪适应课程（Emotion Fitness Training），用以提升个体的积极情绪的频次与持续时间，这种日常的拓展训练，能够有效为应对战时不可预估的心理创伤提供心理灵活性与弹性（Cornum 等，2011）[108]。在对组织中的员工及其直接主管的研究中发现，主管的积极情绪会影响员工的积极情绪和工作的自主性（Carlson 等，2011）[109]。

拓展－建构理论还发展出其分支理论：螺旋上升理论（Upward Spiral Model of Lifestyle Change）。该理论认为，积极情绪在提升个体积极健康的行为方式的同时能够提升一系列的健康行为的心理倾向。积极情绪所引发的无意识动机使个体通过一系列的健康行为变得更加活跃、充满好奇心、社会参与度变高，通过这些积累所获取的无论是生理上的还是心理上的可变的资源就成为了衔接个体积极情绪与健康行为的关键过程（Cohn 和 Fredrickson，2010）[29]。具体过程如图 2-4 所示，外层与内层循环过程联系紧密，资源能

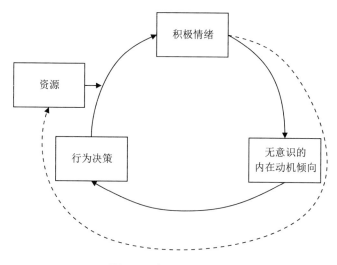

图 2-4　螺旋上升理论

够通过不断体验到的积极情绪得以累积，这些资源又能够对下一阶段积极情绪的产生有所帮助。

2. 即兴行为研究综述

（1）即兴行为的定义及相似构念辨析。

即兴最初是指爵士乐演奏者在演奏中根据现场环境、对象和乐器等要求的变化而改变原本演奏方式的一种表演。将即兴这一构念从音乐演奏领域引入管理学领域后，学者从不同的角度诠释了这一构念，部分定义如表2-8所示。

表2-8　即兴定义的发展

序号	定义	研究视角/领域	作者	年份
1	通过直觉结合情境用自然而然的方式，依赖一些事物来引导行为发生的过程[110]。	资源依赖	Hatch	1997
2	对行动的计划与执行进行融合并取得创新性的成果[111]。	计划与执行	Moorman 和 Miner	1998
3	即时而审慎的组织行动[112]。	新产品研发	Moorman 和 Miner	1998
4	直觉引导的自然而然的行动[113]。	组织学习	Crossan 等	1999
5	能够投入到充满创造力的思考和行动中的一种能力[114]。	组织能力	Vera	2005
6	用创新与自发的方式处理突发事件的能力[115]。	实际测量	Magni 等	2009
7	高管团队的即兴能力可以被视作是在特殊情境下被激发的各成员间在行动自发性与创新性上的一种协同效应，它不仅强调管理团队在决策过程中的快速反应与创新导向，还强调管理团队对组织内全员主观能动性与创新意识的推动作用[116]。	管理团队	樊耘等	2014
8	即兴是行为主体在相对平衡状态下面临无法预知的关键事件时，通过直觉引导采取新方法并迅速达到下一平衡状态的中间过程[117]。	间断–平衡视角	门一等	2015

资料来源：作者整理。

Vera 将即兴的内涵拓展为一种能力，认为即兴是投入到充满创造力的思考和行动中的一种能力。能力往往是指顺利完成某一活动所必需的主观条件，在超竞争环境下，即兴能力就是通过充满创造力的方法快速采取一系列行动使组织从动荡过渡到稳定状态的能力（樊耘等，2013）[118]。无论是行为观、过程观还是能力观的即兴均包含四个特点：快速反应性、意图创造性、目的性与结果的不可预测性，以及资源依赖性。本书将即兴行为定义为个体用创新及自发的方式来处理突发事件的一系列反应及行为。

Vera 和 Crossan 将即兴分为两个维度：自发性与创造性（Vera 和 Crossan，2005）[114]。自发性从时间维度上反映了即兴快速行动发自本能的特征；创造性则说明了即兴所隐含的初衷就是进行创造。本书认为，根据员工的自发性与创造性的高低组合可能存在四种不同的行为：首先，在行为自发性及创新性水平均较低时，个体员工表现出的是一种无行为的状态，在这种状态下，个体无自主动机去参与工作，更无法付诸创新实践；其次，是行为自发性较高、创新性较低的情况，个体员工所呈现的是常规的主动行为，这种行为往往发生在需要员工即时响应但普遍对新颖性要求不高的情境下；再次，是行为自发性较低、创新性较高的情况，个体员工所呈现的是被动的创新行为，这种行为往往发生在外部激励所驱动的，强压式的，注重考核个人创新成果的情境下；最后，是行为的自发性与创新性均较高时，员工所表现出的才是即兴行为，他们既能够根据环境即时地做出主动反馈，还能够根据自身及外部情境变化给出一定程度的不同以往的具有新颖性的行为表现，具体划分如图 2-5 所示。

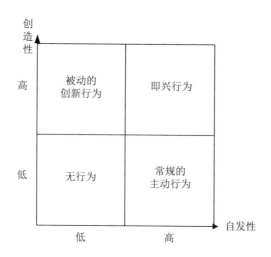

图 2-5　不同自发性与创造性组合下的员工行为类别

鉴于即兴行为所包含的自发性与创造性两个不同维度，使其与其他员工行为及员工创新等诸多相关概念有联系又有区别。

组织行为学所提出的员工前摄型行为和组织公民行为均属于个体的主动行为。员工的前摄型行为指的是由员工自身发起的，面对未来的，旨在改变自我及自我处境的一类行为（Wu 和 Parker，2017）[119]。员工的组织公民行为指的是那些超出工作描述的、由个体自由支配的角色外行为，这一类行为能够通过保持和提升组织中的社会和心理环境有效地提升组织工作效率（Shin 等，2017）[120]。由此可见，员工的即兴行为属于前摄型行为的一种，两者在意图创造环境，改善环境，并由员工自身发起等方面具有一致性，但相对于前摄型行为的未来导向，即兴行为强调了个体对外部环境即时的应对和反应。同时，员工的即兴行为也与个体的组织公民行为有一定区别，组织公民行为倾向于通过这一行为是否在职责范畴之内来判断，关注的是对组织效率的提升，而这一行为是否具有新颖性并不重要。而即兴行为是个体在自身岗位上对环境变化所作出的不同以往的反应，行为内容超出了角色定义，但这一行为强调采用新的方法和途径，对个人、团队乃至组织创新能力的提升有重要意义。

员工即兴行为的发生与员工创造力及创新绩效有着不可分割的联系。由于现阶段组织谋求更短的生命周期以及富有创造性的解决方案，即兴已经成为解决创新的必经之路。即兴行为能够使个体不断而且富有创意地进行变化来持续地提升其创造力及创新绩效，并从现有的工作实践和知识中偏离。员工创新不全是由即兴行为实现的，也有可能是有计划地、有目的地开展和实施的。因此即兴行为虽然包含一定程度的创造与设计，但它所强调的是创新的意识、想法和动机，不一定能够实现创新，但它是实现创新的一种特殊的途径。

（2）即兴行为的触发条件、发生过程及结果。

现有研究描述了即兴的外部触发条件，它往往发生在有了需要立即反应的意外事件，且这一事件重要并在可控范围内，对这一事件个人也没有事先准备的预案之时（Pina E. Cunha 等，1999）[121]。现有研究忽略了个人发挥即兴行为的内部触发条件，本书认为，在个体认知发展到一定水平时才能够准确地识别事件所传递的有效信息，才能够有意识地与环境进行交换与互动，从而产生即兴行为。同时，个体的情绪状态也是触发其即兴行为的关键因素，良好的情绪状态不仅能够保证个体在认知方面呈现出一定的灵活性，更能够诱发个体无意识的、本能的和直觉的行为反应，从而产生即兴行为。本书仅关注由积极情绪所引发的员工即兴行为。

即兴过程可以被大致分为四个阶段。第一阶段是环境诠释阶段，这个阶段组织会企图用原先制定的计划实施行动，这主要是由于组织的不敏感性与惰性导致的；第二阶段是行动调整阶段，此阶段组织发现计划的不适宜并对原计划进行调整和修饰；第三阶段是行动偏离阶段，这个阶段组织会从原计划中偏离，有部分新的计划外行动的嵌入；第四阶段是即兴完成阶段，此阶段是整个即兴发生的最后一个阶段，原计划完全被一种新的解决方案所取代。

即兴行为的结果及产出具有不确定性。可能是对组织或个人有益的也有可能是有害的（Pina E. Cunha 等，1999）[121]。个体通过即兴行为反复地进行试错与操练，与环境及组织中的人进行沟通与协作，进而能够提升组织内部的交流与学习，增加个人面对复杂环境的柔性，并通过提升个体的自信心培育出乐观积极的工作态度，从而得到更多的正向的情感输出。与此同时，个体即兴行为的发生还有可能使个体出现学习偏差，面对机会陷阱，增加个体不安等焦虑情绪。至此，有关即兴的研究已经被初步扩展为系统化的研究框架，具有进一步深入研究的可能性。

综上，即兴行为触发条件、发生过程及行为结果如图 2-6 所示。

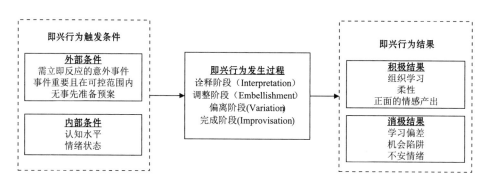

图 2-6   即兴行为触发条件、发生过程及结果

（3）积极情绪与即兴行为。

情绪或情感与即兴行为关系的研究大多集中在艺术领域，这是由于艺术创作与情感表达的紧密关联（McPherson 等，2014）[122]。即兴是情境激发的情感力所驱动的行动（潘安成和李笑男，2012）[123]，在工作场所中的即兴同样也与员工的情绪、情感有一定的联系。有研究者提出情绪即兴，是个体在建立个人的或集体的角色认同时，遵循或挑战组织原有的情绪规则限制做出的一系列反应。例如，在对医务工作者的情绪即兴与专业表现的研究中，当患者与医务工作者通过积极情绪表达来进行沟通时，医务工作者会从原情

绪规则（例如疏离感、专业超然、工具理性）中偏离，成功完成情绪即兴（Morgan 和 Krone，2001）[124]。

　　情绪反应主要通过三种作用方式来影响即兴。其一，丰富的情绪能够提供更为广泛的即兴创作语境和充足的信息；其二，情绪是一种暗示性的力量，会自然而然地影响行为，由情境变化所产生的情绪线索会自发引导行为的偏离，从而产生适用于当前的即时反应；其三，情绪帮助个体快速决策的同时，能够通过自反性来调节和监视即兴活动。情绪变化与即兴之间的关系受到情绪变化与原行动计划的影响。当对事件的情绪反应与当前行动的差异较小时，那么事件越有可能被重视，并依照情绪反应来改变方向，越容易产生即兴行为，因为所需付出的努力程度较小（潘安成和李笑男，2012）[123]。

3. 心理资本研究综述

（1）心理资本相关研究综述。

　　心理资本是以积极心理学为指导，以资源基础理论为框架提出的构念。从提出至今，研究者对心理资本的定义及内容不断有新的认识，如表 2-9 所示。

表 2-9　心理资本定义的发展

序号	定义	作者	年份
1	是指能够影响个体生产率的一些个性特征，这些特征反映了个体的一些自我观点和自尊，支配着其动机与态度[125]	Goldsmith 等	1998
2	是指人的积极心理状态，主要包括自信、希望、乐观与恢复力[22]	Luthans 等	2004
3	个体一般积极性的核心心理要素，具体表现为符合积极组织行为标准的心理状态，超出了人力资本和社会资本之上，并能够通过有针对性的投入和开发使个体获得竞争优势[126]	Luthans 等	2005
4	是指个体的积极心理发展状态，拥有表现和付出必要努力并成功完成具有挑战性的任务的自信心；对当前或将来的成功做积极的归因；坚持目标，在必要时选择能够重新实现目标的路线，当遇到困境时能够很快地恢复并采取其他方法取得成功[127]	Luthans 等	2007

资料来源：作者整理。

学者普遍认可的心理资本包括四个维度。效能是个体感知到的完成一项任务的能力；希望是一种内在的基于对目标和方法成功的积极活跃的动机状态；乐观是期望好的事情发生；恢复力是能够在面对多样的、不确定的、冲突的、失败的、变革的或责任提升的情境时恢复常态的积极心理能力（Sweetman 等，2011）[128]。

心理资本的提出与人力资本、社会资本研究的不断丰富与发展有着密不可分的联系。在关注了个体的有形资源、知识、技能、观点和能力，以及与谁建立了工作关系、朋友关系后，研究者开始关注对"你是谁以及你将成为什么样的人"这一研究问题的回答（Luthans 等，2006）[129]。三者定义如表2-10所示，且三者既有联系又有区别。

表2-10　人力资本、社会资本及心理资本的定义

概念	定义	作者	年份
人力资本	是一个人在知识、技能和能力方面的储备，这些会随着经验的丰富以及教育或培训成本的投入得到不断提升[130]	Becker	2009
社会资本	是个体所拥有的实际的或潜在的持续性的关系网络[131]	Coleman	1998
心理资本	是个体核心的心理要素及积极心理发展状态，聚焦于个体对自身以及对未来自身发展的认识[132]	Newman 等	2014

资料来源：作者整理。

心理资本相较于人力资本所关注的知识与技能，更倾向于关注潜在性的，不易被察觉和发现的心理健康的提升。它反映的是一种精神上的完好状态，表现为个体的生命力、对环境的良好反应和身心潜能的发挥，是人力资本得以提升的基础。心理资本相较于社会资本关注的是群体心理状态及心理网络，而不是通过人际互动形成的社会关系网络本身，是社会资本形成的心理基础和心理过程。同时，心理资本不仅考虑了现实自我是如何的，还将个体的潜在能力纳入思考范畴，这是人力资本与社会资本所没有的。由此可见，心理资本是基础，也是发展与超越，是建立在人力资本与社会资本理论以及积极心理学和积极组织行为学理论基础上的一个更高层次的核心构念（张红芳和吴威，2009）[133]。

心理资本受到多种因素的影响。首先是工作场所的支持，例如主管支持、组织支持氛围、新员工支持（Nigah 等，2012）[134]及员工感知到的对外声望（Mathe 和 Scott-Halsell，2012）[135]；其次是工作环境，例如压力工作环

境、工作－家庭冲突（Wang 等，2012）[136]、雇用关系不确定性（Epitropaki，2013）[137]；再次是个人特征，例如种族认同（Combs 等，2011）[138]、性别角色导向（Ngo 等，2014）[139]；最后是领导行为，例如变革型领导（Gooty 等，2009）[140]与真实型领导（Woolley 等，2010）[141]等均能够对员工的心理资本产生正向或负向的影响。

心理资本能够对个人产出产生极大影响。首先是对员工的态度，心理资本能够对组织承诺、留职意愿（Luthans 和 Jensen，2005）[142]及工作满意度（Luthans 等，2007）[127]产生积极的、正向的影响；其次是员工的行为，它能够对角色外行为产生积极的影响，对反生产力行为产生消极的影响（Avey 等，2008a）[143]；再次是它能够对员工创新绩效产生积极的、正向的影响（Avey 等，2011）[144]；最后是对员工的工作及个人生活质量产生正向的影响（Baron 等，2013）[145]。

同时，组织认同（Norman 等，2010）[146]、服务氛围（Walumbwa 等，2010）[147]、动态的产业环境（Hmieleski 和 Carr，2008）[148]及组织政策（Abbas 等，2014）[149]能够在心理资本与产出之间起到中介作用。在工作压力（Roberts 等，2011）[150]以及情绪劳动（Cheung 等，2011）[151]与员工产出之间，心理资本也能作为重要的中间机制存在。除了现有研究成果，Newman 认为心理资本的研究正在向跨阶层的、对中间机制深入探讨的方向不断发展（Newman 等，2014）[132]。

（2）积极情绪与心理资本。

心理资本能够影响个体的情绪劳动策略，从而对个体工作态度产生影响。根据工作要求－资源模型，心理资本作为一种重要的个人资源，能够对个体的情绪劳动调节及心理加工过程产生影响，它作为一种个体的类状态特征，能够为这一动态的过程提供原动力。情绪劳动分为表层行为、主动深层行为与被动深层行为，心理资本能够增加个体情绪劳动中的深层行为可能，使个体改变内在感受从而表现出组织需要的情绪（李晓艳和周二华，2013）[152]。

积极情绪与心理资本均是积极心理学中的核心概念，但是对两者关系的探讨多聚焦于心理资本是如何对积极情绪产生影响的。心理资本能够影响个体认知视角、认知方式及认知过程，从而对积极情绪产生影响。以情绪的认知－评价理论及情感事件理论为主要依据，以组织变革事件为诱因，研究者发现，在面临组织变革时，心理资本水平较高的个体，感受到更多的自我效能和恢复力，进而充满希望，心怀乐观。当变革来临时，这些个体能够从积极的、乐观的视角解读事件，从而产生积极的情绪体验（Avey 等，

2008b）[153]。因此，即使是相同的事件仍然能够引发两个心理资本水平不同的个体产生截然不同的情绪体验（Lazarus，1982）[154]。国内研究者岑鸿羽和张西超通过对 208 名员工为期 3 个月的纵向研究发现，积极情绪与心理资本两者对员工工作结果具有交叉滞后的复合作用，且积极情绪在员工的心理资本及结果变量之间起到了中介作用。

四、小结

本节依照积极情绪是什么、积极情绪的来源、积极情绪作用方式的逻辑顺序，依次对情绪与积极情绪、积极情绪来源的相关理论及积极情绪的拓展－建构理论进行了文献综述。详细地介绍了情绪是什么，情绪的类别、维度及特质；典型的积极情绪与积极情绪的主要功能；情绪的认知－评价理论及情感事件理论；拓展－建构理论的内容、证实与发展。同时，介绍了本书中拓展与建构过程所对应的即兴行为与心理资本两个构念的研究现状，以及两者与积极情绪有关的研究结论。

现有研究主要从以下几个方面做出了贡献。第一，对员工情绪及积极情绪的关注将研究者的注意力从员工的"硬智能"转向了"软智能"，为组织提升员工的工作绩效提供了更丰富的途径和方法。第二，情绪的认知－评价理论将员工的认知过程与情绪处理过程两个独立的，看似对立的过程有机地结合起来，使对员工认知与情感智能两方面的研究得到一定程度的平衡。第三，情感事件理论通过列举工作场所中的具体事件将环境产物说与认知评价说很好地结合。第四，积极情绪的拓展－建构理论提供了一个十分具有潜力的研究框架，对于拓展功能的研究成果说明个体的积极情绪可以在短期内带来富有成效的进步；而建构功能的研究结果说明对个体积极情绪的研究不应停留在对情绪体验本身的解析上，还应该关注它对个体长期导向的回馈。

虽然现有研究为积极情绪后续的发展奠定了坚实的基础，但仍存在些许不足：

第一，对情绪的研究多以情绪特质为主，对情绪体验本身的探讨较少。多数研究都聚焦于员工及领导个人的情绪智力是如何对自身或下属员工的态度、心理及工作绩效产生影响的。为数不多的一些研究聚焦于团队的情绪氛围在团队效率提升方面的重要意义，以及对个体绩效提升的跨层作用。

第二，情绪的认知－评价理论明确了个体认知过程对情绪产生的影响作用，这一认识忽略了情绪作为一种独立的系统和单元是如何发挥作用的

（Lazarus，1982）[154]。认知与情绪发生的时间顺序、产生的内在机制以及可能的影响是相互独立又绝对依存的，认知－评价过程与情绪过程是互惠的（Avey等，2008b）[153]。同时，有关情绪与认知灵活性的研究多聚焦于认知灵活性是如何在积极情绪影响阶段发挥作用的，缺少对认知灵活性在积极情绪产生阶段作用的探讨。且研究对象多为低龄阶段的青少年，鲜有关注工作场所中的员工。

第三，认知－评价理论与情感事件理论在解决个体情绪问题时都有其局限性。情绪的认知－评价理论强调了认知对情绪产生的重要作用，但是未有涉及情绪能够为个体带来什么影响。更多的是将情绪看作是认知活动过后的产物，是伴随现象，忽略了情绪的影响力。情感事件理论关心的是单一稳定的工作环境特征事件对员工情绪的影响作用，忽略了情绪产生的社会学机制。从个体完整的心理结构分析的角度出发，仅关注工作环境特征所可能诱发的员工积极情绪过于片面，对环境中刺激因素的分类不够完善。人与人之间所具有的社会关系特征也是工作的重要组成方面。同时，情感事件是诱发情绪变化的最近端的要素（Weiss和Beal，2005）[85]，但是情绪的稳定状态却不是受情感事件影响的，多种情绪组合的稳定状态是受到多个情感事件，也就是环境中事件的组合特征影响的。

第四，对积极情绪作用方式的研究具有其局限性。从情感事件理论来看，大量的研究机制都建立在判断－驱动行为这一逻辑框架下，对情感－驱动行为的探讨较少。也就是由积极情绪直接指向员工行为的研究较少。从拓展－建构理论来看，首先目前的研究重点多关注积极情绪在员工身体能力、认知能力上所发挥的拓展功能，以及随之而来的在认知资源、生理资源及幸福感上的建构功能，未能关注员工的积极情绪在拓展及建构两条不同路径上可能存在的不同内在机制。其次多数将拓展－建构理论作为依据的研究，都来自临床医学领域或是实验研究，鲜有研究对该理论在工作场所中进行应用。

因此，本书将着力从以下几个方面弥补以上研究不足。

第一，将注意力从个体及集体情绪特质移向对积极情绪本身的探讨，而将情绪特质作为研究的控制变量。第二，关注情绪与认知的交互作用，基于情绪的认知－评价理论探讨员工积极情绪的来源，并关注个体的认知特质——认知灵活性在积极情绪产生过程中起到的调节作用。第三，通过将松散的情感事件进行整理和归纳，探索客观工作特征与员工角色担当及其社会属性在积极情绪产生过程中发挥的重要作用。人们在工作场所中的主要社会关系表现为个体与领导之间的从属关系，个体与其他团队成员的合作关系，同时随着目前工作家庭一体化风潮的盛行，以及工作内容及形式上所提供的灵活方式，个体与家庭的关系也逐渐进入研究者的视野。因此，以上多个方面与关系质量相关的事件应被作为影响积极情绪产生的关键因素进行探讨。第四，本书意图通过在拓展路径及建构路径上分别引入即兴行为与心理资本两个关键变量，在工作场所这一具体情境下验证拓展－建构理论的有效性。现有关于即兴与情绪的研究大多停留在艺术领域，对工作场所中两者关系的讨论较少。同时，关于积极情绪建构作用的探讨多局限于它对个体人力资本和社会资本积累的作用，忽略了对最核心的、最根本的资源——心理资本的重要意义。

第二节　员工创新绩效相关研究综述

一、员工创新绩效

员工创新研究开始于 20 世纪 50 年代，研究者多从"结果观"与"过程观"两个不同视角给出定义，如表 2-11 所示。员工创新绩效的研究是结果导向的，主要受到个人特征、工作特征、领导力、组织文化与氛围、社会关系与网络等多个因素的影响，具体内容如图 2-7 所示。

表 2-11　员工创新的定义

序号	定义	作者	年份
1	指员工产生新颖且具有潜在价值的事物或想法，包括新的产品、服务、制造方法及管理过程等，可以促使企业在激烈的竞争中生存、革新与成长[5]	Amabile	1983
2	是员工从行为、认知、情感上都试图去创造新成果的过程[3]	Kahn	1990
3	指由员工提供并得到相关人员认定的新颖、有用的想法、程序或产品[155]	Oldham	1996
4	指员工投身创新行为的过程，无关行为结果，只关注个体如何在复杂情境中采取创新行为[4]	Drazin	1999
5	是员工针对组织的产品、实践、服务或程序产生一些新颖、有用的想法[156]	Shalley	2001

资料来源：作者整理。

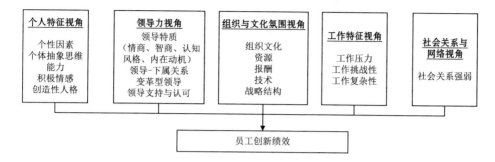

图 2-7　员工创新绩效研究的主要方向与内容

二、动机、认知、情绪与员工创新

本书意图探索员工创新绩效提升的内在心理机制，因此，着重从动机、认知与情绪三个方面对员工创新的相关研究进行综述。

1. 动机与员工创新

Amabile 认为内部动机是影响员工产生创造的三大要素之一（Amabile 等，1996）[9]，只有内部动机对个体的创新是有利的，而外部动机会阻碍个体的创新（Amabile，1993）[157]。有研究者认为内部动机与外部动机在个体创新过程中的不同阶段发挥了作用，创新思考的双层模型如图 2-8 所示（Runco 和 Chand，1995）[158]。当处在问题辨识阶段时，被激发的内在动机能够让个体保持专注，当方法落实后，外部激励因素的加入则有助于个体创新有效性的提升。也有学者提出了与之相左的观点，认为动机与创新之间关系甚微（Shalley 和 Perry-Smith，2001）[156]。通过对 1990~2010 年有关动机与员工创造的文献进行元分析后得出结论：内在动机与员工创新绩效之间有着积极的正相关关系，同时，这一关系取决于该研究设计是截面研究还是因果导向研究（De Jesus 等，2013）[159]。但可以肯定的是，个体很难依靠知识

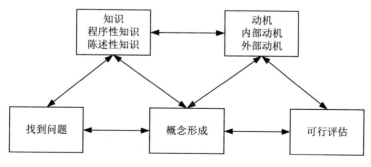

图 2-8　创新思考的双层模型

与技能做到对创新活动的坚持，动机是个体创新最终得以实现的关键要素（Zhou 和 Shalley 等，2011）[160]。

2. 认知与员工创新

创新在提出伊始就与认知现象中的思考联系紧密。思考是个体认知符号建立、修正、联系、重组以及在具体或抽象环境中应用的过程。在这一过程中个体会尝试探索、识别、组织，以及编码或结构化一些固定的模式、对事物的分类、社会网络或系统等，这一过程是创新的认知基础（Cropley，1999）[161]。Guilford 提出收敛思考（Convergent Thinking）能够帮助个体在繁杂的信息中去寻求最优的唯一解。发散思考（Divergent Thinking）则能够帮助个体在信息中生成多样化的新的答案。这两个过程均对创新过程中的知识产生有着重要作用，前者为创造的稀有性做贡献，后者关注创造的变化性。在创新的过程中，个体需要思考、推理以及解决问题（Cropley，1999）[161]，同时在繁杂的信息中进行选择并评估变化着的信息。随着阅历的不断丰富，个体思维能够在直接具体的对象与一般属性或象征意义之间自由切换，这是个体认知发展的核心。这一核心能力为创新提供了便捷性和可能性。

认知风格是个体与个体在环境中获取信息、利用经验时表现出的较为稳定的、一致的差异。认知风格分为相对的四种类型：外向与内向、感受与直觉、思考与感觉、判断与感知（Myers 等，1985）[162]。外向性与创新有着十分紧密的联系，同时，感受与直觉均在一定程度上为新颖性想法的产生提供了条件，尤其是直觉，是一种无意识的思考和认知活动，是影响创新的重要因素与关键环节。

3. 情绪与员工创新

个体情感的不同类型与特征作用于创新绩效主要通过三条不同途径：首先直接作用的效果不同；其次是采用的中介机制不同；最后是与不同的交互项对创新绩效产生作用（James 等，2004）[55]，个人情感与创新绩效中间的作用机制如图 2-9 所示。工作场所中有关情感的研究具有变化性，实际研究中常以性情（Disposition）、心境（Mood）与情绪（Emotion）等变形来代替，其中情绪最常被作为情感研究的替代形式出现（James 等，2004）[55]。

Frijda（1993）认为区分不同效价的情绪体验是理解情绪与创新绩效关系的关键[84]。积极情绪与消极情绪对员工创新绩效的作用受到组织中能够激发情感的具体情境的影响。例如，组织中的不公平氛围能够引发个体愤怒、憎恨等消极情绪，但是公平的氛围却不能引发积极情绪。因此，消极情绪与组织公平氛围的交互作用能够影响个体创新绩效，但是积极情绪与组织公平氛围的交互作用无法影响个体创新绩效。除了组织环境氛围，个体特征与情

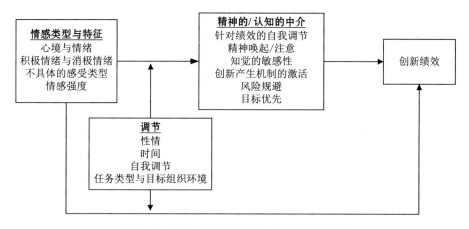

图2-9 情感对创新绩效影响机制的示意图
资料来源：James 等（2004）[55]。

绪的交互作用也同样能够影响个人的创新绩效。当个体的自信心水平较高，自尊水平较高时，即使有消极情绪，也能够被及时化解，从而较好地完成创新。个体的开放性与积极情绪的交互作用可以提升创新绩效，而个体的神经质与消极情绪的交互作用会对创新产生不良影响。除此之外，不同的任务偏好和倾向（例如，任务的类型或任务的复杂程度）与员工情绪的互动也能够影响创新（James 等，2004）[55]。积极情绪与消极情绪除了能够直接影响创新绩效，还存在较为复杂的中间机制。积极的情绪状态能够通过发散个体思维，加强个体对特定任务的心理定式激发员工的创新绩效，而消极情绪能够在引入有效的调适机制后对创新产生积极影响。

积极的情绪是创造性想法产生的重要原因，创造性的想法同样能够产生积极的情绪体验，这就是情绪与创造力的循环模式（Amabile，2005）[44]。纵向研究数据的结果表明积极的情绪对创新有正向的影响，并且这种影响关系是线性的。从动态的视角来看，创新实质上受到积极情绪与消极情绪的互动过程的影响，高的创新绩效往往发生在个体体验到消极情绪，并在这些情绪得到缓释而积极情绪得以提升时（Bledow 等，2013）[163]。除考虑效价，极高水平或极低水平的积极情绪或消极情绪强度均会对创新造成不良影响，这一关系呈倒"U"形（James 等，2004）[55]。

关于积极情绪与创新关系的本土研究大致分为两个方向：以积极情绪特质为预测变量的研究和以积极情绪为中介变量的研究。首先，在个体层面上，积极情绪除了前文提到的可以通过认知功能、动机功能作用于员工创新绩效外，还能提升个体的助人行为、帮助建立社会资源、带动隐性知识的分享（汤超颖等，2011）[164]，从而对创新产生影响；在团队层面上，团队的积极情绪氛围有助于推进团队的创新绩效以及团队有效性（刘小禹和刘军，2012）[33]。其次，积极情绪能够通过员工抗逆力得到有效提升，从而增加员工在工作中的投入，而工作投入与抗压能力是个体在组织创新活动中必不可少的素质（李旭培等，2013）[165]。同时，员工的积极情绪还受到自身对组织公平性的感知的影响进而影响创新（李悦和王重鸣，2012）[166]。根据情感事件理论，通过对主管与员工的数据分析，涌现型领导可以削弱挫折事件对整个团队情绪的负面作用，它所体现出的高质量的领导－成员交换关系，能够有效提升团队情绪，从而对员工创新绩效产生情感驱动的作用（彭正龙等，2011）[167]。

三、即兴行为与员工创新绩效

即兴行为与创新是两个密不可分的概念。新想法的迸发与产生，行为的自发性与即时性是即兴行为的两大核心构成。创新相较于即兴仅体现了"新"的一面，创新可以是即兴行为的结果，也可以是有计划而实施的。即兴行为意图创新，但是未必会达成创新绩效的提升（张小林和裘颖，2010）[168]。

在本土化的即兴与创新关系的实证研究中，多数学者的研究结论都表明即兴对创新绩效的提升有正向促进的作用。隐性知识与知识创造在即兴与创新之间起到了中介作用（阮国祥等，2014）[169]。在不同层面，即兴与创新绩效之间关系的影响因素不同。自我效能感能够正向调节个体即兴与创新绩效之间的关系（Hmieleski 和 Corbett，2008）[170]。在团队层面上，团队共享心智模式（纪晓丽和蔡耀龙，2013）[171]、创新氛围（张小林和裘颖，2010）[168]、内部社会资本（阮国祥等，2015）[169]、即时信息沟通以及团队合作水平越强（Vera 和 Crossan，2005）[114]，即兴对创新绩效的影响越强。组织层面的知识记忆、试错型文化的建立及行业环境的动态性能够调节组织即兴与组织创新绩效的关系。即兴对创新绩效的中间影响机制如图 2-10 所示。

四、心理资本与员工创新绩效

Amabile（1996）及一些学者认为心理资源对个体创造性的产出有一定影响作用[6]。心理资本作为一种核心的心理资源对员工创新绩效有直接影响作用。个体的效能感并不是指一种实实在在的技能，而是个体对自己使用技能去做一件事情的信念，是能够通过使用资源和发明来影响个体绩效的一般性能力（Bandura，1986）[172]。效能感不仅能够加强个体内在的创造性动

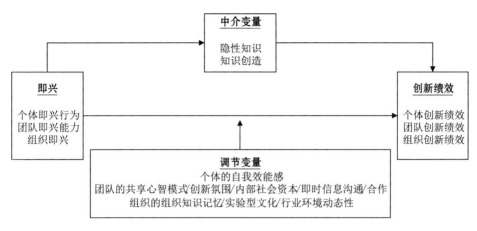

图 2-10　即兴对创新绩效的中间影响机制的示意图

机，还能让个体更愿意去承担在创新过程中的风险，挑战难以完成的任务，进而影响创新绩效（Bandura，1997；Sweetman 等，2011）[128, 173]。希望能够帮助个体提升创新的意志力与动机，同时使个体完善实现目标的多种途径以实际行动来实现自己的计划（Sweetman 等，2011）[128]。与希望伴随而生的乐观则不同，乐观意味着个体对好的产出及结果的期望，但其仅关乎于期望和对产出积极正面的解释风格，与实现那些产出的意志力及行为无关。恢复力鼓励个体放弃现有的较为安逸的状态或行为方式，接受挑战并在困难情境下坚持下去（Luthans 等，2007）[127]。当心理资本作为更高阶的核心构念出现时，它保证了个体能够发展出一系列的积极心理状态。在面对具有挑战性的任务时，个体充满信心地投入其中，对于现在和未来的成功始终怀有较积极的态度，坚持目标并能在出现变化时适时调整计划，进而顺利实现创新（Sweetman 等，2011）[128]。

心理资本常作为员工创新绩效的预测变量（张宏如，2013）[174]。心理资本能够通过提升个体的心理契约（侯二秀等，2012）[175]、知识分享意愿（张振刚等，2015）[176]来影响员工的创新绩效。同时，企业的创新氛围（吴庆松和游达明，2011）[177]、知识作业难度（赵斌等，2012）[178]能够有效地调节心理资本与员工创新绩效之间的关系。

心理资本也常作为中间机制被引入员工创新绩效的研究中。变革型领导能够通过员工心理资本对其角色内与角色外行为起到提升作用（Gooty 等，2009）[140]，国内学者将心理资本作为变革型领导影响员工创新绩效行为的中介变量。Rego 等提出真实型领导（Authentic Leadership）能够通过提升领导 - 成员交换关系质量，成员间的互信以及践行非常规工作方式的自由度来直接影响员工的创新绩效。真实型领导还能够激发员工个人的潜能和自我效能，传递给员工自我决定的、安全的、可信赖的个人形象，使员工投入精力，充满希望地聚焦于自己的目标，激发积极的情绪和认同感保持乐观，维护员工良好的人际关系，提升其自信心和恢复力，通过心理资本提升员工创新绩效（韩翼和杨百寅，2011）[179]。

五、小结

本部分从个体动机、个体认知及个体情绪三个视角出发，对现有员工创新绩效的研究做了梳理。根据研究需要详细地介绍了积极情绪、即兴行为和心理资本等与员工创新绩效相关研究的最新进展。

现有研究主要有以下几个方面的贡献。第一，对个体创新内在动机的探索明确了个体创新的核心驱动力是什么，进而使后续研究将更多的注意力放在对人类内在心理力量的发掘这一重要课题上。第二，情感与创新的研究成果明确了情绪可能对创新产生的影响，也将学者关注的焦点从个体的"硬智能"转向个体的"软智能"。第三，随着组织力求更短的生命周期和富有创造性的解决办法，以及复杂的商业环境，即兴行为的发生逐渐成为提升创新绩效难以逾越的环节。现有研究从概念上明确了即兴与创新之间的联系与区别，通过实证研究的方法证实了即兴行为对创新绩效具有预测作用，增加从行为指向创新的路径。第四，心理资本这一概念的提出使心理资源对创新绩效影响的研究得到广泛重视，通过引入这一无形资源从根本上破解了资源对创新产生影响的内部心理机制。

但现有研究仍存在些许不足。首先，情绪与创新关系研究存在一定局限性。大多数研究都聚焦于情绪特质对创新绩效的预测（George 和 Zhou，2001）[180]，也就是个体的情绪智力或团队的情绪氛围对创新绩效的预测作用。但是较少有研究关注积极情绪体验本身可能对创新产生的影响。其次，对提升创新绩效内在机制的探讨缺乏一定的理论基础，未能将现有成果很好地整合在同一个逻辑框架内。而拓展－建构理论已经明确了积极情绪是通过拓展与建构两个过程对员工创新绩效产生影响的，但是两者之间究竟存在怎样具体的中间机制还不明确。最后，即兴行为与创新绩效有紧密联系，但对两者关系的探讨缺乏理论基础。

可见，现有研究对员工创新绩效影响机制的探讨未能将个体的认知、情感与行为整合在同一研究框架内。由此，本书意图基于情绪的拓展－建构理论，以员工的积极情绪为核心动力系统，并通过建立拓展与建构两条不同路径，分别引入个体即时性的即兴行为与长期累积性的心理资本以丰富积极情绪对员工创新绩效中间机制的研究。

第三节　团队目标导向及相关研究综述

一、目标导向与员工创新绩效

在过去的 20 年中，目标导向理论成为研究个体动机的重要视角。目标导向反映了个体如何对周围环境中的事件及结果做出解读和反应。目标导向关注的并非是哪一类个体能够获取成功，而是人们为什么，以及如何去实现各种各样的目标，反映了个体获得成功的行为目的是什么。不同导向涉及个体在情境中的经历、对事件的解读、决定了其认知、情绪和行为模式（Elliott 和 Dweck，1988）[181]。研究者在初始阶段试图从行为角度对目标导向做出解读，后期目标导向被认为既是一种个人特征也是与情境特征有关的，是个体间稳定的内在差异，但同时也受周围情境特征的影响（Button 和 Mathieu，1996）[182]，进而研究者逐渐将目标导向作为一种个体的"状态"（State）或"特质"（Trait）。

Ames 将目标导向分为掌握型导向（Mastery Orientation）和绩效型导向（Performance Orientation）。其中，掌握型目标导向反映了个体想要发掘自身能力的目的，这类个体聚焦于学习、理解、开发技能和掌握信息。而绩效型目标导向则反映了个体想要展现自身能力的目的，这类个体往往比较关心个人能力给他人留下的印象，表现为与他人比较能力的高低。后期学者又对绩效型目标导向进行了细分，一类是绩效趋近型目标导向指个体关注获取成功的可能性，另一类是绩效规避型目标导向反映了个体关注失败的可能性（Kaplan 和 Maehr，2007）[183]。学者们还提出了其他类型的目标导向：外在目标导向、社会目标导向、工作规避目标导向等。外在目标导向指的是个体关注是否获取外部激励的导向。社会目标导向是指在投入某种行为的过程中个体是受社交和人际交往的需求驱动的。工作规避目标导向与绩效规避型目标导向类似，个体倾向于付出最小的努力去工作。

目前普遍采用了学习型目标导向与绩效型目标导向的划分方式。其中，学习型目标导向是个体争取理解并学习新事物以图提升自身能力的一种倾向，绩效型目标导向的个体倾向于争取其能力获取认可及正面评价，并避免负面评价。学习目标导向的个体善于在过程中积累经验，并且改进方法。同时，这类个体工作的主动性较强，敢于接受具有挑战性的任务，并从中积累知识与技能（Lin 和 Chang，2005）[184]。

目标导向主要通过两种途径对员工创新绩效产生影响。第一种方式是，个体目标导向的选择直接影响了个体的创新绩效。Hirst 等（2011）认为学习型目标导向和绩效趋近型目标导向均能够正向地影响员工创新绩效，但这一关系受到官僚主义的影响[185]。个体的目标导向对其创新绩效的影响还受到风险条件的影响。有研究表明，在高水平的风险环境中，个体低水平的绩效规避型目标导向有利于创新绩效的提升（Simmons 和 Ren，2009）[186]。本土研究认为，学习型目标导向较强的个体愿意花费时间去收集更多额外的信息，学习如何去提升效率，这类个体往往更具有责任心、自信心，更勇于冒险和突破，并追求更佳的决策结果，这些均有利于创新成果的促成。而绩效型目标导向更强的个体往往会为了迎合某种标准和要求选择采取驾轻就熟的工作方式，并弄虚作假，这并不利于创新行为的发生（路琳和常河山，2008）[16]。第二种方式是，个体目标导向的选择通过调节其他影响因素与创新绩效之间的关系对员工创新绩效产生间接影响。Moss 和 Ritossa 的研究结论表明，个人的目标导向能够作为调节变量影响领导风格与员工绩效、创新与工作态度的关系，其中学习型目标导向能够增强变革型领导风格对员工规范承诺及情感承诺的预测作用，最终促进创新绩效的提升。

二、团队目标导向及相关研究综述

目标导向还存在于团队层面，团队目标导向指的是成员对团队整体强调学习目标或是绩效目标的一种共享理解，个体成员通过团队决策、问题解决及团队内部协作等多种形式来保持团队目标导向的明确性（Gong 等，2013）[52]。团队学习型目标导向是指团队成员感知到自己团队设定学习目标，相互支持并执行挑战性任务的一种状态。而团队绩效型目标导向则是指团队成员所感受到的高水平的竞争氛围，聚焦于绩效达成及任务专一性的一种状态（Mehta 等，2008）[187]。有研究者认为，团队中个体的目标导向与团队整体的目标导向之间存在着动态的转化机制。组织中团队的目标导向是个体心理氛围与团队氛围针对自身所偏好的成就导向所诱发的，当个体成员通过观察并与其他同事及领导进行互动进而发展出对工作规定与反馈的认知，其心理氛围就通过社会学习习得了。个体心理氛围在形成过程中为其提供了有关团队成员对产出所抱有的期待、社会支持以及团队评价机制等信息与线索。通过高频率的互动，个体成员通过自身对团队中事件的解读及自身的认知去适应周围环境中的成就动机，从而达到一种共享型氛围。随之，个体自身的目标导向通过社会评价过程形成团队目标导向（Dragoni，2005）[188]。具体转化过程如图 2-11 所示。

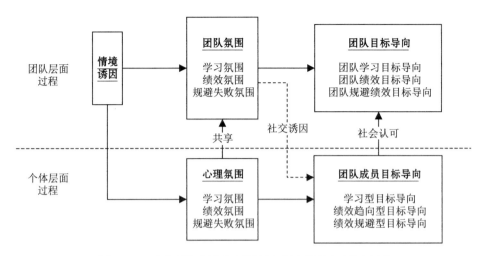

图 2-11 个体目标导向与团队目标导向转化机制示意图

团队学习型目标导向能够激发个体的主动性学习行为（Dweck，1996）[189] 及团队适应性、团队绩效、团队效能感，以及团队承诺等（Porter，2005）[190]。同时，它还能够激发团队去追求更复杂的目标以及更复杂的学习任务，从而帮助个体实现创新（Ames 和 Archer，1988）[191]。团队绩效型目标导向能够有效提升销售人员的工作绩效（Porath 和 Bateman，2006）[192]。当团队处于高成就预期及以产出作为回报依据的环境中时，绩效型目标导向将有利于团队的发展。同时，有研究表明，团队绩效趋近型目标导向能够对团队计划产生积极的影响，从而有利于团队绩效的提升，即团队计划在团队绩效趋近型目标导向与团队绩效之间发挥了中介作用（Mehta 等，2008）[187]。在同一团队中，个体与个体之间存在着不同的目标导向，目标导向差异性越强对团队绩效越容易产生负面的影响，这一负向的影响会随着团队自发性水平的提升得到缓解。学习型目标导向水平的多样性能够增强团队内部信息加工从而有益于团队绩效产出，而绩效型目标导向水平的多样性能够增强团队工作效率从而提升团队工作绩效。除此之外，在团队学习型目标导向与团队绩效型目标导向之间还存在着较为复杂的中间机制，例如，认知、情感、行为等团队自我调节策略。

不同类型的团队目标导向对员工创新绩效有不同的影响效果。团队学习型目标导向与团队绩效趋近型目标导向均能够在一定条件下对员工创新绩效产生正向的、积极的影响，而团队绩效规避型目标导向与员工创新绩效负相关，这是由于不同类型的团队目标导向能够影响团队成员之间的信息交换程度从而影响个体创新绩效。因此，本书旨在对前两种可能产生近似作用效果的目标导向类型的内在影响机制进行进一步的深入分析，研究中不涉及对规避型目标导向的探讨。

三、小结

本部分基于目标导向理论对组织行为学中个人目标导向、团队目标导向及它们与创新之间关系的研究进行了综述。可以看出，有关目标导向与员工创新绩效的研究主要从不同层面目标导向对员工创新绩效的影响作用和对两者之间边界条件的探索两个不同的视角出发。有关个人目标导向与创新边界条件的探索主要从两个方面入手，一方面探讨了在目标导向对员工创新绩效产生直接作用的过程中受到哪些因素的影响，另一方面探讨了其他影响因素在对员工创新绩效产生作用时不同目标导向作为边界条件存在时的调节作用。

现有研究仍存在以下不足。第一，个体层面的目标导向与创新关系的研究较为丰富，但对团队目标导向影响力的关注较少。从现有研究成果来看，关注不同层级，尤其是团队层面的目标导向对个体层面创新的跨层调节作用是拓展研究边界，对员工创新绩效情境化研究进一步深入的重要方式。同时，鲜有研究在关注个体层面积极情绪完整作用机制的同时通过引入其他层面的影响因素来干预或调节个体层面情绪过程，忽视了员工积极情绪所受到的跨层面情境因素的影响作用。第二，不同类型的团队目标导向，尤其是学习型目标导向与绩效趋近型目标导向在相同关系中可能存在的不同作用效果还需要进一步辨析和明确。第三，以往研究虽然关注了不同类型团队目标导向可能通过何种中介机制影响最终产出，对团队目标导向之间的相互转化也有涉及，但较少研究关注团队目标导向是如何通过跨层作用对中间机制产生影响进而影响最终产出的。

因此，本书通过在积极情绪的拓展－建构过程中引入团队学习型目标导向和团队绩效型目标导向这两个跨层次的情境变量来完善以往研究的不足，意图拓展对现有员工积极情绪与创新关系研究边界的讨论。

第三章　知识型员工积极情绪研究框架的提出与理论推演

本章基于上一章对前人研究成果的文献述评，结合现有研究不足，首先论述了积极情绪作为激发员工创新绩效原动力的必要性和可实现性；其次构建了积极情绪的涌现与拓展–建构对员工创新绩效影响机制的模型；最后在现有研究理论与现实依据的基础上对模型中变量间的路径关系提出了一系列的研究假设。

第一节　以积极情绪为核心动力的员工创新绩效提升机制的建立

一、创新绩效提升路径的多样性

为了应对复杂的商业环境，消费者的个性化需求以及企业的长期发展需要，企业必须实现创新途径的多样性。根据前文综述可知，有关创新的研究常常围绕两大核心要素进行，那就是人与环境。从人的角度出发，现有研究从个体的人格特质、心理素质、能力及认知等微观视角入手来探索创新产生过程；从环境的角度出发，现有研究剖析了有哪些外部支持有利于个体创新过程的顺利开展。

1. 以人为核心的研究

以人为核心的创新研究是从个体的人格、心理素质、能力及认知等多个方面入手的。首先，有研究者指出前摄型人格，又称为主动性人格，能够保证有效地自我管理及对环境的主动反馈，因此对个体创新行为的发生有积极的影响（张振刚等，2014）[176]。其次，自我效能感及创新自我效能等心理素质作为个体核心的自我能力、信念对其创新行为影响的研究成果最为突出（Tierney 和 Farmer，2002）[11]。同时，个体认知方式，例如直觉与员工个体创新绩效提升之间有紧密联系（罗瑾琏等，2010）[193]，还有大量研究表明，灵活的认知特质与开放性的认知结构将对创新绩效的提升有重要作用。部分研究内容如表 3–1 所示。

表 3-1　创新绩效两大研究分支的层面及内容

研究分支	层面	主要研究内容
内部（以人为核心）	人格、心理因素、能力	前摄型人格、心理安全感、自我效能感、认知方式
外部（以情境为核心）	社会	集体主义文化
	组织	组织创新氛围、组织文化、激励偏好（工作特征）
	领导	真实型领导、变革型领导
	关系	领导－成员交换关系、团队－成员交换关系

资料来源：作者整理。

2. 以环境为核心的研究

以环境为核心的创新研究主要从国家与社会层面、组织层面、领导层面及二元关系中观层面出发。首先，中国的集体主义文化对个体创新的作用仍未有定论（Zha 等，2006）[194]，它不仅能够直接影响员工创新绩效，还在人与环境匹配对员工创新绩效的关系中起到调节作用（Du 和 Wang，2009）[195]；其次，组织文化、组织创新氛围与激励偏好均能够正向影响员工创新绩效（刘云和石金涛，2010）[196]；最后，变革型领导能够直接或通过改善领导－成员交换关系作用于员工创新绩效（Gumusluoglu 和 Ilsev，2009）[197]，而真实型领导能够通过影响个体的心理资本作用于员工创新绩效，这一关系受到领导－成员交换关系的调节作用（韩翼和杨百寅，2011）[179]。

由此可见，现有对员工创新绩效实现路径的研究虽呈现出多样性但也逐渐显露出一定的局限性。以人为核心的研究侧重于对人的"硬智能"的开发，忽略了人区别于机器与动物在"软智能"方面的独特优势。情感作为人的独有特征，一直以来在创新研究中未得到重视也未被置于核心位置。而以情境为核心的研究未能重视情境因素与个体情感过程的互动作用。因此，本书以解决以上两个问题为出发点，试图建立个人积极情绪与创新之间的关系来完善以人为核心的研究，同时探讨情境因素在个体积极情绪作用过程中的重要作用。

二、积极情绪作为核心动力提升员工创新绩效的可实现性

积极情绪在组织心理学以及组织行为学中的应用还处于发展初期。积极情绪能够从健全个体的身心健康与人格发展、撤销消极情绪及提升个体认

知状态三个方面发挥作用。有研究者认为，积极情绪在组织情境中主要通过作用于个体的心理变化、与其他人的社交关系来影响其工作成就、工作质量（Staw 等，1994）[32]。但无论是心理研究还是行为研究，学者们始终将注意力放在那些对个体自身有利的产出或回报上，而忽略了积极情绪可能给他人或外部环境带来的收益，尤其是个体创新这一对组织极为有利的产出。

事实上，积极情绪对员工创新绩效的研究思路已经初现雏形。首先，积极情绪是员工创新绩效产生的重要中介。有研究指出个体对组织程序公平的感知所引发的积极情绪能够对其创新行为的发生产生影响（李悦和王重鸣，2011）[166]。真实型的领导风格是通过管理者的自我意识、平衡信息、内化道德及关系透明等管理方式激发个体积极情绪与心理希望，从而对员工创造力产生正向影响的（Rego 等，2014）[198]。其次，积极情绪与认知的共同作用能够有效激发员工创新绩效行为。环境因素通过个体的认知 - 评价过程使其产生有用性与灵活性的感知，而这一感知结果会引发相应的积极的或消极的情绪状态，个体通过平衡认知评价以及情绪反应来实施创新的实践和应用（Choi 等，2011）[199]。

积极情绪虽然已经被应用于员工创新绩效的研究中，但大多是通过片段式地介入员工创新绩效或组织管理过程来产生影响的，未能建立完整的从个体积极情绪到创新实现的转化机制。因此，本书试图以积极情绪为核心，基于情绪的认知 - 评价理论讨论个体产生积极情绪的触发因素，基于积极情绪的拓展 - 建构理论，分别从个体在行为方面的拓展以及资本方面的积累两条路径入手，建立和完善从积极情绪到个体创新之间的内在机制，使积极情绪对员工创新绩效的研究不再是片段式的、参与式的，而是具有完整性和独立性的研究框架。

三、情绪、认知与情境因素在激发个体创新内在动机时的协同作用

认知与情感是个体处理外部信息的两大核心系统（Cappelli 和 Sherer，1991）[200]。考虑认知、情感（包括情绪）与情境因素的协同作用是研究个体行为乃至绩效提升更为严谨的模式。

内在动机对个体的行为有显著的激励作用，同时能够有效地提高个体的努力水平，而外在动机是对内在动机的有效补充（蒲勇健和赵国强，2003）[201]。有效的激励体系应该是在激发个体内在动机的基础上，通过外部激励来引导外在动机的不断内化。认知、情感与外部情境对个体动机内化分别有不同的至关重要的作用。有学者认为，动机的产生优先于认知，因为个

体在出生之时就已经知道自己需要什么。但是个体在付诸行动时认知又先于动机，因为个体首先要基于自身对问题的了解来决定如何去满足自己的需要（Locke，2000）[202]。认知重在思考，动机重在努力程度。所有的思考都需要以价值为导向的努力，而所有的努力都取决于对思考的应用。当个体被内在动机所激励时，其认知状态会更大程度地体现出灵活性与努力水平，能够坚持使用多种方式来解决问题最终满足其内在动机。同时，在个体认知作用下，外部环境被分解为独立的、能够激发个体动机的信息源，这些信息源一部分能够激发个体的内在动机，另一部分则激发了个体的外部动机。认知特质的差异使个体对环境的解读产生差异，从而帮助动机的内外部转化。当人们被内在动机驱动时，他们在活动过程中将会感觉到强烈的兴趣和适应感并可能会忘掉时间和自我。这里的"兴趣与忘我"呈现出的是一种充满好奇与满足的状态。因此，个体的认知和外部情境影响了动机的内化，但人的积极情绪却可以代表内在动机本身。

　　基于以上内容，本书试图建立一个以积极情绪为核心，以认知与外部情境为支持系统的员工创新绩效研究框架。本书从以往以判断驱动员工创新的研究模式向以情感驱动员工创新的研究模式转变，强调了积极情绪在激发员工创新内在动机时的核心作用，以及组织情境与认知系统在内化创新动机时的辅助作用，具体如图3-1所示。首先，组织情境中的不同类型要素为员工认知系统提供了丰富的素材，个体通过认知－评价过程对组织情境中各类要

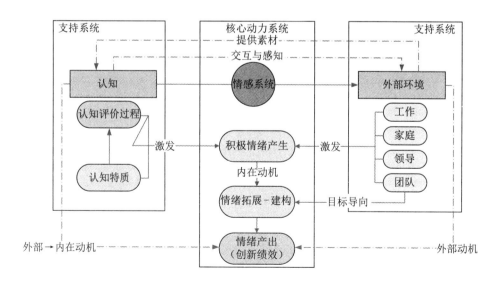

图3-1　以积极情绪为核心动力的员工创新绩效影响机制的建立

素的感知来激发积极情绪的产生，在这一过程中，员工的认知特质能够影响其认知－评价过程的结果从而影响积极情绪的产生。其次，积极情绪是通过其拓展－建构过程来完成对最终创新绩效的影响的。最后，团队的目标导向能够影响积极情绪拓展－建构过程，从而影响最终创新绩效。

第二节　积极情绪的涌现与拓展－建构对员工创新绩效影响机制的模型构建

本节将根据绪论中提出的三个研究问题，通过对问题的初步阐释与分析，逐渐推演出有关积极情绪的涌现与拓展－建构对员工创新绩效影响机制的模型。

问题一：工作场所中员工的积极情绪是如何被激发和涌现的?

（1）积极情绪的触发应与组织情境息息相关。根据第二章第一节情感事件理论的基本内容可知，员工在工作场所中的情绪是由具体事件所激发的，在组织的工作任务与活动过程为员工情绪的产生提供了丰富的素材，这些素材遍及组织中的各个层级、各个方面。

（2）通过对工作场所中大量能够引发个体积极情绪的事件重新编码，提出工作特征与关系质量是诱发员工积极情绪的两类关键因素。根据第二章第一节中"情感事件的分类"可知，"情感事件"集中在工作特征层面、角色冲突层面及战略层面，尤其是有关工作特征的研究成果较为丰富。根据前文综述中对工作特征的分类可以看出，目标实现与任务参与是个体积极情绪产生的两大重要影响因素（Basch 和 Fisher，1998）[43]。虽然该研究通过对多个组织中的多名服务业从业人员的情绪感受进行采集整理，但是在非中国情境下进行的，对工作特征的归纳和总结也十分松散缺乏概括性。同时研究者没有突出中国情境下"关系"要素在积极情绪产生过程中的重要地位，虽然对管理行为以及与客户之间的关系有所提及，但仅作为对工作特征的补充而非将"关系"因素作为对等因素去考虑。Fisher（2002）将个体的角色冲突放在了不利积极情绪产生的地位[87]，由此可见，员工的内外关系问题对其情绪影响的作用已经凸显，而费孝通在《乡土中国》中提出的差序格局说明了中国人在认识关系时的本质，以及在关系平衡中的独特方式。因此，本书将试图通过工作特征与关系质量两个方面来考虑个体积极情绪的产生机制。

（3）无论是工作特征要素还是关系质量要素，都是通过个体的情绪认知－评价过程来完成对积极情绪的激发的。根据第二章中有关情绪的认知－

评价理论的内容可知，当个体遭遇工作中的任何事件时，均会通过心理感知产生认知评价，评价的产生伴随着情绪的发生，是个体对外部刺激的即时反馈。Bakker 认为经过这样的认知－评价过程，个体会出现被加强或被削弱的情绪反应，而这些情绪为个体后续的态度与行为产生奠定了基础。这些情绪反应是依托于个体过去的经验、认识和记忆来执行的，而个体在工作场所中已经对已有的任务特征和关系质量有了初步的评价。图 3–2 中的 H1 与 H2 回答了研究问题一。

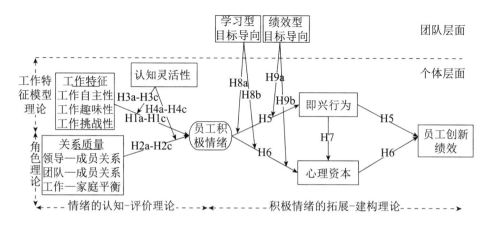

图 3-2　本书模型

问题二：积极情绪通过何种内在机制影响员工创新绩效？

（1）本书通过对个体行动力的提升这一拓展路径来加强员工创新绩效。原因基于以下两点：其一，拓展路径不仅意味着员工在注意力范围方面的提升，还意味着个体在行动力方面的加强，而员工的主动性行为恰好迎合了这种需求，即兴行为是与创新关系较为紧密的一种主动性行为。根据第二章第一节有关拓展－建构理论中拓展功能的证实可知，多数研究关注了积极情绪拓展功能对个体注意力范畴及认知方面的提升，而忽略了个体在行动力上的变化。但是从理论提出伊始，Fredrickson 就通过实验证明了拓展功能是从注意力及行动力两个方面发挥作用的。即兴行为是一种用创新和自发的方式处理突发事件的行为，它是变化导向的。即兴行为主体会根据自身、其他对象和情境中的即时状况随时调整行为轨迹。仅从以上行为特征来分析，员工即兴行为是一种自发的、主动的员工行为，是可以通过拓展路径实现的。其二，拓展与建构功能的区别在于，拓展路径强调在短时间内的个体反应，这与即兴行为的特点不谋而合。根据第二章第一节中对拓展功能证实的相关内容可知，积极情绪的拓展功能不仅说明了拓展的内容：注意力与行动力，还说明了拓展过程中个体反应的即时性。多数有关积极情绪拓展功能的研究所采用的实验研究的方法也从侧面说明了这一特点，实验研究能更好地捕捉个体此时此刻的状态与反应，提高研究的准确性。同时，根据第二章可知，即兴行为的产生是由自身或环境中的其他对象或情境的变化所引发的，从行为时点来说，即兴行为是主体当下的一种反应。因此，即兴行为能够作为员工积极情绪拓展路径中的关键变量加以研究。

（2）本书认为积极情绪能够通过心理资本方面的积累这一建构路径来提升员工创新绩效。原因基于以下三点：其一，心理资本反映的是最根本、最核心的个体资源。根据第二章对积极情绪建构功能的理论综述可知，积极情绪的建构功能可以为个体长久的身体资源、智能资源、社会资源及心理资源的发展做出贡献。然而，根据第二章中对心理资本的综述内容可知，心理资本相较于人力资本和社会资本具有其独特性。相较于人力资本来说心理资本关注的是个体的心理健康这种潜在的不易被察觉的资源，反映了个体的心理潜在能力，为人力资本的提升奠定了基础。相较于社会资本它更多地关注社会关系形成的心理基础和过程而不是社会资本本身。由此可见，心理资本是对其他资本的超越和发展，是更高层次的核心构念，更具概括性，也更抽象。同时，心理资本是与心理情感状态联系最为紧密的一种资本，它与积极情绪都是以积极心理学为基础的。同时，心理资本是一种"类特质"与"类状态"的综合体（李斌等，2014）[203]，心理资本的希望与乐观维度与个体积极情绪有着十分紧密的联系。其二，建构过程着眼于长期导向，而心理资本的积累也需要一个长期的过程。根据第二章有关拓展 – 建构理论综述的内容可知，建构过程着眼于长期导向。Fredrickson 与其团队在对建构功能的验证过程中关注了其与拓展功能在时效性上的区别，采用纵向实验研究的方法，确保资源积累过程的实现。同时，根据第二章心理资本的定义可知，心理资本聚焦于个体现在及未来对自我的认识，以及对现在和未来成功的归因。有关心理资本动态模型的研究中指出，心理资本能够通过影响待业人员的主观幸福感使其保持较高的寻业动机，而这样的动机能够决定他们的工作状况，例如财务收入、社会地位等又影响了心理资本的水平（Cole 等，2009）[204]。因此，个体心理资本也会随着个体的生活及工作经验不断得到提升和积累，并非是一成不变或一蹴而就的。其三，心理资本能够有效地预测员工创新绩效行为。根据第二章有关心理资本及有关员工创新绩效的相关综述可知，心理资本与创新之间有直接的联系。

（3）本书还通过实证方法在即兴行为与心理资本之间建立联系，以验证拓展路径对建构路径所产生的影响。原因有以下两点：其一，积极情绪的拓展对建构具有直接作用已经通过实验的方法得到证明，但并未在组织情境下得到验证。结合第二章有关拓展－建构理论的研究结果及螺旋上升理论的内容可知：拓展过程中，短期内的积极情绪能够有效预测下一阶段个体感知到的社交互动亲密感与联系。因此，建构的功能是在"拓展"的基础上实现的，已建构的个体资源可以长期储存，以供日后的提取，从而改善个体在将来的应对和提高个体存活的机会（Peterson，2006）[67]。其二，即兴行为过程中的反复试错是一种建构过程，而心理资本水平则呈现了建构的结果。虽然拓展功能对建构功能的作用在前人研究中已经被证实，但是在本书的研究框架下，具体到即兴行为是否能够对员工心理资本产生作用还值得从理论与实证研究中找到证明。图 3-2 中的 H5，H6，H7 回答了研究问题二。

问题三：在积极情绪的产生和作用过程中，个体认知特质与外部情境因素是如何在这一过程中产生协同作用的？

具体而言：其一，个体的认知特质——认知灵活性是如何在情绪的认知－评价过程中起到调节作用的；其二，外部情境因素除了为个体积极情绪的产生提供丰富素材外，团队目标导向作为团队情境要素是如何对积极情绪的拓展－建构过程及员工创新绩效产生影响的。

（1）个体认知一方面在情绪认知－评价过程中发挥作用，另一方面可以以个人特质的形式与外部情境因素产生交互作用影响最终产出。原因有以下三个方面：其一，根据对问题一的解决可以得出，情绪认知－评价过程是依托个体认知完成的，是实现积极情绪涌现的关键步骤。其二，认知灵活性在情绪产生过程中影响情绪认知－评价过程及结果。根据前文有关认知与情绪关系的文献综述可知，情绪与认知之间的关系是复杂的，学者们对于情绪与认知之间的认识视角并不统一。有学者强调了认知与情绪的绝对相关性，认为这两者很难区分清楚，这一认识忽略了情绪作为一种独立的系统和单元所应该发挥的作用（Lazarus，1982）[154]。另有学者认为，情绪与认知是相互独立的，是被不同的神经结构所控制的（Zajonc，1980）[205]。这样的讨论还原了人类心理结构的复杂性，也揭示了认知与情绪两者是相互影响又独立作用的，其发生的时间顺序、产生的内在机制以及可能的影响都会不同。同时，参考第二章积极情绪与认知的理论综述，积极情绪能够提升个体的认知灵活性，但认知灵活性如何反向影响积极情绪的产生过程值得探讨。其三，本书着意于认知灵活性在以员工积极情绪为主线的创新影响机制中所发挥的重要作用，而认知灵活性与个体创新行为的发生有十分紧密的联系。根据第二章认知灵活性的相关综述及认知与员工创新绩效关系的相关研究综述可知，认知灵活性被认为是个体创新过程中所必备的认知能力（Georgsdottir 和 Getz，2004）[206]。个体在知识结构方面的灵活性能够为创新提供快速的环境反馈、新的视角以及多样化的解决路径，而过于刚性的知识结构则会阻碍个体的创新，认知是个体学习知识和对知识进行应用所依赖的关键能力（Ward 等，1997）[207]。因此，对创新过程的研究有必要将个体认知灵活性纳入研究框架中。

　　（2）个体外部系统（情境要素）一方面为个体提供激发情绪涌现的丰富素材，另一方面与个体建立联系的外部情境特征（团队目标导向）也会影响积极情绪的最终产出。原因基于以下两个方面：其一，无论是工作特征或是关系质量评价都是由个体对情境中事件的感知来决定的。根据第二章情感事件理论综述内容可知，组织日常情境中的事件与工作任务和人际关系两大方面有关。其中任务包括个体的核心工作内容，而情境中与任务有关的事件反映了其工作特征。人际关系则包含了个体在解决核心工作问题时所依赖的人际资源及人际互动模式，情境中与人际关系有关的事件反映了其关系质量是如何的。个体对于工作特征或是关系质量的感知均是从组织情境中的具体事件中抽象概括的。其二，不同类型的团队目标导向作为情境要素能够对积极情绪的拓展 – 建构过程产生不同作用，从而影响最终产出。本书聚焦于积极情绪从产生到拓展 – 建构再到产出的完整的个人内在心理机制的搭建，是个体层面一系列的心理活动及行为过程。根据第二章有关目标导向的综述可知，目标导向能够作为调节变量影响创新结果，但目标导向的这一影响作用是否能通过作用于创新中间机制产生影响还有待考证。学习型目标导向与绩效型目标导向反映了现阶段管理实践中两种不同的目标管理方式和指导思想，绩效型目标导向在较长一段历史时期内对公司和个人创新绩效的提升发挥了重要作用。但随着劳动力需求的转变及人力资本市场的不断成熟，绩效型目标导向不再具有主导性的优势，出现了学习型目标导向与之角力和抗衡。学习型目标导向相较于绩效型目标导向倡导的是一种持续学习的个人目标或团队氛围，这对于自主创新的实现有显著的影响力。因此，选择不同类型的目标导向作为调节变量不仅是对员工创新绩效边界条件的深入探索，也能够为现阶段的创新管理实践提供有价值的参考。因此本书选择共享性的群体特征——团队目标导向作为情境因素以探索这一跨层面的因素对积极情绪作用过程的影响。图 3–2 中的 H3、H4、H8、H9 共同回答了研究问题三。

　　综上所述，本书提出积极情绪的涌现与拓展 – 建构对员工创新绩效影响机制的研究模型，具体模型图及相关假设如图 3–2 所示。

第三节 变量间关系的论述及假设的提出

一、积极情绪的涌现

本书旨在通过质性数据分析的方法解决员工的积极情绪是如何被激发和涌现的这一研究问题。这些积极情绪反映了个体正面的、积极的、愉悦的情绪体验，它们的产生受到工作场所中多种因素的影响。本章节将从研究样本所提供的大量文本资料中抽象和析出那些能够激发个体产生积极情绪并引发积极情绪大量涌现的因素。

1. 提出背景与理论依据

工作特征模型理论认为工作设计所包含的一些基本特征能够激发员工的工作动机（Hackman 和 Oldham，1976）[208]。研究者将核心工作特征分为技能多样性、任务完整性、任务重要性、工作自主性与任务反馈五个方面，其中前三个方面能帮助个体体验到工作的意义，工作自主性帮助个体建立工作责任感，而任务反馈则提升了个体对自己工作结果的了解。通过核心工作特征对个体关键心理状态的影响作用，能够为个体带来高水平的内在动机、工作绩效及工作满意度，给组织带来低水平的离职率与缺勤率。可见，工作特征可以被作为个体积极情绪产生的重要影响因素。

工作特征理论忽略了工作场所中人与其他资本最大的区别在于其社会性。虽然关注工作特征的塑造在早期管理实践中的确能够推动生产力的发展以及企业绩效的提升。但随着人与工作交互面的不断扩大，管理复杂性正在不断提升。群体或者团队所从事的任务设定了成员活动的主要目标及所必备的知识与技能，成为团队成员角色以及沟通交流的源泉（张志学，2010）[209]。后期的工作特征模型中已经显露出对个体社会性的重视，工作特征六维度模型中纳入了友谊机会的概念，后续研究还将合作性维度去掉，并将反馈性划分为——工作反馈性与他人反馈性（Hackman 和 Oldham，1975）[210]。

中国学者尝试基于中国本土文化特征解读了员工对工作场所中"关系"的认识。费孝通在《乡土中国》中提出了"差序格局"的概念，他认为中国人会按照血缘、地缘、经济水平、政治地位和文化水平，来认识人际关系与自己的亲疏远近。庄贵军从关系状态、关系行为、关系规范与导向等几个方面探讨了"关系"在中国文化的内涵。相较于其他社会，中国人更讲关系、人情和面子，由关系来参与社会活动是中国人的一种自然的选择，同时中国的关系有着丰富的文化内涵。

组织中的"关系"其实质就是一个工作角色的网络，角色是处于一定社会地位的个体依据社会客观期望，借助自己的主观能力适应社会环境所表现出来的行为模式。角色理论中的角色扮演（Role-Making）是个体根据自己在组织中所处的特定位置，按照角色赋予他的期待和规范来进行一系列的角色行为。在角色扮演的过程中促进了个体与组织内外对象的互动关系，这是个体对自身角色的实践，个体会根据现有工作条件与背景，以及组织内外对象对自己的态度来调整自己的态度与行为，从而更好地完成角色过程与关系处理。角色理论中的"加强学说"认为：当个体在多个角色中切换顺畅，角色负荷较小时，也就是在某个领域中有足够的精力和资源去处理需要完成的角色任务或者人际关系时，个体对不同角色的感知将会得到加强，同时会产生积极的正向的工作态度。

Marks 等认为个体能够并且需要对自己在生命中的不同角色给予同等的积极承诺。良好的关系质量能够帮助个体提升对自身角色的认知还能促进个体积极正面的自我评价、态度和行为。由此可见，关系质量能够作为影响员工积极情绪的重要前因。

2. 假设关系论述

（1）工作自主性与积极情绪。

工作自主性（Work Autonomy）指员工在完成任务的过程中拥有自由、独立以及自主权的程度（Hackman 和 Oldham，1975）[210]。

首先，高水平的工作自主性让个体体验到了一种自我决定的过程，提升个体的自主需求满意度从而产生积极情绪。在高水平的工作自主性下，个体的工作安排、工作流程可以是由自己决定的，无论是内容还是方式上的自我选择都保证了个体更多情况下是被内部动机激发的，从而个体会更容易产生积极情绪（Patrick 等，1993）[213]。

其次，高水平的工作自主性保证了个体在情绪表达及调整策略上的自由度。工作自主性反映了个体在外部规则与个人风格之间的平衡以及自由选择的意愿（Ryan 和 Deci，2006）[214]。组织的一些要求会使员工陷入情绪劳动，情绪劳动中的"劳动"就是指个体在工作过程中根据组织的要求去不断使用调整策略调节自身情绪表达。例如，面对组织"微笑服务"这一客观要求，工作自主性水平较高的组织允许服务人员根据自己的个人性格和特点使用不同的方式来呈现出不同的微笑服务。当个体可以自由表达自己的情绪时，会感受到较少的对情绪劳动本身的厌恶（Wharton，1993）[215]。但情绪劳动是情绪失调的重要前因（Rafaeli 和 Sutton，1989）[216]。当工作自主性水平较低时，个体使用情绪劳动来应对环境规则对自身情绪的控制与约束，抑制了他们那些与组织环境规则相左的天然情绪的表达，从而引发情绪耗竭（Wharton，1993）[215]，这不利于积极情绪的产生。

最后，高水平的工作自主性有助于帮助个体建立更亲密的工作关系，提升个体感知到积极情绪的可能性。Ryan 在 2005 年的研究中指出，工作自主性并不意味着独立或去关系，个体能够从那些给他们提供自主支持的人身上获取和感知到高水平的心理联系以及情感上的信心，从而体验更多的积极情绪（Ryan 等，2005）[217]。同时，工作中的自主支持有利于提升个体的满意度水平，人际关系的稳定性以及幸福感（Knee 等，2007）[218]。

根据受访者 73 号的文本数据："我觉得我特别赞成我们单位领导不关心过程，只要结果。虽说这样有些武断，但有时候太复杂的工作流程、烦琐的审批程序、时时刻刻的监督让人感觉到压抑，不如这样多给我们一些工作上的自由度以及可供支配的资源来帮助我们实现定下的目标。"

（2）工作挑战性与积极情绪。

工作挑战性（Challenging Work）是指对工作中具有挑战性的任务以及重要项目的一种感知（Amabile 等，1996）[9]。情感或情绪在解释个体在工作挑战性的反应时扮演着十分重要的角色（Oldham 和 Cummings，1996）[155]。

首先，工作挑战性能够促使个体对未知保有好奇并充满兴趣与热情的积极情绪。学者通过引入个体成长需求来调节工作特征与心理状态以及心理状态与工作结果之间的关系，而个体成长需求反映的是个体渴望挑战的欲望，是个体希望在工作中获得成长、学习和发展的一种需求（Hackman 和 Oldham，1980）[219]。工作如果缺乏挑战性，员工会感到无聊（Rafaeli 和 Worline，2001）[220]。当工作任务的设置符合个体自身的能力与潜力时，大多数的个体能够感知到正向的积极的情绪力量（Meyer 和 Turner，2002）[221]。通过设定探索性的学习目标以及投入到具有挑战性的工作任务中都能够激发学习的动机（Brophy，1983）[222]，复杂的工作和充满挑战性的任务丰富了工作维度，能够让个体在无外界监控与激励的情况下在工作活动中保持兴奋并充满兴趣（Oldham 和 Cummings，1996）[155]。

其次，工作挑战性能够满足个体对自我的认同并感知到周围人对自己的认同，从而激发其自豪的积极情绪。社会认同理论中提到，认同是个体认识到其属于特定社会群体，同时认识到作为群体成员带给他的情感和价值意义。当员工接收到具有挑战性的工作任务时，会感知到自身能力或价值被领导和周围同事重视和认可，这种被认同感带来的是深层次的工作卷入程度和高水平的信任感的产生（Edwards 和 Peccei，2015）[223]，这些均对积极情绪的产生有正向的影响。

根据受访者 27 号的文本数据："我的工作之所以让我感觉到振奋、充满激情，是因为总有些不可能完成的任务等着我，但最终还是被我和团队中的伙伴们共同解决了，真的每次都充满了成就感，那种喜悦和那种内心的充实感非常让人惊喜。"

（3）工作趣味性与积极情绪。

工作的趣味性（Fun at Work or Workplace Fun）指的是个体工作有趣性的程度（Bolton 等，2009）[224]。Ford 等（2003）在对 572 名人力资源管理人员的调查研究中发现，一个工作环境想要被称为是有趣的，它必须能够有意识地支持、鼓励和实施一系列能够产生愉悦感的活动。工作的趣味性在传递愉悦感、快乐感和积极的幸福感方面超越了工作满意度[225]。事实上，通过对美国人口爆炸期、X 世代以及千禧一代的数据分析表明，人口爆炸期的员工反对工作场所乐趣，X 世代则认为工作乐趣可有可无，而千禧一代则将工作场所乐趣看作是有益的以及必要的。可见，随着时代的进步，工作的趣味性成为新时期员工评价工作的重要标准（Bolton 等，2009）[224]。工作的趣味性逐渐变成了一项需要组织严肃考虑的工作设计任务（Bolton 等，2009）[226]。当工作趣味性能够从员工、管理者，以及战略等多个层面进行贯彻时，组织将会得到意想不到的收获（Chan，2010）[227]。

首先，工作的趣味性能够有效地激发员工的内在动机与工作投入，进而引发积极情绪的产生。Isen 等针对趣味性与情绪之间的联系设计了两项实验。实验一包括有趣的无外部诱因的任务和无趣的有外部诱因的任务，实验二包括工作导向任务和自由导向任务。结果表明，被试在有趣的实验任务上表现更好，因为积极情绪激发了内在动机。在自由选择条件下，体验到较高程度积极情绪的人会选择喜欢的和有趣的任务，但不会以牺牲应做的任务为代价（Isen 和 Reeve，2005）[228]。这两个实验间接说明了任务的趣味性能够加强员工的积极情绪，同时积极情绪相应地会促使员工去选择有趣的任务完成。Bolton 等提出了"Work Hard–Play Hard"的概念，工作乐趣在员工的组织生活中是一个看似幽默、非正式的概念，但却是一个十分严肃的课题。很多公司通过提升工作趣味性，来增加员工在工作方面的投入程度（Bolton 等，2009）[226]。

其次，工作的趣味性能适当地减轻员工的工作压力，有效缓解员工情绪耗竭，从而提升积极情绪的水平。由于目前的经济形势，很多员工需要在资源减半的情况下完成双份的工作任务，这无形中增加了他们的工作压力。提升工作的趣味性能体现公司对员工在工作时间投入和努力程度上的珍惜，能够成功地避免员工在情绪方面产生倦怠感（Everett，2011）[229]。

根据受访者 88 号的文本数据："互联网企业如果每天只是强压着大家干活、写代码，一定会"死"得很快，所以我知道的很多家外企现在都特别重视在员工培训、团队拓展和趣味活动上的安排，不能说向 Google 看齐，但是都在向 Google 学习吧。"

（4）领导－成员关系与积极情绪。

领导－成员关系（Leader-Member Exchange）在提出伊始是指领导及其下属之间的特殊的相互依赖关系，随着概念进一步的发展被明确为领导及其下属之间的关系质量（Schriesheim 等，1999）[230]。有关领导－成员关系质量的研究中均认为，好的领导－成员关系质量能够提升个体的工作绩效，对管理者及整体工作的满意度以及组织承诺，并降低个体的离职倾向（Dasborough，2006）[231]。大多数领导－成员关系与情绪的研究聚焦于管理者的情绪智力或员工个体的情绪智力对交换关系的影响机制（Dasborough，2006；Daim 等，2010）[231，232]，鲜少讨论关系质量如何对员工积极情绪直接产生作用。

首先，良好的领导－成员关系能够提升员工的心理安全感和活跃感。社会身份与地位在中国情境中有十分重要的影响作用，Hwang 认为中国人眼中的"GUANXI"影响了"对待原则"（Hwang，1987）[233]。在中国情境下，好的领导－成员关系往往意味着拥有管理者更多的支持、更多的资源供给，以及更友好的交换行为。例如，无论是好的情感性关系还是工具性关系都能够提供给个体在工作中以及在家庭上的支持与帮助（Daim 等，2010）[232]。这些供给能够有效保证个体在态度与行为选择过程中受到更小的约束与限制，提升个体在组织中的心理安全感以及活跃度，进而带来积极情绪体验。

其次，良好的领导－成员关系能够削减个体在情绪评价过程中的不对称效应，聚焦于双方的良性互动，从而产生积极情绪。管理者通过工作任务的分配、员工提出请求、对任务绩效提供反馈或表达自己的情绪来激发下属的情绪反馈（Dasborough，2006）[231]。在员工对管理者评价的过程中，当双方之间有过多的负面互动时，个体会倾向于使用更多的语句来描述这些负面的互动，而忽略那些正面积极的互动，这被称为不对称效应（Peeters 和 Czapinski，1990）[234]。因此，良好的领导－成员关系，能够保证个体在对管理者进行整体评价时采用正面的态度，聚焦于两者之间的良性互动从而有利于积极情绪的产生。

根据受访者 35 号所述："我之前因为跟原先单位的领导相处得不好就辞职了，在这边我觉得跟我们部长相处起来比较愉快。可能是因为部长是女性吧，比较会站在女同事的角度看问题，有时候帮我们大家争取一些学习的机会、福利，有时候工作出了问题同样是女性也比较好沟通协调，让我工作省心了好多，比较愉快。不像之前的领导总给人穿'小鞋'，看我哪里都不顺眼，我工作肯定不开心。"

（5）团队－成员关系与积极情绪。

团队－成员关系（Team-Member Exchange）是基于领导－成员关系所提出的概念（Seers，1989）[235]，两个构念均反映了工作场所中的人际关系质量，同时两种关系都能够为员工提供相应的工作资源与支持。不同的是，领导－成员关系注重的是管理者与下属的"一对一"的二元关系，强调的是管理者在多个下属中的平衡互惠。而团队－成员关系则体现的是"一对多"的多元关系，强调团队成员间的广泛交换与互惠，参与人数及回报形式都更加灵活多样（Zou和Liu，2011）[236]。大量的研究表明，团队－成员关系对诸多工作产出有重要影响，例如，工作绩效、工作满意度、组织承诺、团队效能以及团队绩效。

首先，良好的团队－成员关系能够促进个体获取社会认同从而引导积极情绪的产生。当个体无法与团队其他成员很好地相处，被排除在群体之外时，个体倾向于关注个体认同，也就是外界是如何看待自身的。这类员工无法得到领导或同事情感上的支持和重视，较难获取资源，身份特征较低（Fisher，2002）[87]，因此，极易经历愤怒、怨恨、嫉妒以及失落等负面情绪。相反地，当个体与团队其他人相处愉快时，个体倾向于关注社会认同，他会试图接纳团队整体的价值观以及兴趣导向，享受作为团队一员与大家的亲密感，自发地产生一种优越感和力量感。这类个体极易获得领导及同事的关心和认可，进而获得更多资源（Erdogan，2002）[237]，因此，感知到充满激情、愉悦感和热情（Tse等，2015）[238]。

其次，良好的团队－成员关系质量植根于积极的团队情绪氛围，这有利于个体积极情绪的产生。在团队情境下，良好的团队－成员关系质量能够帮助个体在社会交换的过程中（如沟通、合作与谈判等形式）提升与周围人的亲近感和互动的频率（Wolff等，2002）[239]。团队成员与队友共同经历一些事件，并表达他们的情绪反应从而影响其他队友的情绪。正如前文所述，个体在关系中获取了个人认同感或社会认同感的同时已经产生了潜在的情绪状态，这些状态又能够通过与其他人互动而影响他人（Tse等，2015）[238]。事实证明，良好的团队关系所引发的积极情绪氛围能够影响个体对积极情绪的感应。

根据受访者182号所述："我之前不在测试部，而是在研发部。研发部的工作氛围相对来说很压抑，同事之间有沟通交流，但是也都只是限于工作。现在的部门里大家相处得比较融洽，工作也比较简单，有时候还会互相帮忙，感觉比之前轻松了不少，心情自然也变好了。"

（6）工作－家庭平衡与积极情绪。

工作－家庭平衡（Work-Family Balance）反映的是个体在工作与家庭生活中的满意度，它意味着个体在两个场景内均运作良好，并经历极少的角色冲突（Clark，2000）[240]。工作－家庭平衡关注以下两个方面的内容：其一是个体在工作角色与家庭角色上的对等或近似对等性；其二是关注投入与产出两个方面的对等性，投入是指在注意力、时间、承诺等个人资源方面的投入，而产出往往意味着在双重角色满意度上的评价（Greenhaus 等，2003）[241]。工作－家庭平衡意味着员工在工作及家庭生活中的满意度较高，有利于婚姻幸福感的提升以及工作、生活整体压力感的降低（Grzywacz 和 Carlson，2007）[242]。

首先，工作－家庭冲突能够引发个体的负面情绪，而工作－家庭平衡能够激发积极情绪。家庭对工作的冲突会使员工在工作时产生内疚感和敌对感，而工作对家庭的冲突会造成员工对家庭的内疚感以及敌对感（Livingston 和 Judge，2008）[243]。工作－家庭平衡与工作－家庭冲突是两个相对的概念。因此，以上研究结论能够间接说明，工作－家庭平衡状态有利于消除员工的内疚感，提升其无论是对工作的还是对家庭的自豪感和关注度。

其次，溢出效应能够帮助员工将家庭生活中的积极情绪带向工作场所。在有关情绪与缺席行为的研究中指出，研究者不应只关注员工在工作中的感受，还应该关注他们在离开工作场所后的情绪状态（George，1989）[244]。情绪的溢出效应（Mood Spillover）指的是发生在一个场所中的情绪影响了个体另外一个场所中的情绪（Edwards 和 Rothbard，2000）[245]。通过分别测量员工工作场所以及在家庭中的情绪状态发现不同场所情绪状态均与工作满意度有直接关系。不同场所情绪状态之间的相互影响和溢出效应也十分显著。类似地，削减效应表明当个体投入到一个角色中时，能够有效地保护并削减个体在另外一个角色中可能经历过的负面体验，从而提升个体在不同角色中的积极情绪（Barnett 和 Hyde，2001）[246]。因此，工作－家庭平衡有利于员工在工作场所中积极情绪的产生。

根据受访者 144 号所述："我们公司离家近，有区里比较好的中学的学位，下班也比较准时，很少出现加班的情况，我觉得这样就很好，天天加班，心情能愉悦吗？肯定不能。"

综上所述，本书提出以下研究假设：

H1a-c：员工感知到的（a）工作自主性水平越高、（b）工作挑战性越强、（c）工作趣味性越强，员工的积极情绪水平越高；

H2a-c：员工感知到的（a）领导－成员关系质量越好、（b）团队－成员关系质量越好，（c）工作－家庭平衡水平越高，员工的积极情绪水平越高。

二、认知灵活性的调节作用

灵活性能够给人带来愉悦感，在投入方面的机动性，以及在工作技能与质量上的弹性都有助于个体满意度的提升（Goudswaard 和 De Nanteuil，2000）[247]。在中国佛教流传着这样一则故事：六祖慧能一日经过法净寺，看到两位僧人对着空中一面翻飞的布幡争论得面红耳赤。其中一人说："是风在动。"另一人说："是幡在动。"双方各执一词，互不相让，慧能大师听后对他们说："既不是风在动，也不是幡在动，而是二位仁者的心在动。"可见，客观条件往往是具有局限性和约束性的，客观上的灵活性很难完全实现，而认知灵活性则将视角从客观灵活性转化为主观灵活性，为个体在解读环境和对环境做出反应时提供更适应当下情境的观点、看法及做法指导。

认知灵活性对工作特征与积极情绪关系的调节作用是通过提升个体在任务转换中的灵活性以避免员工在工作特征未满足自身要求时所带来的挫折感而实现的。如果工作特征能满足个体自身的要求，个体的积极情绪水平会较高。但是当工作特征未能较好地满足个体自身要求，在自主性、趣味性及挑战性的某一方面或某几个方面表现得较差时，个体的认知灵活性所带来的规则转换和知觉转换都有助于员工情绪向好的方向发展。规则转换是在事件未发生前就已经产生的转换，需要在没有反馈的情况下重新配置一套新的任务规则（Mayr 和 Kliegl，2000）[248]。知觉转化则需要个体自身去调整注意力的聚焦（Ravizza 和 Carter，2008）[249]。认知灵活性较高的个体即使在工作特征不利于积极情绪产生的条件下，也能通过重新认识环境中的规则，或转移自己的注意力至其他好的方面来调整自身的应对策略，这也是为什么在相同的工作情境、相同工作特征条件下，员工的积极情绪水平会有所差异。

认知灵活性对关系质量与积极情绪关系的调节作用是通过避免对一种关系质量的负面评价的溢出效应，并关注个体在不同关系中的多元选择而实现的。中国人在建立人际关系的过程中讲究的是相互依赖与相互合作，儒家伦理的基本假设就是人生存在各种关系上，人与人之间的关系网络相互交织构成了和谐的社会秩序。但这种对关系的认知是一把"双刃剑"，在追求和谐关系的过程中，当关系达到了多元和谐时，能够帮助个体在生活的不同场所赢得支持、收获帮助并得到肯定。但是当多元关系的追求难以实现，其中一方面或几方面的关系质量出现问题后，个体常会因为在一个或几个关系维度上资源的过度损耗而引发负面情绪。当个体认知灵活性较高时，可以通过转变自身对关系质量的评价和认识来降低自身对关系回报的期望，从而提升自己的积极情绪。当个体与领导、个体与其他团队成员，甚至个体与家庭成员之间的关系质量较差时，可以借助认知灵活性来重新对关系的性质定位，调整对不同关系对象的期待，从而减少不良人际关系所带来的挫败感和消极情绪。同时，认知灵活性能够提升个体在不同关系中处理矛盾的能力，有助于促使多元和谐关系的形成。由此提出以下研究假设：

H3a-c：员工的认知灵活性能够正向调节个体感知到的（a）工作自主性、（b）工作挑战性和（c）工作趣味性对积极情绪的直接作用，即员工的认知灵活性越强，其感知到的工作自主性、工作挑战性与工作趣味性对积极情绪的正向作用越强。

H4a-c：员工的认知灵活性能够正向调节个体感知到的（a）领导－成员关系质量、（b）团队－成员关系质量和（c）工作－家庭平衡对积极情绪的直接作用，即员工的认知灵活性越强，其感知到的领导－成员关系质量、团队－成员关系质量与工作－家庭平衡对积极情绪的正向作用越强。

三、积极情绪的拓展－建构及其对员工创新绩效的影响

有研究表明，积极情绪与创新之间具有紧密联系（Lyubomirsky等，2005）[250]。积极的情绪能够有效地提升人体大脑中的多巴胺使个体能够进行更复杂的认知活动，转换认知模式，采取非常规的思维方式对事物进行联系，这是提升个体创新能力的关键步骤（Dreisbach和Gotschke，2004；Baas等，2008）[83, 251]。Baas在其元分析中指出，积极情绪能够加强创新，但是这种加强作用伴随的是积极情绪的高水平唤起程度以及促进型调节焦点（聚焦于如何充满激情地去完成任务）。相反地，当个体积极情绪的唤起水平较低以及伴随着防御型调节焦点时（聚焦于风险性与安全性），两者之间的关系就会有所减弱（Baas等，2008）[251]。可见积极情绪与员工创新绩效之间存在着复杂的内在机制。

1. 积极情绪的拓展过程——即兴行为的中介作用

积极情绪对员工创新绩效的提升并非在所有研究中均得到了支持（George和Zhou，2001）[180]，还需要依靠内在机制来保证其可靠性。拓展－建构理论指出，积极的情绪相对于消极的以及中性的情绪状态能够拓展个体的思维渠道，增加行动的迫切感以及大脑中的一些即时认知和知觉（Fredrickson，2013）[68]，而个体即刻发生的行为是个体思维、认知被拓展后的终极表达。即兴行为是通过直觉结合情境用自然而然的方式，依赖一些资

源来引导行为发生的过程（Hatch，1997）[110]。Vera 和 Crossan 将即兴分为两个维度，自发性与创造性（Vera 和 Crossan，2005）[114]。自发性从时间维度上反映了即兴快速行动发自本能的特征；创造性则说明了即兴所隐含的初衷是进行创造。

（1）积极情绪与即兴行为。

员工积极情绪对其即兴行为的影响主要是通过扩大注意力范围、提升行动力及拓展社交三个方面来实现的。首先，积极情绪扩大了个体的注意范围（增加了可用于联结的认知因素的数量）及认知的范围（增加了那些解决问题因素的广度）（Fredrickson 和 Joiner，2002）[252]，为即兴行为的发生提供了丰富的素材。例如，积极情绪能产生更多用于加工的认知性原料，增加联想阶段的可用性认知因素的数量。积极情绪还使注意分散到更复杂的认知情境，增加那些解决问题因素的广度；积极情绪促进了认知的适应性，并促进不同的认知因素之间相互连接的可能性（Clore 等，1994）[253]。

其次，积极情绪能够通过拓展行动的即时性与快速性完成即兴发挥。根据扩展和开拓性互动理论，积极情绪会扩大个体的认知与行动的指令系统，积极情绪的体验促进个体放弃那些需要时间来检验的行为方案，而去追求那些快速的、新颖的、创造性的思想与行动路径（Fredrickson 和 Joiner，2002）[252]。

最后，积极情绪能够通过拓展社交来辅助即兴行为的发生。积极情绪体验能帮助个体去拓展自己的信任圈（Dunn 和 Schweitzer，2005）[254]。在团队中个体倾向于用"我们"是如何的，而不是"他们"是如何的来理解自身与周围关系（Dovidio 等，1995）[255]。在 Nelson 等的研究中，积极的情绪状态能够帮助个体更好地接纳不同文化背景下的其他人，在交往中表现出更大程度上的观点认同和爱心（Nelson 等，2015）[256]。同时，积极情绪能够增加个体的人际吸引力，并且使个体更乐意去帮助其他人（Staw 等，1994）[32]，良好的社交关系有助于为个体即兴提供有力的人际支持。

（2）即兴行为与员工创新绩效。

首先，不考虑结果的两面性，即兴行为本身是一种意图创新的行为。有研究者以即兴的视角建立了即兴创新模型，在外部环境的刺激下，创造主体、创造过程与创造结果进行即兴互动，并快速对效果反复评估，提供反馈与修正（徐光等，2015）[257]。即兴是自发地处理突发事件的一种行为，其核心在于快速创造与情境匹配的新知识和新方法（谢慧娟和王国顺，2012）[258]。员工的即兴行为与员工的直觉思维有着紧密的联系，在即兴过程中，个体更容易从直觉角度思考问题，而直觉是创造不可缺少的一部分（Leybourne 和

Sadler-Smith，2006）[259]。同时，即兴还能为个体提供在不确定和连续变化的情境下进行演练的可能，从而在不断试错的过程中提升能力和积累经验。即兴行为较多的个体一定会在创新意识和动机上显示出与其他个体的不同倾向，这在一定程度上保障了个体创新绩效得到提升的可能性和可靠性。

其次，即兴行为为知识创造提供了可能，这有利于创新成果的产生（阮国祥等，2015）[169]。企业在运转过程中，常常会遭遇一些无法预计的较为棘手的问题，这些问题依靠常规流程和已有惯例难以解决，往往出现在信息不明确，不完善且十分紧急的情境下。在这种特殊情况下，需要依靠员工快速地依赖自身的直觉和洞察力来应对，创造出新的知识或新的方法。即兴行为成为一种有效的学习途径，是在现有认知模式和知识体系下的一种突变式的知识创造（Miner 等，2001）[260]，这有利于向既定创新目标迈进。由此提出以下假设：

H5：即兴行为在积极情绪与员工创新绩效之间起到中介作用。

2. 积极情绪的建构过程——心理资本的中介作用

心理资本指的是个体核心的心理要素及心理发展状态，体现了个体对自身以及未来发展的认识（Newman 等，2014）[132]。心理资本分为四个维度：效能感反映了个体感知到自身能够推进和完成任务的能力（Bandura，1997）[173]；希望被定义为一种积极的动机状态，这种状态是基于对目标设定与目标实现的一种成功的信念（Snyder 等，1991）[261]；乐观是指期待好的事情降临在自己身上（Carver 等，2010）[262]；恢复力则被定义为帮助个体从多变的、不确定的、冲突的、失败的、责任增加的乃至积极的变化中复原的能力（Luthans，2002a）[263]。

（1）积极情绪与心理资本。

积极情绪与心理资本虽然均反映了个体正向的、积极的心理状态，但两者有一定区别。其一，积极情绪是个体一种短暂的情感表达，可以通过有效的即时应对策略实现（Lazarus，2003）[264]，但心理资本是个体长期积累的心理能力，需要通过认知判断维持在一定的强度，并持续一定的时间，才能引导向可衡量的成功和实现切合实际的目标；其二，积极情绪是作为具体目标实现和客观目标完成的副产品存在的，或是在目标完成过程中所产生的副产品。但心理资本超越了情绪聚焦应对方式和问题聚焦应对方式，它可以对最终的绩效产生影响（Avey，2010）[265]。虽然两者有以上区别，但积极情绪可以对个体心理资本的积累产生重要影响。

首先，积极情绪能够保证个体工作完成质量，减少工作撤退行为，有利于提升个体效能感。Staw 等（1994）的研究发现，管理者对积极情绪水平较高的员工的工作质量、完成任务的独立性以及生产力给予了更高的评价，Wright 等也得到了类似的研究结论[32]。在服务行业，积极情绪的员工能够得到顾客更高的评价，顾客的满意度更高（George，1995）[266]。同时，开心的员工会表现出更低水平的工作撤退，例如：缺席、离职、工作耗竭及报复性的行为，并且呈现出更高水平的 OCB 行为（Lyubomirsky 等，2005）[250]。在这些方面的积极反馈能够帮助个体发掘自身的潜力，认识自己的能力，从而感知到更高水平的效能感，有利于心理资本的提升。

其次，积极情绪有助于增加个体的社会参与，获得多方面支持的个体更易形成乐观并充满希望的心态。研究表明，积极情绪水平较高的个体，更愿意卷入社会服务活动，并对帮助他人表现出一定的兴趣和欲望（Magen 和 Aharoni，1991）[267]。正因如此，积极情绪的个体常常能够得到周围同事及领导一些有形或无形的支持（Lyubomirsky 等，2005）[250]。积极情绪的个体对婚姻或家庭生活的满意度更高，对伴侣及家庭成员的评价更高（Berry 和 Willingham，1997）[268]，更容易对生活充满希望。在中国常有"得道者多助，失道者寡助"的说法，当员工无论是在工作场所或是在家庭生活中得到支持时，即使逆境到来往往也能够保持乐观的心态并充满希望。

最后，积极情绪有利于个人保持心理健康，提升恢复力。拥有积极情绪的个体经历抑郁、精神分裂等脆弱状态的可能性比较低，他们拥有更坚强的意志（Lyubomirsky 等，2005）[250]。同时，这类个体在面对外部环境时也极少出现焦虑和社交障碍的情况（Kashdan 和 Roberts，2004）[269]。这些均有利于个体恢复力的提升。

（2）心理资本与员工创新绩效。

首先，效能感与个体创新绩效的提升正相关（Tierney 和 Farmer，2002）[11]。效能感与个体实际的技能并无太多联系，而是个体对是否能完成一件事情的信心。因此，它是一种具有延展性和开发性的能力（Bandura，1986）[172]。效能感能够激发个体的内在动机，帮助个体获取资源并应用到创造行为（Prabhu 等，2008）[270]。创新过程意味着在实施新想法时会经历失败，而效能感从一定程度上增加了个体去承担风险的倾向性，使个体愿意去参加挑战性的活动（Bandura，1997）[173]。同时，效能感决定了个体选择去参与什么样的组织活动，从而对活动产生控制感，更容易促成创新的成功（Gist 和 Mitchell，1992）[271]。

其次，相较于效能感所提出的问题"我能做到吗？"，个体所怀有的希望提出了"我能想到多少种解决问题的方法与途径以及我有多大的能量和意志力去完成它"的问题。高水平的心理希望不仅能够保证个体有坚强的意志力与强大动机，还能够使其能够决定实现自身目标的途径与多种方法并调整自身的计划以适应环境（Luthans 等，2007；Sweetman，2011）[127, 128]。也就是说，个体抱有的希望决定了个体的意志力（Willpower）及路径力（Waypower），这些均有利于创造性地解决问题（Sweetman，2011）[128]。在意志力与路径力之间还存在互相促进的内在机制，在此过程中整体的认知活动能够让目标获取的努力程度得以提升（Snyder，1994）[272]。同时还有研究表明，充满希望的个体倾向于独立思考，拥有高水平的自主动机，这同样可以为创新绩效的提升提供非传统意义的思考模式以及相应的资源（Luthans 等，2007）[127]。

再次，乐观反映了个体对事件积极性或消极性的解释风格和内外部归因。乐观的解释风格帮助个体感知到更高水平的对命运的掌控力以及自我实现的预言（Peterson 和 Chang，2002）[273]。根据期望理论，当乐观的个体面对具有挑战性的任务时他们会期待成功。

最后，恢复力强调适应、移动、变化及多样性，它不仅能够帮助个体生存下去，而且能通过个体的一系列积极努力地应对调整到最佳状态（Masten，2001）[274]，是个体超越正常范畴达到一种正向的不均衡或者是正向的偏差的过程。创新需要一股持续不断的力量去面对挑战、挫折，恢复力能够为个体提供坚持的力量，突破自身的潜能以完成创新。与效能感、希望及乐观不同，恢复力贡献于创新活动的持续发展，这与它应对式的本质联系紧密（Luthans 等，2007）[127]。

不仅如此，有研究证明心理资本作为效能感、希望、乐观及恢复力的二阶核心概念，其对员工的创新绩效的正向预测作用更显著（Sweetman，2011）[128]。由此提出以下研究假设：

H6：心理资本在积极情绪与员工创新绩效之间起到中介作用。

3. 即兴行为对心理资本的直接作用

根据拓展－建构理论及螺旋上升理论，积极情绪的拓展结果会影响其后续资源积累和建构的过程。类似地，即兴过程也伴随着对现有资源或能力的提升与重塑。

（1）即兴行为帮助个体获取技能与经验，有助于提升个体的效能感。组织鼓励员工即兴行为意味着对员工错误判断、错误行为的包容与理解，同时为员工行动提供一系列的支持与帮助（Rerup 和 Feldman，2011）[275]。在持续与外部环境互动过程中，员工不仅在已经熟练掌握的技能和经验上得到"量"的提升与积累。同时，还伴随着新技能与新经验的积累，实现在"质"上的飞跃。在创新时，个体会因为这些熟练的技能与经验产生自信与效能感。

（2）即兴行为能够促进个体与团队成员互动与交流，从而有助于获得支持，形成乐观心态并充满希望。即兴行为强调在行为过程中还应观察周围人给予自身的反馈（Hatch，1997）[110]。即兴过程中，与其他个体的交流帮助员工建立起一套稳定的互动模式，使沟通更加高效，成员之间的信任感更强。这也使员工在评价工作任务的风险性时有了更宽松的条件。在面对创新过程中的挫折与失败时，在即兴发挥时所积累的关系资源有助于个体保持乐观的心态并对成功充满希望。

（3）即兴行为与外部环境的互动伴随着心理稳定性的波动，有助于个体恢复力的锻炼与提升。动态性与不确定性是现如今商业环境的主要特征，即兴行为正是为了应对环境中的偶然和突发事件所提出的概念（Pina E. Cunha，1999）[121]。在即兴过程中，个体快速对环境做出判断并适时地调整做出最符合当下情境的决策。当计划和行动随着环境的变化而变化时，个体的心理稳定性会受到冲击，当新的方案与行动逐渐与环境相适应时，心理稳定性得到了一次跃迁。在此过程中，个体即兴在一次次适应环境要求的同时，其心理稳定性得到了较大程度的提升，有利于其恢复力的提升。

因此，即兴行为有助于个体效能感、乐观与希望以及恢复力的稳步提升，对整体心理资本的提升产生了积极的作用。故此提出以下假设：

H7：员工即兴行为对员工的心理资本有正向作用。

四、不同团队目标导向对积极情绪与员工创新绩效关系的调节作用

目标导向反映了个体如何解读周围环境中的事件及结果并做出反应（Elliott 和 Dweck，1988）[181]。团队目标导向指的是成员对团队整体强调学习目标或是绩效目标的一种共享理解，个体成员通过团队决策、问题解决及团队内部协作等多种形式来保持团队目标导向的明确性（Gong，2013）[52]。根据前文对团队目标导向的文献综述可知，学习型目标导向与绩效型目标导向对个体的态度与行为选择有不同的作用结果。Button 认为不同的目标导向并非是对立的或是互斥的，个体往往同时持有多种相互竞争的目标导向，同一个体可以在努力追求自身技能提升的同时也想要获取外部对其成绩的肯定。团队目标导向与之类似，一个团队可以同时既关注任务过程中学习型目标的设定，也需要在一定程度上强调绩效目标实现的重要性，团队目标导向的不同表现在不同团队的主导目标导向有所差异，且不同目标导向在创新实现过程中的作用有所区别。

团队学习型目标导向是成员感知到的团队设定学习目标，相互支持并执行挑战性任务的一种状态。高水平的团队学习型目标导向强调以团队的整体发展和进步为目标，崇尚突破与尝试，这意味着团队在目标实现过程中乐于不断探索，愿意承担风险与失败。以学习型目标为主导的团队中的个体受到团队整体目标和其他个体所营造的学习氛围的推动，在完成任务过程中多以提高自身能力为目的，较少考虑外界的评价体系，更多关注对自身潜能的挖掘和技能的提升，乐于通过不断试错来积累经验。在学习型目标导向的指导下，个体能够通过元认知（计划、掌控和修正个人目标以适应行为）及被激活的学习水平产生知识、效能感等学习结果并作用于最终产出（Ford 等，1998）[276]。学习型目标导向能够激活个体更为复杂的认知策略，能够帮助个体不断地适应周围环境。高水平的学习型目标导向强调的是如何去获取新的技能、掌握新的方法，当遇到团队其他成员的反馈时，学习型目标导向能够促使员工去关注反馈的信息，去诊断问题所在，而不是将他人的反馈看作是对自身的评价甚或是攻击。

可见，团队学习型目标导向能够通过引导个体关注学习过程，调动认知策略增加适应性，正确评价反馈等多个方面对员工产生影响。这些方面均能够提升个体由于积极情绪所产生的主动行为和心理资源积累意愿，增强个体的即兴行为发生及心理资本积累的可能性。员工在积极的情绪状态下，更容易表现出即兴行为并主动运用其心理资本。因而，团队学习型目标导向能够使积极情绪通过即兴行为与心理资本对员工创新绩效发挥更积极的作用。

结合前文即兴行为及心理资本在积极情绪与员工创新绩效之间起到的中介作用，一方面，团队学习型目标导向能够强化积极情绪对即兴行为与心理资本的正向影响，提升积极情绪对员工创新绩效的有利影响；另一方面，即兴行为与心理资本又会正向影响员工创新绩效。由此，本书认为，团队学习型目标导向对积极情绪与员工创新绩效之间正向关系的强化，会通过即兴行为与心理资本两条中介路径产生。即团队学习型目标导向对员工积极情绪与创新之间关系的强化，很大程度上是由于团队学习型目标导向使积极情绪对员工即兴行为与心理资本的正向影响被强化了，而这两者水平的提升更有利于员工创新绩效的发生。

H8a-b：团队学习型目标导向能够跨层正向调节积极情绪对员工创新绩效的间接效应，即团队的学习型目标导向越强，员工积极情绪通过（a）即兴行为和（b）心理资本对员工创新绩效产生的间接作用越强。

团队绩效型目标导向则是成员所感受到的高水平的竞争氛围，聚焦于绩效达成及任务专一性的一种状态（Mehta 等，2008）[187]。高水平的团队绩效型目标导向强调重视指标要求和功成名就。这意味着团队中的个体在成绩目标的指导下热衷于追求更好的绩效水平，更多地关注成绩的提升，尽可能地避免出错和冒险，自主学习动力较弱。

以绩效型目标导向为主导的团队中的个体受团队整体目标和团队中其他成员的影响，过于关注结果和效率，这不利于个体选择有一定风险的或者不确定性较高的方案，个体主动去尝试的可能性较低。当团队把实现目标当作压倒一切的总原则，在这种情况下，团队制定的业绩指标或者上级领导的评价将成为利益的指挥棒。发展到极端时，将会有急功近利，弄虚作假的情况发生。不同于学习型目标导向，绩效型目标导向通过任务的同一性和目标的明确性等特征来作用于学习结果（Ford 等，1998）[276]，这意味着个体有可能会忽视情境的变化，不愿意对多变的环境做出积极响应。同时，绩效型目标导向将反馈看作是对自身现有成果的评价（Vande Walle 和 Cummings，1997；Vande Walle 等，2001）[277]，高水平的绩效型目标导向强调自身能力的有效性并避免负向评价，因此，在创新过程中个体接收到其他团队成员的反馈，尤其是负面反馈时，更多会聚焦在他人对自身是如何评判的，自己是否成功，而不是反馈信息本身，或如何利用反馈信息进行任务完善与改进。

可见，团队绩效型目标导向通过增加员工规避风险的可能性，降低员工的适应性以及错误评价反馈等多个方面对员工产生影响。这些方面均不利于个体积极情绪的产生以及由此所引发的主动行为和心理资源积累意愿，会削弱个体即兴行为发生的概率和心理资本积累的可能性。因而，员工在团队绩效型目标的情境下，积极情绪不易通过即兴行为和心理资本对员工创新绩效发挥促进作用。

结合前文所述即兴行为及心理资本在积极情绪与员工创新绩效中起到的中介作用，一方面，团队绩效型目标导向能够弱化积极情绪对即兴行为与心理资本的正向影响，降低积极情绪对员工创新绩效的有利影响；另一方面，即兴行为与心理资本又会正向影响员工创新绩效。由此，本书认为，团队绩效型目标导向对积极情绪与员工创新绩效之间正向关系的弱化，会通过即兴行为与心理资本这两条中介路径产生。即团队绩效型目标导向对员工积极情绪与创新之间关系的削弱，很大程度上是由于团队绩效型目标导向使积极情绪对员工即兴行为与心理资本的正向影响下降了，而这两者水平的下降又削弱了员工创新绩效。因此，本书提出以下研究假设：

H9a-b：团队绩效型目标导向能够跨层负向调节积极情绪对员工创新绩效的间接效应，即团队的绩效型目标导向越强，员工积极情绪通过（a）即兴行为和（b）心理资本对员工创新绩效产生的间接作用越弱。

第四节　本章小结

本章的主要工作是理论模型的构建与假设的提出。在第二章理论综述的基础上，首先，通过对创新实现路径的多样性、积极情绪作为核心机制激发员工创新绩效的可实现性以及情绪、认知与情境因素在激发个体内在创新动机的协同作用三个方面的论述明确了以积极情绪为核心动力系统的员工创新绩效机制的建立的合理性。其次，根据绪论中提出的三个研究问题，通过对问题的初步阐释与分析，逐渐推演出有关积极情绪的涌现与拓展－建构对员工创新绩效影响机制的模型。最后，在变量间关系的论述与提出部分，从积极情绪的涌现、认知灵活性的调节作用、积极情绪的拓展－建构及其对员工创新绩效的影响以及不同团队目标导向对积极情绪与员工创新绩效的调节作用等四个方面出发，通过展示质性数据分析过程和理论论述对三个研究问题进行了更加深入的分析与回答。本章提出的全部理论假设如表3-2所示。

表 3-2　研究模型假设总结

假设	关系	具体假设陈述
H1a-c	工作自主性→积极情绪 工作挑战性→积极情绪 工作趣味性→积极情绪	员工感知到的（a）工作自主性水平越高、（b）工作挑战性越强、（c）工作趣味性越强，员工的积极情绪水平越高
H2a-c	领导－成员关系→积极情绪 团队－成员关系→积极情绪 家庭－工作平衡→积极情绪	员工感知到的（a）领导－成员关系质量越好、（b）团队－成员关系质量越好、（c）工作－家庭平衡水平越高，员工的积极情绪水平越高
H3a-c	认知灵活性 ↓ 工作特征→积极情绪	员工的认知灵活性能够正向调节个体感知到的（a）工作自主性、（b）工作挑战性和（c）工作趣味性对积极情绪的直接作用，即员工的认知灵活性越强，个体感知到的工作自主性、工作挑战性与工作趣味性对积极情绪的正向作用越强
H4a-c	认知灵活性 ↓ 关系质量→积极情绪	员工的认知灵活性能够正向调节个体感知到的（a）领导－成员关系质量、（b）团队－成员关系质量和（c）工作－家庭平衡对积极情绪的直接作用，即员工的认知灵活性越强，个体感知到的领导－成员关系质量、团队－成员关系质量与工作－家庭平衡对积极情绪的正向作用越强

续表

假设	关系	具体假设陈述
H5	积极情绪→即兴行为→员工创新绩效	即兴行为在积极情绪与员工创新绩效之间起到中介作用
H6	积极情绪→心理资本→员工创新绩效	心理资本在积极情绪与员工创新绩效之间起到中介作用
H7	即兴行为→心理资本	员工的即兴行为对员工的心理资本有正向作用
H8a–b	团队学习型目标导向 ↓ 积极情绪→即兴行为（心理资本）→员工创新绩效	团队学习型目标导向能够跨层正向调节积极情绪对员工创新绩效的间接效应，即团队的学习型目标导向越强，员工积极情绪通过（a）即兴行为和（b）心理资本对员工创新绩效产生的间接作用越强
H9a–b	团队绩效型目标导向 ↓ 积极情绪→即兴行为（心理资本）→员工创新绩效	团队绩效型目标导向能够跨层负向调节积极情绪对员工创新绩效的间接效应，即团队的绩效型目标导向越强，员工积极情绪通过（a）即兴行为和（b）心理资本对员工创新绩效产生的间接作用越弱

下篇 实证篇

第四章　本书研究方法介绍

本章主要对研究中所使用的量表、样本及数据收集过程、分析方法以及假设验证思路进行介绍。首先，介绍量表选取过程、题项删选标准、翻译过程、预调研及修订过程；其次，介绍采样程序、样本选择过程以及正式调研的样本特征；最后，简要地阐述本书所使用的数据处理及分析方法以及假设验证思路。

第一节　积极情绪产生机制的质性研究过程

1. 研究方法与数据来源

Hackman 与 Oldham 在提出工作特征理论模型时是以如何激发和创造高绩效工作动机与高水平员工满意度的心理状态为出发点的。因此，本书将以如何激发员工积极情绪为出发点反向追根溯源，探索有哪些工作特征与关系质量能够影响个体的积极情绪。

（1）质性研究过程。

本书首先通过对企业员工的实地或网络调查与访谈，对能够引发个体积极情绪的两类因素进行归纳与抽象，其次通过现有研究量表对这两类因素与积极情绪之间的关系佐以实证分析。

第一，研究的开始。本书基于以上理论，通过有针对性地提出与本书研究问题—联系紧密的问题：积极情绪是如何被激发和涌现的？积极情绪受到哪些主客观因素的影响？

第二，数据的搜集。受限于资源与条件，本书主要采用实地访谈与网络开放性问答相结合的方式进行质性数据的搜集。

第三，对搜集的数据进行初始编码。大量被搜集来的数据应结合其所在情境及研究者对数据的感知来进行分类和整理。在数据整理的初始阶段，研究者应该根据数据的引导，尽可能完整并详细地对被试的回答进行解析。这个过程产生的整理结果是初始的、非正式的。本书采用的是从被试每段回答中的每一行尽可能地抽取关键词语。

第四，对上一步产生的初始编码进行备忘录的撰写。在这一步骤中，通过对上一步中提炼出的代码进行分类整理，提升到类属层的概念。选择那些研究者认为最有意义的代码，并从这些代码中提炼出公共的主题与模式。根据这一步的结果，研究者可以识别出与类属联系较为紧密的代码，并引导后续的聚焦编码。

第五，聚焦编码与高级备忘录撰写。在这一步骤中通过比对初始代码，根据大量的数据来对初始代码进行筛选，保留那些出现频次较高的代码，并对代码进行重新构建，聚焦于最能反映数据真实情况的那些代码。同时进行备忘录的撰写，将聚焦后的代码提升为类属，并且明确类属之间的区别与联系。

通常意义上的质性研究，还包括后续的步骤，例如通过理论抽样进一步完善类属概念；理论编码对备忘录进行分类；形成理论框架与模型并撰写初稿。但由于本书在提出理论模型时有较充实的理论基础，同时在研究方法方面采用的是验证性视角，而不是探索性视角。因此，对积极情绪来源的质性分析主要依照前五个步骤，即工作场所中哪些关键因素会对积极情绪产生影响，而这些影响因素与积极情绪关系的证实还将通过进一步的理论说明和实证数据分析来加以补充和完善。

（2）数据搜集与整理。

在质性研究的过程中，开放式问卷的问题都是兼具开放性与方向性的（Charmaz，2014）[211]。在本书中，1~3 题是第一部分，主要用于了解员工的工作任务类型，对积极情绪的个人理解及其情绪体验的整体概况；4~7 题是第二部分，主要用于了解员工积极情绪产生的主要来源有哪些，并引导个体回顾与工作特点及关系质量相关的事件；8 题作为第三部分，用于了解一些员工整体情绪水平较负面的原因对积极情绪源头的探索作以补充。本书中的开放性问题包括以下内容：

1）您的工作属于哪种性质？

2）在工作中您是如何理解积极情绪的？能具体通过几个词语来形容吗？

3）您认为您目前在大多数情况下的心态或情绪是积极正面的，还是消极负面的？

4）您在工作中一定经历过一些让您开心、愉悦或十分高兴的事情吧，您能讲几件让您印象深刻的事情吗？

5）您觉得在您上述所体验的这些事件中，让您体验到积极情绪的最主要的原因是什么？

6）您觉得您所经历过的这些正向的、积极的情绪是否与单位给您的工作设置有一定的关系？这些工作设置有哪些突出的特点让您印象深刻？

7）您觉得您所经历过的这些正向的、积极的情绪是否源自您和周围人的关系？这些人都包括谁？

8）您在工作中一定也有过十分低迷、沮丧和郁闷的情况出现，您认为这些消极情绪出现的原因主要是什么？通过改善这些，您的工作会变得更开心、更快乐一些吗？

在本书中，不仅有实地访谈数据，而且根据理论抽样原则采用了网络数据搜集平台：金数据来完成开放式问卷的收集。在该平台制作的问卷，可通过微博、微信、QQ空间等多种网络平台发放，实时反馈问卷回收信息，并可实现数据的简单整理与分析。值得注意的是，由于中国人的情绪唤起程度与西方人的情绪唤起程度存在差异，在中国情境下，个体感知到的平静、平和的情绪也被认为是积极情绪的一种[212]，因此在总体情绪评价的分析中，本书将个体所提到的此类低唤起程度的情绪也纳入积极情绪的类别中。

研究从实地及网络数据搜集平台共获取235份回复，受访者的性别、年龄、受教育程度、工作年限、企业性质与地域情况如表4-1所示。其中男性54.0%，女性46.0%；25岁及以下的人占30.6%，26~30岁的人占53.2%，31~35岁的人占到13.2%，36岁及以上的人占3.0%，可见受访者大多数是中青年，保证了调查所针对的是新生代员工；受访者的学历大专及以下的占34.5%，本科学历占到了62.6%，研究生占3%，保证了调查对象多数为知识型员工；受访者中国企员工占19.6%，私企员工占6.4%，民营企业员工占19.6%，合资公司员工占47.7%，外资企业员工占1.7%，其他企业性质员工占5.1%；受访者分布区域中，东北区域占6.4%，华北区域占21.7%，华东区域占30.6%，华南区域占11.5%，华中区域占9.8%，西北区域占9.4%，西南区域占10.6%，虽然受访者在地域分布上不是十分均衡，但是已经较大程度覆盖了中国的多个地域。

表4-1　受访者基本资料

项目	分类	人数（人）	百分比（%）
性别	男	127	54.0
	女	108	46.0
年龄	25岁及以下	72	30.6
	26~30岁	125	53.2
	31~35岁	31	13.2
	36岁及以上	7	3.0

续表

项目	分类	人数（人）	百分比（%）
受教育程度	大专及以下	81	34.5
	本科	147	62.6
	研究生	7	3
工作年限	2 年及以下	67	28.5
	3~5 年	104	44.3
	5~10 年	52	22.1
	10 年及以上	12	5.1
企业性质	国企	46	19.6
	私企	15	6.4
	民营	46	19.6
	合资	112	47.7
	外资	4	1.7
	其他	12	5.1
地域	东北（黑龙江、吉林、辽宁）	15	6.4
	华北（北京、河北、内蒙古、山西、天津）	51	21.7
	华东（安徽、福建、江苏、山东、上海、浙江）	72	30.6
	华南（广东、广西、海南）	27	11.5
	华中（河南、湖北、湖南、江西）	23	9.8
	西北（甘肃、陕西）	22	9.4
	西南（贵州、四川、重庆）	25	10.6

2. 质性数据分析过程

针对受访的第一个问题，在受访的 235 名员工中，技能型人员有 101 人，经管型人员有 41 人，社交型人员有 20 人，事务型人员有 44 人，研究型人员有 10 人，艺术型人员有 10 人，从事其他类型工作的人员共 9 人。通过开放式问答的第二个问题，共收集到 662 条有关个体描述的积极情绪的词语，平均每个受访者提供了近三个词汇来形容自己所认知的积极情绪。"热情"词条出现 81 次，"兴奋"词条出现 75 次，"活跃"出现了 71 次，"兴趣"或"感兴趣"等词条出现了近 93 次，"坚强"或"坚定"等词条出现了 148 次之多。可见大多数受访者均能准确定义积极情绪的内涵，并对积极情绪有正确的认知。通过开放式问答的第 3 个问题，在 235 名受访者中，情绪方面呈现出积极状态或平静状态的个体有 195 人，占到总体人数的 83%，而消极状态的个体有 40 人，这为本书分析积极情绪的来源及产生机制提供了可观的数据基础。

（1）初始编码。

本书对受访者对开放式问题 4~8 题的回答采取了逐行编码的方式进行初始编码。为了更好地说明问题，以下通过三个典型的实例来呈现质性数据分析过程，初始编码呈现在表 4-2 中：

表 4-2　质性数据初始编码过程实例分析

受访者原始编号	4~8 题原始回答资料	初始编码
受访者 22 号	4. 我目前在公司中大部分的时间都是开心的，我觉得主要是因为我的同事。今年上半年我被派到北京学习一年，其实当时心里非常害怕和矛盾，觉得自己没有办法适应北京的生活。但是来了之后发现比我想象的好太多了，因为很多同事也都是各地方派来的，也都是年轻人，所以很容易理解和沟通。我有次生病了，室友还给我做了饭。周末我们还去京郊玩过几次，公司也搞过几次拓展训练，在这个过程中我们同事都相处得挺好，完成任务也很开心。虽然说我在外地，但是其实挺温暖的	总体呈现积极情绪，并强调原因是同事 同事沟通、理解、照顾 公司的拓展训练提供了人际交流平台和工作的乐趣性
	5. 我觉得主要还是同事之间很友爱、相互帮助，而且在工作中也能很好、很顺畅地进行合作，团结在一起，让我觉得有了归属感，挺自豪的	同事的互帮互助、合作，自豪感
	6. 我觉得之所以我们同事之间相处得这么融洽，也跟我们的工作环境有一定的关系。我们这边是可以自己选项目组的，虽然说最后评判绩效也是跟项目组挂钩的，但是你可以在这个过程中挑选你的合作伙伴，也能选择你的工作难度，还有领导，因为每个项目的 Leader 当然是不一样的。这样的工作设置让我觉得首先是局限性比较小，也比较能起到物以类聚的作用，让我能很好地跟我项目组的人一起工作。就是自由选择吧，这点我觉得是我们公司的企业文化，我觉得这个体会比较深	与同事相处融洽，自选项目组强调工作局限性小
	7. 当然是有关系的，我觉得最重要的是我的同事能跟我合得来	与同事合得来

续表

受访者原始编号	4~8题原始回答资料	初始编码
受访者22号	8. 我现在刚到这个公司，还没有太多这方面的体会，但是我之所以换了这份工作，是因为我在之前的单位做得非常不开心。那个公司的福利待遇挺低的，但是我觉得这些都不是重点，主要是企业的那种性质导致我没有办法容忍我的领导和同事，大家表面上是没有什么大的矛盾，但是遇到事情之后的相互推诿、退缩，丝毫没有凝聚力可言，做什么事情都不可能成功。而且那种烦闷的日子也过得实在是没有意义，很没有劲头，学不到新的东西	负面情绪的主要原因包括：工资低，同事领导没有凝聚力，工作中学不到新东西
受访者104号	4. 我在现在的公司感到很开心，主要是轻松，压力也不是很大。我刚生了孩子，有时候中午期间也需要离岗，或者下午需要提早下班，公司都在一定限度内批准了。提到这点我们领导确实比较关心我们这些人的家庭生活，有的年轻人单身他会在私下里表示关心。上次有个新来的家里老人生病了，也批准让在工作时间抽一部分时间出去陪护。我们也经常出去聚餐，私下里比较像朋友，不太像是上下属。可能我们领导自己就是家庭观念比较强的人吧，他在工作的时候确实挺认真的，有时候也严格要求我们。但只要涉及我们家里面的事儿，他都尽量地调整工作计划去配合，让我们能兼顾两个方面	总体情绪水平积极，公司关心家庭生活：可以提早下班、照顾家人并帮助解决个人问题；领导像朋友，家庭观念强
	5. 因为这份工作稳定，工作氛围积极向上充满活力，公司的同事也都是这样的状态。而且家里人也不再为我操心，为我找到一份好的工作感到欣慰	工作稳定，氛围有活力，家里人为我的工作感到欣慰
	6. 工作方面倒是没什么压力，比较轻松，任务相对来说也比较简单。我喜欢这种的，如果工作加大了难度或者是提高了要求，也许我就没办法很好地兼顾家里面了	轻松，兼顾家庭
	7. 当然了，这是我留在这个单位最重要的原因，同事之间大家的距离保持得很好。有什么事儿的时候，大家会一起商量，尽快解决。事情不多的时候我们私下也会有走得比较近的同事作为朋友。而且整体来说是很和谐、和睦的，没有出现过很大很难协调的矛盾。再就是领导，没有什么小帮派，我们也不用考虑他的个人喜好是什么，他好像对我们每个人都差不多，很公平，对事不对人。家里人也很支持我做这个工作，我很欣慰	共同决策，和谐和睦，没有帮派，领导公正，家人支持

续表

受访者原始编号	4~8 题原始回答资料	初始编码
受访者104 号	8. 负面的情绪也会有，但是在这个单位大多数情况是很高兴的，顺心，没什么特别添堵的事情，突然让我想我还想不出来	
受访者160 号	4. 当然有，今年我在工作方面、<u>学习方面收获</u>都很大。第一个大喜事是单位同意了我去读在职的 MBA，这对我自己和单位其实都是有好处的，但是我的领导和单位能这么支持我很意外。可能是觉得继续学习能带我处理<u>工作中更多的难题</u>，提升我的管理能力，我觉得他们应该是对我<u>有信心</u>，想要我继续在日后发挥所长。这种支持感让我觉得有希望进一步在公司有发展。还有就是我们项目组搞定了 2 个比较大的单子，之前我们一直觉得今年年底这个任务肯定不能完成，结果大家一起拼了一把，虽然<u>工作有很大的难度</u>，但是我们居然真的完成了	提到了学习机会，工作中有挑战，管理者对下属有信心，工作有难度但是努力后完成了
	5. 生活是一种艺术，让我每天和生活的艺术在一起对于我本身而言就是一种<u>幸福</u>。我们的领导不苛刻不过分地要求我们什么，大家相处<u>合作</u>得很愉快。我们从什么也不懂，跟着我们的领导一步一步地走到现在，我们觉得这种<u>学习机会</u>就很难得。他待我们极好。工作的环境很<u>自由</u>，对我来说放纵不羁爱自由才是真性情才是洒脱的生活。偶尔需要激发我们的小<u>才能</u>一起去做好我们的工作，既培养了我们<u>团队的合作</u>精神，也给了我们一个<u>磨合适应</u>的过程，最可贵的是人与人之间的那份真诚	整体幸福感强，领导不苛责，同事相处合作愉快、人与人之间真诚，在工作时有学习的机会、自由，工作能够激发才能。团队合作高效
	6. 我们单位<u>平台很好</u>。大家协作和运转得比较高效，比起每天"磨洋工"的那种企业让人觉得更有动力去干活。而且挺多突发情况需要去<u>应对去协调</u>，这些能力都是目前的工作性质所决定的，我得时时刻刻保持一种开放的心态，不能焦虑，任务来了就要动起来、做起来	平台很好
	7. 有一定的关系吧，我的领导<u>不对我们严加苛责</u>，感觉没有暴力管理的情况发生，发生任何事情都会先做好<u>沟通</u>，有时候还要替我们背黑锅。再就是他对我提出去学习这件事情<u>表示支持</u>，我很感激	领导不苛责下属，沟通好，领导对员工提供支持和帮助
	8. 消极情绪不是很多，有也跟工作没有多大关系，可能是家里面的<u>一些事情很难兼顾上</u>，觉得有时候会影响工作状态。跟外部的人打交道也挺头疼，什么人都有	工作－家庭难以兼顾

以上选取的是员工积极情绪水平较高，同时回答内容较丰富的三个实例。可以看出初始编码在各个受访者的回答中有交错与重叠的部分，关于工作特征的词条主要包括："拓展训练工作乐趣""自选项目""局限性小""学到新东西""学习机会""工作经过努力后完成""自由""工作能激发才能"；关于关系质量的词条主要包括："同事的沟通、理解、照顾""同事帮助合作""相处融洽""合得来""领导关心员工家庭""领导像朋友""氛围有活力""家人欣慰""兼顾家庭""共同决策""公正""家人支持""领导对下属有信心""同事合作愉快""领导不苟责""同事真诚""团队合作高效""领导与下属沟通""领导提供支持与帮助"。

通过对开放式问答数据的初始编码分析，最终从所有受访者对 4~8 题回答的原始资料中抽象出共 3672 条初始代码，与工作特征有关的代码共计 1844 条，与关系质量有关的代码共计 1828 条。

（2）聚焦编码。

聚焦编码是将初始编码中的高频词汇或重复词汇不断进行比较的编码方式。之所以在初始编码阶段采用逐行编码形成大量词汇和短语的方式就是为了聚焦编码的便捷性。最终本书通过循环比较从 3672 个初始代码中发展出了 39 个聚焦代码，其中与工作相关的聚焦代码有 17 个，而与人际关系相关的聚焦代码有 22 个。图 4-1 呈现了各个高频初始代码出现的频次。

（3）理论编码。

理论编码相较于初始编码与聚焦编码较为复杂，需要在聚焦编码的基础上形成类属。这一过程通过对数据分析各个阶段形成的备忘录进行分类、绘图、整理从而使代码概念化。基于以上聚焦编码较为粗略的分类可以看出，图 4-1 左侧的数据主要反映了与关系质量有关的聚焦编码类属划分，右侧的数据主要反映了与工作特征有关的聚焦编码类属划分。接下来就是如何将初步粗略分类的聚焦编码进一步抽象和建构成为更高度概括的概念，图 4-2 展示了本书在对积极情绪来源追踪上的概念地图是如何形成的。

本书以图 4-2 左侧有关工作特征变量形成为例来说明理论编码过程。相关的聚焦编码包括"工作安排没有限制""工作完成即可，过程不重要""工作自由度高""领导不干涉工作""在权限范围内我可以做决策""经常聚会聚餐""工作时间同事可以互相开玩笑""组织户外活动并有活动奖励""组织运动竞赛""工作中能找到乐趣""工作场所中同事不会很严肃，很拘谨""定期有庆典仪式""有些工作需要付出些努力才能完成""接纳新事物，学习新能力""挑战极限，尝试新方法""有时会超负荷工作""工作中经常会有没有见过和学过的"17 条。其中，"没有限制""自由""不干涉""我可

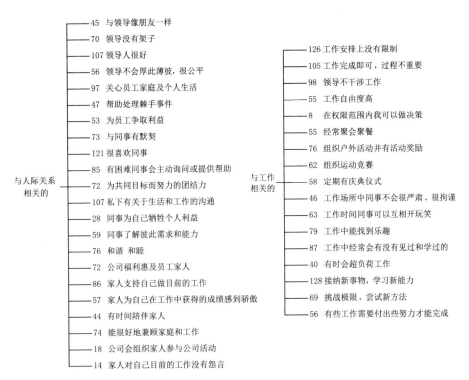

图 4-1 聚焦编码条目及频次示意图

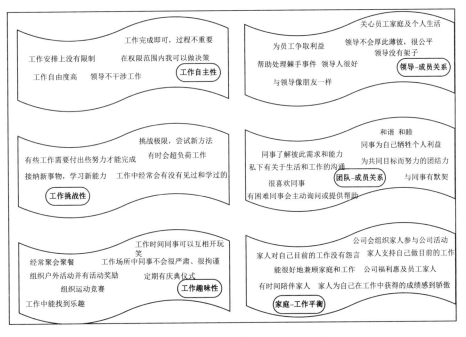

图 4-2 聚焦编码的类属化过程示意图

以做决策"等词汇反映了工作自主性的特征，工作自主性是员工根据自我意愿选择工作安排与工作方式的工作特征；其中"聚会""玩笑""活动""乐趣"等词汇反映了工作趣味性的特征，工作趣味性重视的是企业所能够给员工提供的充满乐趣的、轻松的工作氛围与环境；"挑战极限""付出些努力""学习""超负荷""新事物"等词汇反映了工作挑战性的特征，工作挑战性侧重于激发员工潜能并提供学习机会，增加工作复杂性。

3. 质性研究结论

从质性研究分析的结论中可以得出，大多数员工在现阶段的企业中都经历过积极情绪体验。这些积极情绪体验普遍受到其工作的自主性、工作的趣味性、工作的挑战性、领导－成员关系质量、团队－成员关系质量，以及工作－家庭平衡等多个因素的影响作用。而员工所经历的消极情绪体验则受到企业中客观的福利待遇、薪资水平及激励措施等人力资源政策的公平性的影响。由此，本书试图通过以下理论分析来建立中国员工积极情绪来源的基本要素模型。

第二节 员工积极情绪产生与影响作用的实证研究过程

一、量表修订过程概述

首先是量表形成过程。本书借鉴以往研究中所使用的西方学者开发的，与本书构念所表达的内容和结构最为一致的，使用较为广泛并得到普遍验证的成熟量表作为研究的原始量表。同时，通过翻译并回译的方法，将选择的原始量表通过团队中的多名博士研究生翻译为中文量表，再由团队中的其他人将译好的中文量表回译为英文，并将回译后的量表与原始量表进行了比较和修正。在这一过程中，本书还参考了国内相同来源量表的翻译结果，以确保量表中语句表达的准确性、精炼性及易读性。

其次是预调研过程。本书在不同的两个企业中组织了两轮预调研，并通过在第一轮预调研后所实施的实地访谈，进一步完善原始量表，确定了最终量表。在第一轮预调研中，研究者着重对量表的内容、语句等比较浅显的问题收回反馈，并对表达有歧义的或过于书面的内容进行了说明，并让参与第一轮调研的员工对量表如何进行修改提出了意见。通过第一轮预调研所收回的意见，研究者对量表中的语言表述进行了修改，通过信度分析对量表题项进行了删选。在第二轮预调研中，研究者着重对第一轮预调研所反馈问题的改善程度进行了评估。从第二轮预调研的结果来看，量表得到了较大程度的改善，通过信度分析以及与研究团队探讨，对量表最终的内容、构成、格式及字体进行了调整，从而得到了最终量表。

二、量表来源与修订

1. 工作特征变量——工作自主性

本书结合 Breaugh（1985）[278]、Kirmeyer 和 Shirom（1986）[279] 及 Spreitzer（1995）[280] 等的研究成果将工作自主性定义为：员工在完成工作过程中能够自我决定的程度。工作自主性主要从工作方法的自主性、工作步骤的自主性以及工作标准的自主性等多个角度来衡量，同时自我决定性反映了工作自主性的核心内容。

在对工作自主性的测量方面，Breaugh 所开发的量表共有 9 个题项，分为 3 个维度，通过员工自评估其在工作中使用方法时的决策权，完成工作时对过程及步骤的控制感以及对自身工作结果评估方法的调整性来对工作自主性进行评价。Kirmeyer 和 Shirom 的量表共有 7 个题项，主要从员工在工作中的自我决定性这一核心内容出发，主要包括员工是否能自由地决定自身工作时间、方法、合作伙伴及工作进度等。Spreitzer 的测量量表与 Kirmeyer 和 Shirom 的量表有相似之处，均发源于个体的自我决定性，但是该量表更为简洁，量表内容更直接，例如："我对如何做我的工作有相当高水平的独立性和自由度。"Breaugh 所开发的量表从结构和内容上对工作自主性的反应最为完整，且在后续研究中呈现出了较好的信效度，故本书选择使用该量表对员工的工作自主性进行测量。

Breaugh 的量表包括工作方法自主性、工作安排自主性以及工作标准自主性等 3 个维度，共 9 个题项，具体如下：

（1）我被允许决定使用何种方法来完成我的工作。

（2）我能够选择完成工作的步骤。

（3）在完成工作的过程中我有自由选择方法的权利。

（4）我对我的工作计划有控制权。

（5）我在一定程度上能掌控我接下来的工作活动，也就是什么时候我去做什么。

（6）我的工作是这样的，我能决定在什么时候做特定的工作活动。

（7）我的工作允许我更改评价方法，这样我就可以突出我所做的一些方面。

（8）我能够更改我本应该完成的工作目标的设定。

（9）在一定程度上，我对自己本应该完成的上级所认定的工作目标有控制权。

由于在本书中对工作自主性不做维度拆分的研究，通过第一次预调研的结果可知，工作自主性量表的信度系数为 0.896，第二轮预调研的结果虽相较于第一轮预调研有所下降，但信度系数依然达到了 0.889。

2. 工作特征变量——工作挑战性

结合 Amabile（1996）[9] 及 Cavanaugh（2000）[281] 等的研究成果，本书将工作挑战性定义为员工对工作中具有挑战性的任务及重要项目所需付出努力的感知。学者主要从两种思路出发对工作挑战性实施测量，一种测量方法是直接询问被试有关构念核心含义的问题，另一种是通过压力源来反映工作的挑战性，主要通过员工所承担的职责范围、时间压力等方面来反映工作的挑战性。

Amabile 量表中的典型题项包括"我感觉目前我所从事的工作十分具有挑战性"，而在 Cavanaugh 的研究中主要聚焦于挑战性压力源与阻断性压力源的测量。其中挑战性压力源的测量共 6 个题项，主要从工作量、工作时间、时间压力、职责范围等方面入手，得分越高表明工作的挑战性越大。中国学者对工作挑战性的研究大多沿用了 Cavanaugh 的研究量表，陆昌勤、张西超等人在本土化的研究过程中均选用了此量表，并证明了该量表良好的信效度。因此，本书也沿用此量表对工作挑战性进行测量，具体题项如下：

（1）我被分配的任务或项目的数量多。

（2）我承担的职责和责任多。

（3）我的职位所需要承担的职责范围广。

（4）我在工作上花费了较多时间。

（5）我有很多工作需要在规定时间内完成。

（6）我工作时感觉时间压力大。

通过第一轮预调研的结果可知，工作挑战性量表的整体信度系数为 0.875，但是从验证性因子分析的拟合指数来看，TLI 较低，仅为 0.770，且题项（4）的因子载荷较低。通过第一轮预调研的问询结果可知，员工认为工作上花费时间的长短并不一定表明工作具有难度，简单的重复性工作同样需要较多的时间去完成。因此，在第二轮预调研时，删除了题项（4）。第二轮预调研的结果表明，因子分析的拟合指数有了明显的提升，CFI 达到了 0.885，TLI 达到了 0.992，信度系数为 0.885，具有较好的一致性。因此，在正式调研中使用了 5 题项量表。

3. 工作特征变量——工作趣味性

Karl 等（2005）对工作趣味性测量的探索分为两个方向[282]。其一是从工作活动设置的角度出发，研究者通过统计组织中"竞赛活动""外出活动""庆祝活动""游戏安排"等的频次来判断工作趣味性的程度；其二是从员工感知到的工作场所中的乐趣为出发点，通过员工评价工作乐趣的适宜性、突出性及自身对工作趣味性感知到的结果来反映。

第一个视角间接地反映了工作的趣味性，无法直接反映个体对工作与趣味性之间关系的认知。而第二个视角则通过适宜性、突出性及感知到的结果准确地反映了员工对工作趣味性的认识，以及工作过程与享受乐趣之间的平衡。因此，本书采用第二视角下的研究量表，删除原量表中内容及语义重复的题项，共保留了 6 个题项，具体如下：

（1）在我的工作中开玩笑或者持有玩乐的心态被认为是不成熟、不专业的表现。

（2）在我的单位，非工作时间才能找到有趣的事做，工作时间只能工作。

（3）在工作中找到乐趣对我的工作来说很重要。

（4）我喜欢跟那些能够在工作中找到乐趣的人一起工作。

（5）我之所以在工作时压力感和紧张感比较少，是因为工作中乐趣多多。

（6）当工作比较有趣的时候，我周围的人工作得更努力、时间更长了。

通过第一轮的调研结果，得到信度系数为 0.833，虽然 CFI 达到了 0.826，但 TLI 仅为 0.768。通过解释相关题项，在第二轮预调研中，信度系数达到了 0.889，且 CFI 指数达到了 0.937，TLI 达到了 0.895，卡方值也得到了较大程度改善。在正式调研中，沿用了此 6 个题项的量表。

4. 关系质量变量——领导 - 成员关系

结合 Scandura 和 Graen（1984）[283]、Liden 和 Maslyn（1998）[284] 及曾垂凯（2011）[285] 的研究，本书将领导 - 成员关系定义为员工感知到的团队中管理者对其自身的态度与交换关系质量。根据领导 - 成员交换理论，管理者由于时间压力，仅与部分团队成员建立了特殊的关系，这些人得到了管理者的信任，支持甚至享有某些特权。对领导 - 成员关系的测量主要有两种方式：其一，从管理者对员工潜力的了解程度、所提供的支持、对员工表现的满意度及信任感等多个方面综合反映员工对其上级管理者与自身关系的感知；其二，通过评估管理者与下属之间的情感、忠诚、贡献及专业尊重等来反映两者的互动关系质量。

　　Scandura 和 Graen 的量表采用第一个视角，通过直接问询员工："您觉得自己与上级领导的工作关系如何？""您的上级领导能在多大程度上解决你的困难？"等来反映员工对管理者与自身关系的真实感知。Liden 和 Maslyn 等则采用了第二种测量方法，其中情感维度表明在双方关系中，基于人际吸引并非是工作或专业价值上的一方对另一方所产生的情感；忠诚维度表明在双方关系中，一方对另一方的目标与个人特长所表现出的公开支持；贡献维度是指在双方关系中，个体所知觉到彼此倾注于与工作有关系的活动的量、质和方向；专业尊重表明了在双方关系中，对彼此工作能力及专业价值的了解程度。虽然后者力图从更为全面的角度反映管理者与被管理者对对方的评价，但是在本书中着重强调的是管理者在个体积极情绪激发以及创新过程中与员工形成的互动关系，后者的贡献维度及专业尊重的维度中包括有典型题项："我很乐意为我的团队更多的利益去付诸额外的努力，即使我并没有被要求那么做。""我很欣赏我上司在专业方面的技能。"很显然，此量表与本书的研究目的存在较大偏差。因此，本书选择 Scandura 的量表，共 7 个题项来对领导－成员关系进行评价，且在本土化研究，例如，曾垂凯有关家长式领导的研究中该量表表现出了较好的信效度，具体题项如下：

　　（1）您觉得自己和上级领导的工作关系如何。

　　（2）您充分信任上级，即使她不在场，您也会相信并维护其决策的可能性。

　　（3）您的上级领导运用职权帮您解决工作困难的可能性有多大。

　　（4）您的上级在多大程度上了解您的潜能。

　　（5）您的上级在多大程度上了解您工作方面的问题与需求。

　　（6）您在多大程度上清楚上级对您的工作表现的满意度。

　　（7）上级会在多大程度上牺牲自己的利益帮您摆脱工作困境。

　　通过第一轮预调研及第二轮预调研结果显示，该量表的信度系数分别达到了 0.890 和 0.905，说明该量表具有良好的信度。

5. 关系质量变量——团队－成员关系

　　结合 Seers（1989）的研究量表[235]与本土化研究量表（李山根，2011）[286]，本书将团队－成员关系定义为员工与团队中其他成员彼此的态度与交换关系质量，多数量表对团队－成员关系的测量侧重于团队成员间彼此的了解程度，帮助程度及沟通程度。国内外的大多数研究都采用了 Seers 的研究量表，李山根在本土化的研究中也证实该量表具有良好的信度与效度，该量表共 10 个题项，具体题项如下：

　　（1）我经常就工作方法的优化向其他团队成员提供建议。

（2）当我的工作使其他团队成员的工作变得更容易（或者更困难）时，他们总会让我知道。

（3）当其他团队成员的工作使我的工作变得更容易（或者更困难）时，我总会让他们知道。

（4）其他团队成员了解我的潜力。

（5）其他团队成员了解我的问题和需要。

（6）为了使其他团队成员的工作更容易，我可以灵活调整我的工作职责。

（7）当其他团队成员忙碌时，我经常自愿帮助他们。

（8）当其他成员忙碌时，经常请我帮助他们。

（9）其他团队成员乐意帮助我完成分配给我的工作。

（10）我乐意帮助其他成员完成分配给他们的工作。

经过第一轮预调研结果可知，该量表的信度系数达到了 0.911，但根据拟合指数来看，题项（6）的因子载荷较低。通过预调研后员工的反馈得知，在现实情境中，部分工作单位或工作性质较为特殊时，员工的工作职责很难自由调整，故此，删除题项（6）。同时，被试人员建议为了简化量表应该将题项（3）、题项（8）、题项（10）与题项（2）、题项（7）和题项（9）的内容予以合并来全面地呈现原量表的内容。例如，可以将题项（7）与题项（8）合并为："当工作较为繁忙时，团队成员经常互相帮助。"通过采取以上方法，在第二轮预调研中，保留了 6 个题项的量表的信度系数仍然维持在 0.912，但拟合指数得到了显著提升，CFI 指数达到了 0.963，TLI 值达到了 0.939，说明在删除和合并题项后的量表仍具有较好的信效度。

6. 关系质量变量——工作－家庭平衡

结合 Hill 等（2001）[287]、Valcour（2007）[288] 及 Carlson 等（2009）[289] 的研究，本书将工作－家庭平衡定义为个体在工作与家庭生活中运作良好，经历极少的角色冲突，有较高的满意度。西方学者对工作－家庭平衡的测量主要采取三种方法：其一，直接测量员工在工作－家庭方面的满意度；其二，直接测量员工在工作－家庭这两方面的平衡感；其三，通过分别测量员工对工作与家庭投入的感知，比较两者的差异来反映在这两个方面的平衡。

Valcour 采用了第一种测量方法。该量表通过对个体在时间分配方面的满意度、注意力分配的满意度、匹配程度、平衡需求的满意度及机遇的满意度五个题项来综合反映工作－家庭平衡；Hill 等与 Carlson 等采用了第二种方法进行测量。Hill 等（2001）的量表中的典型题项包括："您认为自己在平衡家庭生活与工作方面有多成功？"而 Carlson 等（2009）的量表则侧重于通过测量个体在工作角色与家庭角色中是否均满足了自身与外部环境期望来反映其工作－家庭平衡感。Greenhaus 及其团队采用了第三种方法进行测量，通过比较个体每周的工作时间与家庭生活时间的平衡系数来反映，采用了 Deephouse 的公式进行测量（Greenhaus，2003）[241]。

通过与 Greenhaus 的邮件交流，结合本书的研究目的，他认为他们所采用的量表侧重于比较个体在工作与家庭两种不同角色上的时间、投入及满意度的差异，而并不能评价个体在处理工作与家庭关系时的整体感受。因此，他建议本书选择第一种测量方法能够直观明了地反映研究目的，同时他提供了 Carlson 的测量量表，该量表共有 6 个题项，具体如下：

（1）我能够协商和达成工作和家庭对我的期望。

（2）我能满足无论是工作中还是家庭中关键人物对我的角色期望。

（3）那些与我关系亲密的人会认为我在工作和家庭之间做到了很好的平衡。

（4）我能够完成我的上级以及我的家人对我的期望。

（5）我的同事和我的家庭成员认为我满足了他们对我的期望。

（6）基于同事或家人的反馈，我很清楚我履行了我在工作中以及在家庭中的责任和义务。

通过第一轮及第二轮的预调研，该量表的信度系数达到了 0.9 以上，且拟合指数 CFI 达到了 0.943，TLI 达到了 0.904，证明该量表具有良好的信效度。

7. 积极情绪

积极情绪被定义为个体感受到热情、活力与敏捷性的程度，高水平的积极情绪往往表现为精力充沛、高度思想集中以及乐于投入。现有研究对积极情绪的测量主要关注两个方面：一个是积极情绪的内容，另一个是施测方法。

当情绪研究还处于实验室阶段时，积极情绪的测量采用的是激发式与唤起式的研究方法，在实验过程中为被试提供能够激发其正向或负向情绪的影片或图片等素材。这时无论是积极情绪还是消极情绪都是个体所表现出的一种综合的心理感受，例如，在影片观看结束后感受到愉悦或悲伤。自主神经系统测量、惊跳反应测量、脑测量（包括脑电图和神经影像学等方法）及行为测量等均是通过情绪所带来的其他间接效应来反映情绪本身。其中，行为测量方法认为个体的情绪状态可以通过其声音特征、面部表情和躯体动作来推断，人与人之间的交往行为可以揭示彼此间的情绪状态。

随着对情绪研究范围、领域的不断扩展和研究情境的迁移，学者不再局限于对情绪结果的观察，而开始着力于对情绪本身的研究。目前，有关员工积极情绪的实证研究几乎均采用了 Watson、Clark 和 Tellegen 等于 1988 年所开发的积极情感和消极情感的量表（the PANAS）（Watson 等，1988）[54]。在此量表中，Watson 分别列举了 10 种积极情感，10 种消极情感。被试被要求对自己即时的、当天的、几天前的、一周内的、几周内的或一年内的总体的情感状态从很少发生到经常发生的频次进行评价。该量表之所以得到广泛的应用是因为其关注了个体情绪的具体内容，同时可以通过被试自评价来完成，为情绪在工作场所中的研究提供了便捷性。张卫东对积极情绪和消极情绪的跨文化研究中，也证实了该量表具有跨文化一致性。因此，本书也选用了该量表中积极情绪的测量部分，有关积极情绪的词条共 10 个，具体如下所示：

（1）充满兴趣的；

（2）警觉的；

（3）兴奋的；

（4）富有灵感的；

（5）坚强的；

（6）坚定的；

（7）细心的；

（8）充满热情的；

（9）活跃的；

（10）自豪的。

通过第一轮预调研结果可知，该量表的信度系数达到了 0.856，但题项（2）与题项（7）的因子载荷相较于其他题项较低，仅为 0.600、0.605。警觉与细心均属于低唤起的情绪状态，参与第一轮调研的被试普遍反映，这两种积极情绪与他们所理解的积极情绪内涵有较大差异。因此，在第二轮预调研时，本书参照 Watson 的研究内容，为参与第二轮预调研的被试解释了不同积极情绪可能发生的情境。例如，将"警觉的"解释为个体在工作过程中所体会到的敏捷性及活泼性程度。将"细心的"解释为个体在工作中所体会到对他人或事物的关心和关注。通过对词条的解释帮助被试正确理解词条含义，第二轮预调研的信度系数达到了 0.890，且拟合指数 CFI 及 TLI 也得到了提升。

因此，在正式调研时，本书通过补充各情绪状态的准确内涵来确保大规模调研中被试对积极情绪的正确理解，还通过情境设定来激活个体在日常工作中对情绪体验的回顾，即在过去的一个月内，您的工作可能需要您采取一种新的方法，使用一种新的工具，或为团队最终新成果的产出提供新的想法与建议。请结合上述情况及您自身真实的工作经历评价在过去一个月内，您感受到以下情绪体验的程度。在情境设定时，本书兼顾了情境来源的真实性、情境描述的简洁性以及问题的集中性等多个方面。之所以使用情境激活的调查方法是借助了实验研究的基本思路，有效激活被试在回答问题过程中对过去一段时间内情绪体验的回顾，避免被试在回答问题过程中无法准确提供相应时间内及情境内（工作场所与创新过程中）情绪体验的问题。

8. 即兴行为

参考 Pina E. Cunha 等（1999）[121]、Vera 和 Crossan（2005）[114] 及韵江和王文敬（2015）[290] 的研究，本书将即兴行为定义为个体用创新及自发的方式来处理突发事件的一系列反应及行为。Vera 和 Crossan 认为即兴分为两个维度：自发性与创新性。自发性反映了该行为是由直觉引导的主动性行为；创新性则反映了该行为在发生时所包含的创新动机及发生后可能产生的创新性结果。随着后期对即兴研究的不断深入，Pina E. Cunha 等指出，即兴并不是凭空产生的，它依赖于物质、认知、情感及社会资源（Pina E. Cunha 等，1999）[121]。因此，在对即兴本土化的研究中，国内韵江和王文敬在 Vera 量表的基础上增加了资源依赖这一维度。考虑到韵江等的量表聚焦于组织层面，且本书主要关注积极情绪这一种特定类型的情感资源可能对即兴行为带来的影响，本书仍选择沿用 Vera 与 Crossan 对即兴行为的维度划分方法。

但 Vera 和 Crossan 所开发的即兴量表未能完整地传递出自发性与创造性这两个维度的内涵。第一，自发性的衡量标准是在面对新的任务时团队从初步计划到实施之间的时间长短。事实上，时间的长短涉及思维和执行力两个方面，当环境给予刺激的时候，首先是即兴者通过潜意识迅速根据知识、经验积累形成直觉判断；其次是不再被动接受现状，而是利用现有资源的一种积极反馈。因此，仅从时间维度来衡量自发性是不够的，还应含有直觉引导和主动应对这两方面。第二，创新性这一维度在实证研究中也多通过结果的方式来进行衡量，但其本身强调的是投入一种创新性的行为，并不考虑最后的产出是否新奇或具有创新性。因此，应该在测量的过程中考虑到行为主体的创新性动机和创新意识。故本书对 Vera 和 Crossan 量表中的具体表述进行了修正。该量表共包括 7 个题项，具体如下：

（1）我会立刻处理那些始料未及的事件。

（2）我在实施行动的时候是敏捷的。

（3）我会在始料未及的问题出现的那一刻立刻给予回应。

（4）我在解决问题时采用新的方法。

（5）我在新的工作流程中会试图寻找机遇。

（6）我在完成工作的过程中甘愿为新想法冒一定的风险。

（7）我会有意识地展示自己创造性的工作。

通过第一轮与第二轮预调研，该量表信度系数分别达到了 0.855 与 0.874，第二轮预调研后拟合指数 CFI 为 0.934，TLI 为 0.901，说明该量表表现出了良好的信效度。

9. 心理资本

结合 Larson 和 Luthans（2006）[291]、Luthans 等（2007）[127] 以及柯江林等（2009）[292] 的研究，本书将员工的心理资本定义为一系列员工的积极心理能力，包括效能感、乐观、希望及恢复力等维度。效能感反映了个体对自身胜任力的信心。乐观与希望反映了个体对未发生的事情所抱有的乐观心态和对未来发生好的结果的预期，同时在不利结果发生后也认为会有办法解决。恢复力是指在遇到困难时，能够适应环境并忍耐不利条件，展现出恒心与毅力并力图改变不利局面，完成预设目标的心理能力。柯江林等考虑到中国是一个高度重视人际关系的社会，提出本土化心理资本构念具有二阶双因素结构，包括事务型心理资本与人际型心理资本。其中事务型心理资本与西方学者所提出的三维度或四维度所组成的心理资本的内涵基本一致，而人际型心理资本则包括有谦虚诚稳、包容宽恕、尊敬礼让及感恩奉献四个维度，具有极强的中国本土特色。

然而，就目前心理资本在积极组织行为学中的应用，其维度均是通过列举法提出的，外延不是十分明朗，还有增加其他构成要素的可能性。同时，大量的研究表明心理资本作为一个整体概念对员工心理、行为和工作绩效的影响比各单一维度的影响力大得多（李晓艳和周二华，2013）[152]。因此，本书选用 Luthans 所采用的测量方法，将效能感、乐观、希望及恢复力这四个核心维度囊括其中，该量表共包含 24 个题项，通过删减重复或原有研究中因子载荷较低的题项本书仅保留了其中的 13 个题项，具体如下：

（1）在现阶段，我在追求目标的过程中充满能量。

（2）我目前面对的任何问题都有很多解决方法。

（3）就目前而言，我感觉自己挺成功的。

（4）此时，我正在为达成我自己所设立的目标而努力。

（5）在不确定的情况下，我总是往最好的方向思考。

（6）我对我的未来感到很乐观。

（7）总的来说，我期待好事情能发生在我的身上而不是糟糕的事情。

（8）当我受到惊吓的时候，我能很快克服不安并恢复平静。

（9）我能相当快速地克服对于某个人的愤怒。

（10）我乐于尝试那些我从来没有吃过的东西。

（11）与其他大部分人相比，我的好奇心更强。

（12）当我在工作中遭遇挫折时我很难恢复或继续开始工作。

（13）我通常能够从容地处理工作中所遇到的事情。

通过第一轮预调研，该量表在希望、乐观与韧性三个维度上的信度系数分别为 0.878、0.818 和 0.808，且拟合指数 CFI 与 TLI 均达到了 0.9 以上。在第二轮预调研中，该量表仍然保持了良好的信度效度系数。

10. 员工创新绩效

以往有关员工创新绩效的实证研究多采用员工创新绩效工作绩效的量表，该量表共有 9 个题项（Janssen 和 van Yperen，2004）[293]，具体如下：

（1）我能够为了改进自己的工作去创造新的想法。

（2）我能够积极调动那些帮我产生新想法的各类支持与资源。

（3）我能够寻找新的工作方法，工作技巧和工作工具。

（4）我能够积极地去获取上级对自己新想法的批准。

（5）我能将创造性的想法实现为有用的产品、工具（或付诸实践）。

（6）我能为工作中的难题找到原创性的解决方案。

（7）我能够在解决问题时系统性地引入自己的新想法。

（8）我的新想法能够令团队中的重要成员充满热情。

（9）我能彻底地评估新想法是否能实现。

通过第一轮与第二轮的预调研可知，该量表具有良好的信效度，信度系数达到了 0.929 和 0.932，在第二轮预调研中的拟合指数，CFI 指数达到了 0.938，TLI 指数达到了 0.918。

11. 认知灵活性

结合 Martin 和 Rubin（1995）[76]、Dennis 和 Vander Wal（2010）[294] 的研究，本书认为认知灵活性是指调整认知加工策略以便适应新的和无法预料的环境变化的能力。Martin 和 Rubin 认为认知灵活性应该涵盖三个重要方面，一是个体在遇到某种情形时会有意识地进行灵活地选择；二是人们会有意识地适应某种环境；三是个体相信自身有应对某种情形的能力。

认知灵活性的测量分为实验测试（演绎法与归纳法）和自评估两种类型。其中，实验测试包括有 Stroop 色－词及威斯康星卡片分类测验等方法，自评估测量方法包括 CFS 与 CFI 两种。CFS 量表包括 12 个题项，典型的题项有："我能用许多不同的方式与他人交流想法""在任何既定的情境中，我都有多种可能的行为方式""在任何情境中我都能够做到举止适宜"等，这些题项从正向和反向询问了个体对环境的适应性，思维和行为的灵活性。CFI 量表包括 20 个题项，题项大致涵盖了三个方面：个体对环境的控制、个体对事件的多种解释和多种备择方案的提出。相较于 CFS 量表，CFI 量表的维度更清晰，且在题项的表述上更能反映认知灵活性的核心意义。因此，本书选用 Dennis 和 Vander Wal 的 CFI 量表，通过删减原量表中重复及因子载荷低于 0.6 的题项，保留了 10 个题项，具体如下：

（1）我能很好并迅速地评估周围环境。

（2）在思考时，我会去搜寻额外的、并没有立刻提供给我的信息。

（3）我会从不同的角度评估现有状况。

（4）我有能力克服我所面对的任何困难。

（5）在思考问题时，我会考虑目前现有信息与事实。

（6）在做决定之前，我会考虑多种选择。

（7）我觉得用不同的方法去应对不同的状况十分麻烦。

（8）在面对困境的时候，我在行动前会考虑多种方案。

（9）我认为从不同的视角去审视困境是十分重要的。

（10）我很善于设身处地地为他人着想，从他人的视角看问题。

通过第一轮与第二轮预调研，该量表的信度系数分别达到了 0.799 与 0.876，且在第二轮预调研后，拟合指数得到了有效的提升，CFI 指数达到了 0.894，TLI 指数达到了 0.855。

12. 团队目标导向

结合 Button 等（1996）[182]、Vandewalle（1997）[295] 及国内张文勤和王瑛（2011）[296] 有关目标导向的研究，本书将目标导向定义为个体某种动机状态或动机导向，而团队目标导向为团队成员所共享的某种动机状态或导向。其中，学习型目标导向与绩效型目标导向是本书所关注的重点。

Button 等提出了两个维度的目标导向：学习型目标导向与绩效型目标导向，共 20 个题项，学习型目标导向反映了个体对任务中获取知识、技能与学习经验的重视程度，绩效型目标导向反映了个体对任务所呈现出的结果的重视程度。Vandewalle 对该量表进行了改进，认为绩效型目标导向应包含有绩效趋近型目标导向和绩效规避型目标导向，后者反映了个体在任务或工作时的一种缺乏动机或规避失败的行为导向，且多与员工产出负相关。本书旨在进一步深入探讨学习型目标导向与绩效趋近型目标导向在影响方式上的差异性，因此不对研究结论较可靠的规避型目标导向再做额外讨论。国内研究多数是通过改编 Vandewalle 的量表进行测量。因此，本书也通过将测量参照体改为团队来反映团队的学习型目标导向和绩效型目标导向（这里仅采用了绩效趋近型目标导向量表），具体采用的题项如下：

（1）我所在的团队成员常常通过总结过去的经验而获取新知识。

（2）我所在的团队对解决遇到的工作问题非常自信。

（3）我们大家很注重去学习与我们工作相关的并能提升自身能力的内容。

（4）我们大家很乐意去承担一些富有挑战性的、让我们学到更多的任务。

（5）我们大家总是试图寻找开发新技能和新知识的机会和方法。

（6）我们大家会为了学习新的技能乐于接受那些富有挑战性的和困难的任务。

（7）我们大家很关心自己是不是比其他的团队表现得更出色。

（8）我们愿意去向其他人证明自己在工作中的能力。

（9）当其他人知道我们的团队做得很棒的时候，我感觉很开心。

（10）我们的团队乐于去承担那些能证明我们能力的任务。

通过第一轮预调研，该量表在学习型目标导向维度上的信度系数达到了0.872，在绩效型目标导向维度上的信度系数达到了0.858，且表现出了良好的拟合指数。在第二轮预调研中，该量表维持了较好的信度系数，拟合指数也表现良好，CFI 达到了 0.924，TLI 达到了 0.897。

13. 控制变量

本书在团队层面与个体层面均引入了控制变量，试图剥离以往研究中对员工情绪过程及员工创新绩效可能产生影响的个人特质所带来的影响。基于前人的研究，在团队层面，本书选取了团队规模及团队情绪氛围两个重要的控制变量。根据 Liu 等（2014）[66] 的研究可知，团队整体的情绪特质也就是团队情绪氛围或团队情绪智力均能够对团队创新绩效产生影响，考虑到个体创新绩效对团队创新绩效的必然贡献以及个体情绪智力能够聚合为团队情绪智力，本书选用团队情绪氛围作为团队层面的控制变量。在个体层面，本书首先选取了性别、年龄、受教育程度、组织任期、工作性质及教育背景等一般变量作为控制变量。同时，根据 Zhou 和 George（2003）[297] 及国内学者段锦云（2013）[298] 的研究，在组织中管理者的情绪智力能够有效地激发下属员工的创造力，同时，员工自身的情绪智力也能够在人力资源政策的辅助下帮助个体达成创新。故本书还将员工情绪智力作为个体层面的控制变量。

在控制变量的测量方面，团队的情绪氛围量表采用 Liu 等（2014）[66] 开发的量表，反映了团队整体的情绪气氛是积极正面的还是消极负面的。具体题项如下：

（1）我所在的团队或部门成员大家都充满朝气和干劲。

（2）在目前这个团队或部门中工作我觉得充满了希望。

（3）在目前的团队或部门中大家都十分乐观和自信。

个体的情绪智力量表采用 Wong 和 Law（2002）[299] 开发的量表，主要反映了个体如何理解自身及他人情绪，并处理情绪问题的能力，具体题项如下：

（1）我通常知道自己的感受是什么以及为什么会有这样的感受。

（2）我通常能够很好地理解周围人的情绪。

（3）我对别人的感受和情绪非常敏感。

（4）我对自己的情绪有很强的控制能力。

（5）当我愤怒时，我通常能在很短的时间内平静下来。

在第一轮预调研后，两个量表的信度系数分别达到了 0.863 及 0.900，第二轮预调研后仍维持了良好的信度，且情绪智力量表的拟合指数 CFI 达到了 0.953，TLI 达到了 0.907；团队情绪氛围量表的拟合指数 CFI 达到了 0.877，TLI 达到了 0.865。

三、量表设计

本书在不同时点测量量表的构成不同。T1 时点为研究的第一个时点，该量表分为四个部分，其中第一部分为问卷介绍、被试基本信息与积极情绪的采集，后续三个部分由《个人工作特征与家庭调查问卷》《个人心理及行为调查问卷 –1》《团队及领导调查问卷》组成。一个月后的 T2 时点为研究的第二个时点，该量表为《个人心理及行为调查问卷 –2》。

所有问卷均使用 Likert7 点量表，且问卷所有问题的陈述都能够使被试通过是否"符合"自身真实情况来作出判断，即 1 代表"完全不符合"，而 7 代表"完全符合"，中间的 2~6 分别代表"比较不符合""有点不符合""不太确定""有点符合"和"比较符合"。其中，不同部分量表测量了不同的变量，具体如表 4–3 所示。

表 4-3　量表实施测量设计

量表名称	测量变量	
问卷基本部分	问卷介绍、被试基本信息、积极情绪	
《个人工作特征与家庭调查问卷》	工作自主性 工作趣味性 工作挑战性 工作－家庭平衡及个体层面控制变量	
《个人心理及行为调查问卷 1–2》	问卷 –1	问卷 –2
	认知灵活性 即兴行为	心理资本 员工创新绩效
《团队及领导调查问卷》	领导－成员关系质量 团队－成员关系质量 团队目标导向及团队层面控制变量	

第三节　研究整体采样过程介绍

一、问卷编码

本次测量问卷以团队为采样单位，对团队及其成员进行一一对应，才能保证测量的准确性。因此，本书采取分段式编码的方式来对样本进行编码。

首先，将所调研的组织的代称作为编码的第一部分，将组织或公司的首字母组合作为第一段代码。

其次，将所调研的组织中的团队作为编码的第二部分，将组织中的部门或团队按照顺序从"0–团队总数"作为第二段代码。

再次，将所调研的团队中的个人作为编码的第三部分，将部门或团队中的个人按照顺序从"0–团队参与调研总人数"作为第三段代码。

最后，将此三个部分的代码进行连接，具体形式例如"SGH–02–04"，其含义是指缩写名为 SGH 的组织中的第 2 个部门或团队中的第 4 个被试的数据，按照此类方法对问卷进行编码后，可以保证团队与个人数据的一一对应。

二、采样程序

采样过程是保证问卷填写质量与回收质量的关键环节，同时本书中以团队为单位的采样方式难度较大，因此需要个人、团队、组织等多个层面的密切配合与严格监控。

1. 确定样本收集组织及问卷发放前的沟通与培训

在进入组织进行调查研究前，首先与组织中的人力资源部门取得联系，以争取到组织管理者的协调和配合，并保证调研的顺利进行。通过电话、邮件及现场沟通，明确本书的目的和意图，明确告知管理者本书过程及最终所获数据的保密性，可能给组织带来的问题与不便以及最终研究结果能为管理者提供的借鉴作用。进而明确各个组织及部门或团队的调研时间，确定采样时组织内部具体协调人员名单。

2. 现场再次进行问卷说明并实施监督

为保证调研质量，在正式调研前，首先对各个组织及部门或团队中的主要负责人进行培训，培训内容包括发放问卷的程序，对问卷大致内容的理解和掌握。这一过程能够确保问卷发放人员在被试时对具体题项提出问题后给予及时解答。在采样过程中，主要负责人应给予被试充分的时间，要求被试者之间切勿相互参考，题项回答无对错之分，根据自己的理解与实际情况对题项进行评分即可。

3. 具体采样过程

本书采用现场发放问卷现场回收及网络发放问卷网络监控回收这两种方式。现场发放问卷现场回收是与调研企业协调问卷发放的具体日期与时间，现场直接将问卷逐一发放给被试，等待被试填写完毕后将问卷直接收回编码。这种方式能够有效地保证问卷的质量和问卷的回收率。由于有一部分组织并非本地企业或路途较远，现场发放难度较大，因此采用网络发放与网络实时监控回收的方式。网络问卷在发放时能够针对不同团队建立不同的回收链接，将链接发放给不同组织及不同部门或团队的负责人，通过后台实时监控不同组织和团队数据的回收情况。这种方式简单、便捷，微信与网络连接的方式也更易被年轻人接受，相较于现场回收节省了人力物力。在采样时，根据组织及团队的规模，每个团队发放问卷5~10份。

由于本书的核心构念积极情绪及其作用方式的特殊性，本书在一个月内完成了两次数据收集。在第一次测量时收集了除心理资本与员工创新绩效以外的所有变量的数据，第2次测量时收集了心理资本、员工创新绩效相关变量的数据。在一定程度上保证了拓展路径对建构路径实现作用的时间差。

4. 采样过程中的保障措施

首先，本书尽可能地保证了调研团队的多样性，从组织所处的行业，到团队的工作性质的分布再到相同组织中团队的数量都进行了严格的把控，尽可能保证样本的均衡性。其次，在网络采样过程中，通过后台设定单一电脑及 IP 仅能对问卷做一次回答，并实时监控提交时间和提交结果，避免了远程调研可能带来的虚假信息。最后，无论是现场调研还是网络调研都严格地遵守了保密性原则，使被试者能够提供真实信息。同时，负责人在挑选被试者时也尽可能地选择一些工龄在 1 年以上的员工，这类员工对组织具体情况比较了解，能够提供更为真实有效的信息。

第四节　数据处理方法与模型验证思路

一、数据处理方法

为了便于后期数据分析，本书对原始数据进行了预处理。在对样本进行录入的前、中、后期按照一定的标准剔除和删减不合理的、无效的数据以避免此类数据对后期假设检验的影响。后续通过数据分析得到各个量表的信效度水平，保证假设检验的可行性。

（1）对异常值和缺失值的处理。问卷回收后研究者首先剔除了其中空白的及连续空白超过 10 个题项的问卷，对样本的情况有了初步的了解。同时，对连续选择相同级数超过 10 个的量表也予以删除，例如在某个被试的问卷中出现了连续 10 个以上的 4 分评价，则判定本样本无效，质量未达标。另外，本书以团队为单位进行样本的回收，如果该团队中被试少于三人则将整体团队样本予以剔除。在剔除了问题样本之后，本书针对个别缺失值进行处理。出现缺失值的原因较多，可能是由于被试者不能很好地理解题项表达的内容无法准确判断自己的实际情况与之相符的程度，也有可能是由于问卷过长，被试者在填写过程中遗漏了部分题项，个别的缺失值可以通过数据处理方法进行填补。但如果缺失值过多，则会导致结果无法准确反映被试的情况，或者在最终结果中混入一部分质量较差的数据。因此，本书对缺失值超过 10 个的问卷予以删除，同时对个别缺失值采用 SPSS 均值替代的方法进行填补。

（2）对团队数据的整合验证。由于本书的模型构建是涉及两个不同层面的，即团队层面及个体层面，其中团队层面的数据都通过对团队或部门中所有个体的测量而得到，也就是说高层次样本的数据是通过对低层次样本数据的整合所得到的。因此，在检验假设关系之前，首先要检验数据整合的有效性。一般通过 Rwg、ICC（1）、ICC（2）等指标对团队样本间的组间差异和组内一致性进行判断。

其中，Rwg 是反映被试者内部一致性的重要指标（James demaree 和 wolf，1984）。Rwg$_{(j)}$ 则代表了多题项量表的内部一致性。具体的计算公式如下：

$$Rwg_{(j)} = \cfrac{J\left[1 - \left(\overline{S_{xj}^{\,2}}\Big/\sigma_{EU}^{\,2}\right)\right]}{J\left[1 - \overline{S_{xj}^{\,2}}\Big/\sigma_{EU}^{\,2}\right] + \left(\overline{S_{xj}^{\,2}}\Big/\sigma_{EU}^{\,2}\right)}$$

其中，$\overline{S_{xj}^{\,2}}$ 是在 J 这一题项上方差的均值；ICC（1）与 ICC（2）分别反映了不同的信度，ICC（1）反映的是组内一致性的信度系数，也就是某一小组样本在回答这一问题时所表现出的一致性是否可靠。当 ICC（1）大的时候，说明可以用组内的平均值来替代组内多个成员的分数。ICC（2）则用来评价平均值的信度系数，也就是观察平均值的稳定性如何。具体的计算公式如下：

$$ICC(1) = \cfrac{MSB - MSW}{MSB + [(k-1) \times MSW]}\,;\quad ICC(2) = \cfrac{MSB - MSW}{MSB}$$

其中，k 指平均组内样本数，MSB（Mean Square Between Groups）指组间方差，MSW（Mean Square Within Groups）指组内方差。

（3）信效度检验。通过对量表信效度的检验才能决定是否能够进行后续的假设检验。信度水平用于体现测量结果的一致性、稳定性与可靠性，通常用克朗巴哈 α 值来作为判定指标，本书通过使用 SPSS 软件来分析各个量表的信度系数是否达标。在对信度水平进行计算后，需要了解量表在单个因子上的聚合效度，以及在不同因子间的区分效度是如何的。由于本书使用的均为国内外研究学者所开发的成熟量表，因此仅通过使用 Mplus 软件对各个量表进行验证性分析（Confirmatory Factor Analysis，CFA），确保观测题项与潜变量之间的关系是能够通过验证的，并且不同潜变量之间具有良好的区分效度。

二、模型验证思路

模型验证过程大致如下：第一，使用 SPSS16.0 对原始数据中的异常值和缺失值进行处理；第二，对团队层面数据聚合的有效性进行检验，计算各个变量的 Rwg 值，ICC（1）值及 ICC（2）值；第三，使用 Mplus7.0 对各个变量进行验证性因子分析，检验各个潜变量的聚合效度及各潜变量之间的区分效度，同时检验整体量表的共同方法偏差；第四，通过建立结构方程模型及跨层次结构方程模型，使用 Mplus7.0 对各个路径中的假设关系予以验证。本书中主要的假设关系集中在个体层面，团队目标导向为团队层面变量，因此研究整体涉及团队及个体两个层面。

第五节　样本描述与特征

一、样本总体描述

本书的研究主题在创新，因此选择调研企业时尽可能地向设计、科研、技术开发等高新产业倾斜。研究中的被试者为企业部门或团队中的员工。采样在中国多个地区的多个组织中进行，覆盖了山东、河北、北京、陕西、河南、湖南、湖北、江西、广西、广东、贵州、海南、浙江以及上海等多个地区。企业包括有行政 / 事业单位、合资（包括外商独资）企业、国营（包括集体）企业、私营企业、上市股份以及其他性质的企业，其中样本主体以私营企业为主。员工的工作性质覆盖了技能型、事务型、研究型、艺术型、经管型以及社交型。本书共向 118 个部门或团队发放问卷 496 份，从 T1 到 T2 时点后，共收回问卷 96 组共 418 份问卷，剔除样本回收少于 3 人的团队后，共得到 89 组，共 398 份。最后，通过对团队数据的聚合分析，将 Rwg 与 ICC 未通过的团队数据剔除，最终得到 86 组共 375 份有效问卷。团队样本的回收率为 72.9%，员工样本的回收率为 75.6%。

二、样本总体特征

研究通过 SPSS16.0 对 375 份样本的特征进行了分析，结果表明，在最终的有效样本中，团队成员的平均数量为 4.36 个（SD=0.932），来自私营企业、国营企业以及合资企业的样本分别占到了 63.2%、13.3% 及 16%；在 375 名员工中，男性占到了 63.7%，共 239 人，女性占到了 36.6%，共 136 人；样本年龄主要集中在 20~50 岁，其中 21~30 岁的员工占到了 67.5%，31~40 岁的员工占到了 32.0%，而 41~50 岁的员工占到了 0.5%，分别有 253 人，120 人及 2 人；在学历方面，专科及以下共 72 人，占 19.2%，本科共 287 人，占 76.5%，而研究生共 16 人，占 4.3%，本科学历及以上共占到了 80% 以上；在团队中的任期方面，有 10 个样本在 1 年之内，占 2.7%，107 个样本在 1~3 年，占 28.5%，222 个样本在 3~7 年，占 59.2%，33 个样本在 7~10 年，占 8.8%，3 个样本在 10 年以上，占 0.8%；样本所调查团队实际的团队规模从

4~52 人不等，平均人数在 10.15 人（SD=7.966）。

第六节　本章小结

　　本章主要介绍了研究所使用的量表，样本采集程序以及样本特征，简要介绍了数据处理过程及模型验证思路。首先，本书中所采用的均为国内外学者所开发的成熟量表，通过两轮预调研为题项的保留和删减提供了数据上的支持，最终形成了正式调研量表。其次，本书数据以团队为单位，采用现场发放现场回收，以及网络平台发放实时监控回收两种数据收集方式，最大限度地保证了样本的广源性。通过这两种方式，共收集到 86 个团队的 375 个样本。最后，结合以往研究模式，提出了本书的数据处理方式及模型验证思路。

第五章　知识型员工积极情绪发生机制与后拓效应相关假设检验

本章根据第四章所提出的模型验证思路来分析处理样本数据，进而验证各个研究假设，所使用的工具主要包括SPSS16.0，Mplus7.0。其中，SPSS16.0用以进行信度分析及因子相关性分析，Mplus7.0用以进行量表的效度分析及模型假设检验。首先，对团队数据聚合的有效性进行了分析；其次，是对各个变量的描述性统计分析及变量间的相关性分析；再次，是对变量的信效度及同源数据的共同方法偏差进行了检验；最后，通过建立结构方程模型对整体研究模型及具体的假设关系进行了检验。

第一节　研究方法的有效性

一、数据聚合有效性分析

本书的研究中团队目标导向中的学习型目标导向、绩效型目标导向、团队情绪氛围三个变量被定义在团队层面，通过采用团队中多名员工评价的方式获取。因此，在将员工个人数据聚合到团队层面数据之前需要对数据聚合的有效性作以判断。本书采用 Bliese 所建议的 Rwg、ICC（1）及 ICC（2）三个聚合指标来保证团队聚合数据的有效性。Rwg 反映了团队中不同的个体对一个题项或构念回答的相似程度，取值范围在 0~1，大于 0.7 则表明数据聚合效果较好；ICC（1）（Reliability of Score Within Group）反映了不同团队的组间差异性，也就是同一团队中个体之间的组内一致性，数值越大表明同一团队内的一致性越强，不同团队之间的差异性越明显，取值在 0.1 以上即可；ICC（2）（Reliability of Mean Group Score）则是对聚合值即平均值的衡量，表示了当团队数据取个体均值时的稳定性如何，取值在 0.7 以上说明聚合的效果较好。在对不符合要求的团队数据进行删除后，本书中各个团队层面变量在不同维度下的 Rwg、ICC（1）及 ICC（2）如表 5-1 所示，所有结果均表明该变量符合团队数据聚合标准。

表 5-1　团队层面数据聚合指标

变量	Rwg 平均值	ICC（1）	ICC（2）
团队学习型目标导向	0.86	0.15	0.74
团队绩效型目标导向	0.88	0.17	0.75
团队情绪氛围	0.72	0.24	0.78

二、变量的描述性统计分析与相关性分析

本书共测量了 14 个潜变量，分别为工作自主性、工作挑战性、工作趣味性、领导 – 成员关系、团队 – 成员关系、工作 – 家庭平衡、积极情绪、即兴行为、心理资本、认知灵活性、员工创新绩效、团队目标导向（分为绩效型目标导向与学习型目标导向）、情绪智力与团队情绪氛围。以上变量中，情绪智力与团队情绪氛围作为情绪特质分别在个体层面与团队层面起到控制变量的作用。有关性别、年龄、受教育程度及团队规模等人口统计学特征及人力资源信息从公司人力资源部门获取，团队学习型目标导向、团队绩效型目标导向及团队情绪氛围三个变量通过整合各团队中多名员工所提供的信息来完成测量，其余变量均采用员工自评估的方式来完成。所有变量的描述性统计与相关系数如表 5-2 所示，本书样本中数据均在正常值范围内。

根据相关性分析的结果可以看出，首先，积极情绪与员工心理资本之间的相关关系在 0.501，且在 0.01 水平上显著。这说明积极情绪与心理资本之间有一定的相关性。在以往探讨心理资本对积极情绪影响的研究中，例如 Avey 等的研究，心理资本与积极情绪的相关系数达到了 0.701（Avey 等，2008）[153]，说明本书中两者相关关系的水平适中，较以往研究适中。其次，团队目标导向的两个维度，学习型目标导向与绩效型目标导向的相关系数达到 0.577 和 0.426，且均在 0.01 水平上显著。这说明，在目标导向方面，学习型目标导向与绩效型目标导向并存。可见，团队特征的同一性与多样化是并存的，符合现实企业管理中的现状。整体数据显示，各个变量的相关程度较为适中，且相关系数未出现过大或高度相关的情况，这为后续的假设检验提供了良好的基础。

表 5-2　变量的描述性统计结果与相关系数

变量	均值	标准差	1	2	3	4	5	6	7	8	9	10	11	12	13	14	15	16	17
个体层面（N=375）																			
1. 性别	1.360	0.481																	
2. 年龄	2.330	0.482	-0.011																
3. 受教育程度	1.850	0.461	0.076	-0.330**															
4. 工作性质	2.820	1.792	-0.48	-0.002	0.067														
5. 教育背景	2.530	1.188	-0.44	0.121	-0.144	0.027***													
6. 情绪智力	4.176	0.828	0.052	0.098	0.089	-0.040	-0.090	0.633											
7. 工作自主性	4.068	0.873	0.018	0.033	0.055	0.075	0.085	0.085	0.525										
8. 工作趣味性	4.207	0.809	0.081	0.000	-0.097	0.018	-0.066	-0.011	0.305***	0.522									
9. 工作挑战性	4.314	0.799	0.071	-0.046	0.021	0.000	-0.038	0.113*	0.064	0.278**	0.612								
10. 领导-成员关系	4.295	0.703	-0.090	0.025	0.013	0.028	-0.051	0.045	0.359**	0.373**	0.213**	0.601							
11. 团队-成员关系	4.413	0.602	-0.045	-0.012	-0.111*	0.030	-0.054	0.131**	0.281**	0.380**	0.289**	0.470**	0.566						
12. 工作-家庭平衡	4.325	0.711	-0.071	-0.012	-0.046	0.021	0.000	0.272**	0.202**	0.214**	0.177**	0.324**	0.363**	0.573					
13. 积极情绪	4.248	0.571	-0.051	-0.027	-0.046	0.031	0.048	0.085	0.406**	0.261**	0.167**	0.469**	0.466**	0.343**	0.546				
14. 即兴行为	4.070	0.826	0.041	-0.093	0.034	-0.107*	-0.201***	0.159**	0.085	0.077	0.183**	0.057	0.195**	0.247**	0.198**	0.633			
15. 心理资本	4.264	0.577	0.068	-0.064	0.026	0.051	-0.103*	0.279**	0.250**	0.279**	0.261**	0.324**	0.427**	0.428**	0.501**	0.398**	0.678		
16. 认知灵活性	4.371	0.634	0.091	-0.025	0.026	-0.107*	-0.207***	0.329**	0.006	0.171**	0.263**	0.192**	0.270**	0.289**	0.249**	0.328**	0.459**	0.522	
17. 员工创新绩效	4.218	0.665	-0.081	-0.021	0.089	-0.002	-0.095	0.311**	0.198**	0.151**	0.142**	0.291**	0.291**	0.356**	0.373**	0.288**	0.439**	0.399**	0.550
团队层面（N=86）																			
1. 团队规模	10.15	7.966																	
2. 团队情绪氛围	4.423	0.704	-0.115*	0.563															
3. 团队学习型目标导向	4.580	0.523	-0.072	0.256**	0.577														
4. 团队绩效型目标导向	4.598	0.538	-0.035	0.228**	0.426**	0.645													

注：个体层面 N=375，团队层面 N=86，未标注 * 代表系数不显著，* 代表 p<0.05，** 代表 p<0.01，*** 代表 p<0.01，对角线为平均抽取方差（AVE）值。

三、信度与效度分析

1. 信度检验

信度（Reliability）是用来衡量量表稳定性与可靠性的重要指标，一般使用的是克朗巴哈 α 系数，该数值越大说明测量量表的内部一致性越高。本书通过 SPSS16.0 软件对量表的 α 系数进行分析，如表 5-3 所示：

表 5-3 研究量表的信度系数

量表	题项数	α 系数	量表	题项数	α 系数
工作自主性	9	0.853	心理资本	13	0.768
工作挑战性	5	0.717	认知灵活性	10	0.766
工作趣味性	6	0.722	员工创新绩效	9	0.774
领导－成员关系	7	0.702	团队学习型目标导向	5	0.747
团队－成员关系	6	0.819	团队绩效型目标导向	5	0.723
工作－家庭平衡	6	0.809	情绪智力	5	0.786
积极情绪	10	0.845	团队情绪氛围	3	0.718
即兴行为	7	0.791			

效度用来评价一项研究是否有效地回答了研究问题。内容效度是指问卷题项的内容是否真实地反映了测量变量的特质，也就是这些题项能否代表这一变量，同时这些题项之间是否存在一定的关联性能够共同反映这一变量。由于本书采用的皆为前人的成熟量表，并已经广泛地应用在国内外的实证研究中，因此，本书不再对量表的内容效度进行检验。

结构效度反映的是量表内部结构和测量误差，用以剔除不符合测量要求的指标。Campbell 和 Fiske 提出了聚合效度与区分效度的概念，聚合效度是指在使用不同方法测量同一概念时所得到的测量分数由于反映的是同一个概念应该高度相关；区分效度则是指在应用不同的方法测量不同概念时，所观察到的数值之间应该能够加以区分。现有研究多采用结构方程模型的方法作为检验聚合效度和区分效度的手段。Fornell 和 Larcker（1981）提出通过计算抽取变异量（Variance Extracted）来估计聚合和区分效度[300]。作为检验构念效度的先决条件，要求假设的理论模型需要与抽样得到的数据很好地契合，测量指标在所要测量的构念上的因子负荷量要高，而测量指标受到随机误差影响的程度应该较低。

$$VE = \frac{\sum_{i=1} \lambda_{yi}^2}{\sum_{i=1} \lambda_{yi}^2 + \sum_{i=1} Var(\varepsilon_i)}$$

式中，分子是测量指标在其对应的潜变量上的因子载荷的平方之和，而分母则是其他相关因子载荷平方之和加上对应的随机测量误差，抽取变异量估计的是由潜变量解释观测变异量的大小。因此，在计算抽取变异量时，需要对观测的量表与其他相关量表一起进行验证性因子分析以获取系数，抽取变异量越大，则随意测量误差越小，那么测量指标就更能够代表潜变量。一般认为，抽取变异量大于 0.5 时聚合效度较好。在保证良好的模型契合度后，仍需对量表与其他相关变量之间的区分效度作以检验。Fornell 和 Larcker 认为可以通过观察潜变量与其他变量的相关系数来判断量表的区分效度。当抽取变异量大于潜变量之间相关系数的平方，则说明对这一潜变量的测量是能够与其他潜变量区分的。同时，还可以采用结构方程模型的方法来判断，通过比较理论模型与其他竞争模型与数据的匹配性来测量，如果理论模型的拟合度和匹配度较好，则说明原理论对变量间的区分处理是恰当的，可以通过比较卡方差异及拟合指数来实现。

2. 聚合效度检验

本书采用 Mplus7.0 对构念进行了验证性因子分析以检验变量的聚合效度，并对心理资本和团队目标导向等两个构念进行二阶验证性因子分析，以保证其聚合效度。心理资本分为效能感、希望、乐观及恢复力四个维度，团队目标导向分为：学习型目标导向和绩效型目标导向。

本书所有变量的验证性因子分析结果如表 5–4 和图 5–1 至图 5–12 所示。图中各个构念名称对应如下：GZZZ——工作自主性、GZQW——工作趣味性、GZTZ——工作挑战性、LCGX——领导－成员关系、TCGX——团队－成员关系、GJPH——工作－家庭平衡、PE——积极情绪、JX——即兴行为、XLZB——心理资本（XN——效能感；XW——希望；LG——乐观；HFL——恢复力）、CXJX——员工创新绩效、RZLH——认知灵活性、MBDX——团队目标导向（xx——学习型目标导向；jx——绩效型目标导向）。

Mplus 中对模型拟合的评价主要分为两类：假设检验和近似拟合检验。其中最基础的拟合指标为卡方统计量（χ^2），用以衡量模型隐含的方差－协方差与观测方差－协方差之间存在差异是抽样误差造成的还是实际存在的。由于卡方值受到一些其他因素的干扰，故提出了其他近似拟合检验指标来评价模型拟合。非规范拟合指数 TLI（Tucker–Lewis Index），即 NNFI（Nonnormed Fit Index），该指数大于 0.900 作为可接受的标准，大于 0.950 被认为拟合较好。CFI（Comparative Fit Index）即比较拟合指数，是目前最稳健的指标之一，它是指相对于基线模型研究模型的改进程度，Hu 与 Bentler 建议该取值应大于 0.950，且应配合 SRMR 指标使用。SRMR（Standardized Root Mean Square Residual）即标准化残差均方根，是从残差的大小来考察模型的拟合程度，

表 5-4　验证性因子分析结果

模型	χ^2	df	TLI	CFI	AIC	BIC	SRMR	RMSEA（90%CI）
工作自主性	14.537	9	0.986	0.996	9658.459	9834.809	0.020	0.041（0.048，0.077）
工作趣味性	7.600	2	0.900	0.993	6494.080	6595.972	0.023	0.037（0.058，0.228）
工作挑战性	3.164	2	0.991	0.998	5494.583	5565.171	0.013	0.040（0.045，0.118）
领导－成员关系	27.612	7	0.945	0.982	7714.687	7824.461	0.031	0.089（0.056，0.125）
团队－成员关系	12.217	6	0.980	0.992	6642.673	6725.027	0.019	0.053（0.045，0.095）
工作－家庭平衡	11.729	4	0.965	0.991	6796.386	6886.503	0.023	0.072（0.026，0.121）
积极情绪	60.063	24	0.976	0.987	7577.089	7730.553	0.027	0.069（0.048，0.092）
即兴行为	35.035	13	0.979	0.987	6252.884	6335.230	0.018	0.074（0.045，0.104）
心理资本 （二阶因子模型）	194.921	85	0.965	0.971	12665.835	12853.985	0.031	0.064（0.053，0.076）
创新绩效	54.378	18	0.970	0.985	6941.138	7075.887	0.021	0.080（0.056，0.105）
认知灵活性	77.528	28	0.967	0.979	8308.5509	8447.042	0.034	0.075（0.056，0.095）
团队目标导向 （二阶因子模型）	65.023	26	0.975	0.985	7801.354	7947.331	0.029	0.069（0.048，0.091）

当该指标小于 0.080 时，表示模型拟合理想，但该指标易受样本量影响。RMSEA（Root Mean Square Error of Approximation）即近似误差均方根，它相较于 SRMR 对样本量不敏感，对模型误设较敏感，惩罚复杂模型，McDonald 及 Ho 建议该指标小于 0.08 为可接受模型，小于 0.05 即为良好模型。AIC 及 BIC 信息指数是根据心理理论发展而来的指数，倾向于支持 AIC 及 BIC 较小的模型。因此，在评价潜变量的聚合效度时，应综合考虑以上多个指标。

根据表 5-4 和图 5-1 至图 5-3 的结果，工作自主性、工作挑战性及工作

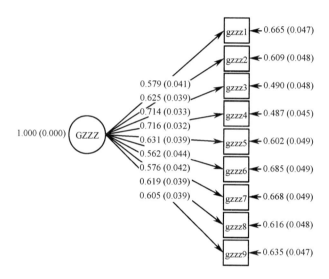

图 5-1　工作自主性验证性因子分析

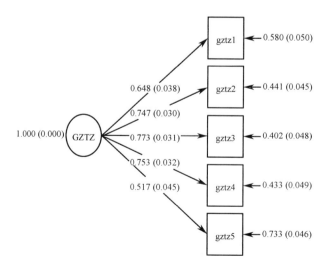

图 5-2　工作挑战性验证性因子分析

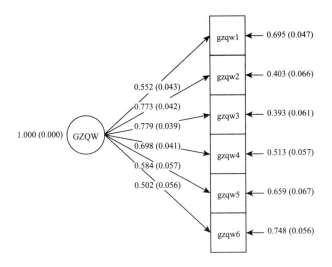

图 5-3　工作趣味性验证性因子分析

趣味性验证性因子分析的模型拟合情况良好。TLI 及 CFI 均在 0.9 以上，χ^2/df 的值也均在 2~5，SRMR 及 RMSEA 值均低于 0.08。且测量到的题项在各个潜变量上的载荷值均高于 0.5，以上结果均表明构念具有较好的聚合效度。

　　从表 5-4 和图 5-4 至图 5-6 的结果可以看出，领导－成员关系质量，团队－成员关系质量及工作－家庭平衡的验证性因子分析拟合结果良好。测量题项在各个构念上的因子载荷均高于 0.5。其中 χ^2/df 值均低于 5，并大于 2，且 TLI 指数和 CFI 指数均达到了 0.94 以上，高于建议值 0.9。同时，多数

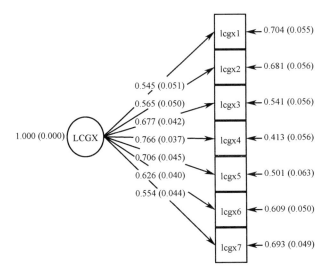

图 5-4　领导－成员关系验证性因子分析

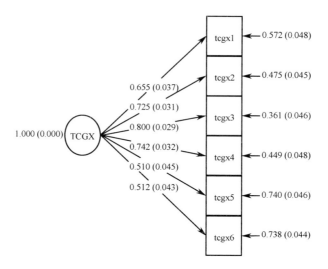

图 5-5　团队－成员关系验证性因子分析

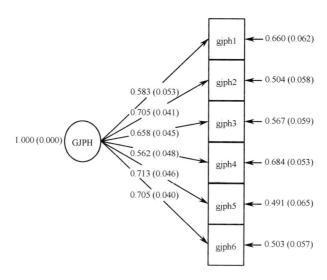

图 5-6　工作－家庭平衡验证性因子分析

SRMR 指标及 RMSEA 指标均低于 0.08。其中，仅领导－成员关系指标中的 RMSEA 指标在 0.089，但小于 0.1，与建议值 0.08 十分接近，且综合其他拟合指标，本书认为该潜变量的验证性因子分析拟合效果也较为良好。

根据表 5-4 及图 5-7 的结果可知，一阶中介变量员工积极情绪 T1 与 T2 时点的均值验证性因子分析结果表现良好。模型中的 TLI 指数及 CFI 指数均高于 0.95，χ^2/df 值为 2~5，SRMR 及 RMSEA 值均低于 0.08。测量题项在积

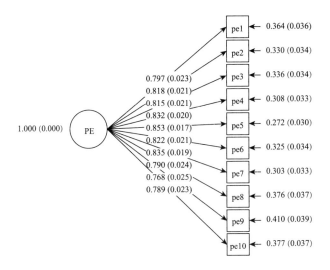

图 5-7　积极情绪的验证性因子分析

极情绪这一潜变量上的因子载荷均高于 0.7，这表明，积极情绪具有较好的聚合效度。

　　由表 5-4、图 5-8 及图 5-9 可知，中介变量即兴行为与心理资本的验证性因子分析模型拟合度良好，即兴行为采用了 T1 与 T2 时点的均值，心理资本采用 T2 时点数据。TLI 指标及 CFI 指标均在 0.96 以上，RMSEA 值及 SRMR 值均低于 0.08，χ^2/df 值在 2~5，且心理资本二阶验证性因子分析拟合结果较好各个题项到各个维度，各个维度到构念上的因子载荷均大于 0.5。

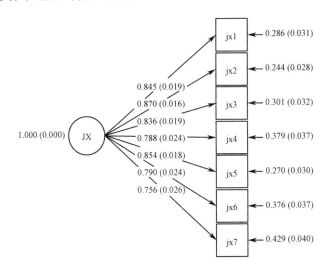

图 5-8　即兴行为验证性因子分析

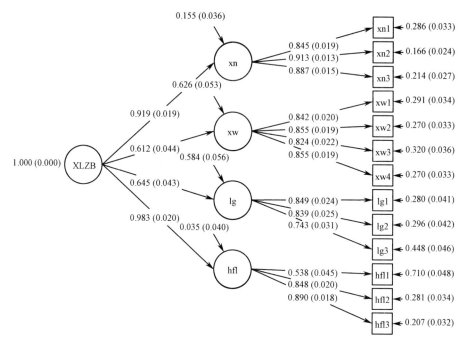

图 5-9 心理资本二阶验证性因子分析

这说明，心理资本在效能感、希望、乐观及恢复力维度上是相互独立的，但是这四个维度共同反映了一个高阶的构念。因此，本书将心理资本的各个维度划归为一个心理资本的构念。

根据表 5-4 及图 5-10 结果可知，员工创新绩效的验证性因子分析拟合结果良好，采用 T2 时点的数据。模型的 CFI 及 TLI 分别达到了 0.985 和 0.970，SRMR 及 RMSEA 值均低于 0.08，χ^2/df 值在 2~5，且所有观测变量在该构念上的因子载荷均大于 0.75，高于建议值 0.5。这表明，员工创新绩效具有较好的聚合效度。

根据表 5-4 及图 5-11 结果可知，个体的认知灵活性验证性因子分析模型拟合结果良好。模型的 TLI 及 CFI 指数分别达到了 0.967 和 0.979，SRMR 指数及 RMSEA 指数低于建议值 0.08，χ^2/df 值高于 2，且低于 5，且所有观测变量在潜变量上的因子载荷均大于 0.7，高于建议值 0.5。这说明，个体的认知灵活性具有较好的聚合效度。

由表 5-4 及图 5-12 结果可知，团队目标导向的分维度以及二阶验证性因子分析模型拟合情况良好。所有的 TLI 及 CFI 指数均在 0.95 以上，χ^2/df 值均为 2~5，且 SRMR 及 RMSEA 值均在 0.08 以下，且所有测量题项到各个维

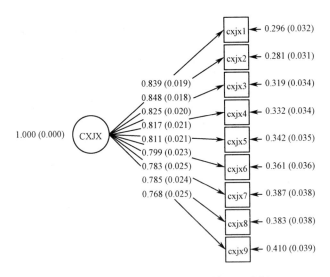

图 5-10　员工创新绩效验证性因子分析

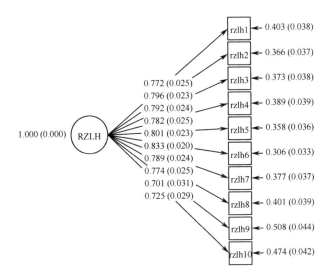

图 5-11　认知灵活性验证性因子分析

度的因子载荷及各个维度到各个构念上的因子载荷值均大于 0.7。这表明这一构念有较好的聚合效度。除此之外，二阶验证性因子分析的拟合结果较好也说明，各个维度相互独立，但是又都反映了同一个高阶的构念。

除此之外，根据因子载荷值，本书计算出了各个构念的平均萃取方差（AVE），结果如表 5-2 对角线所示，所有构念的 AVE 值均大于 0.5，这说明所有变量均具有较好的聚合效度。

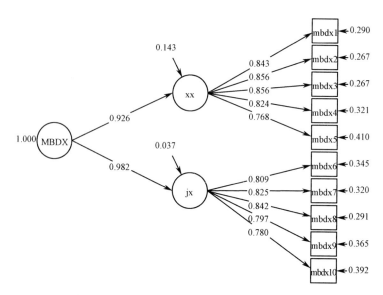

图 5-12 团队目标导向二阶验证性因子分析

3. 区分效度检验

为了验证潜变量的区分效度，本书采用结构方程模型的方法对 14 个潜变量进行分组判别区分效度。首先是个体层面的研究变量中的前因变量：工作自主性、工作挑战性、工作趣味性、领导－成员关系、团队－成员关系及工作－家庭平衡 6 个变量。其次是个体层面的中介变量及结果变量：积极情绪、即兴行为、心理资本，员工创新绩效 4 个变量。最后是调节变量和控制变量：团队目标导向（学习型目标导向和绩效型目标导向）、认知灵活性、团队情绪氛围及情绪智力 4 个变量 5 个因子。个体层面变量六因子、五因子、四因子、三因子、二因子及单因子的结构方程模型拟合结果比较如表5-5 所示，六因子模型的拟合效果最好，这表明本研究中两类前因变量中的六个潜变量之间具有很好的区分效度。

表 5-6 中的比较结果表明，有关积极情绪、即兴行为、心理资本及员工创新绩效的四因子拟合指数最高，这说明这四个变量具有较好的区分效度。由表 5-7 中的比较结果可以看出，对团队目标导向中的学习型目标导向、绩效型目标导向、认知灵活性、情绪智力及团队情绪氛围进行区分效度的检验后，五因子模型的拟合指数最高，这说明这四个变量五个维度具有良好的区分效度。综上，结合平均萃取方差值 AVE 以及验证性因子分析比较结果可以得出，本书中的所有潜变量均具有良好的区分效度。

表5-5　个体层面前因变量区分效度验证性因子分析结果比较

模型	因子	χ^2	df	TLI	CFI	AIC	BIC	SRMR	RMSEA
基本模型六因子模型	GZZZ, GZQW, GZTZ, LCGX, TCGX, GJPH	3056.273	687	0.834	0.814	42406.819	43034.271	0.058	0.062
五因子模型	GZZZ, GZQW, GZTZ, LCGX+TCGX, GJPH	3088.497	692	0.793	0.814	43929.152	44427.193	0.077	0.062
四因子模型	GZZZ, GJPH, GZQW+GZTZ, LCGX+TCGX,	3320.908	696	0.743	0.768	44153.563	44635.918	0.079	0.069
三因子模型	GZZZ, GZQW+GZTZ, LCGX+TCGX+GJPH	3469.844	699	0.724	0.750	44296.499	44767.089	0.077	0.071
二因子模型	GZZZ+GZQW+GZTZ, LCGX+TCGX+GJPH	3883.961	701	0.664	0.695	44706.616	45169.362	0.086	0.078
单因子模型	GZZZ+GZQW+GZTZ+LCGX+TCGX + GJPH	4193.046	702	0.631	0.664	45013.701	45472.526	0.083	0.082

注：GZZZ——工作自主性，GZQW——工作趣味性，GZTZ——工作挑战性，LCGX——领导－成员关系，TCGX——团队－成员关系，GJPH——工作－家庭平衡。

表 5-6 个体层面中介变量及结果变量验证性因子分析结果比较

模型	因子	χ^2	df	TLI	CFI	AIC	BIC	SRMR	RMSEA
基本模型 四因子模型	PE, JX, XLZB, CXJX	1681.097	751	0.790	0.808	44341.869	44934.028	0.074	0.058
三因子模型	PE+JX, XLZB, CXJX	2061.832	754	0.706	0.730	44716.604	45296.998	0.096	0.068
二因子模型	PE+JX+XLZB, CXJX	2233.857	756	0.669	0.695	44884.629	45457.180	0.080	0.072
单因子模型	PE+JX+XLZB+CXJX	2397.128	757	0.633	0.661	45045.900	45614.529	0.077	0.076

注: PE——积极情绪，JX——即兴行为，XLZB——心理资本，CXJX——员工创新绩效。

表 5-7 调节变量及非描述控制变量验证性因子分析结果比较

模型	因子	χ^2	df	TLI	CFI	AIC	BIC	SRMR	RMSEA
基本模型 五因子模型	M-XX, M-JX, RZLH, QS, QXFW	4384.460	1214	0.844	0.857	56705.547	57344.764	0.062	0.045
四因子模型	M-XX+M-JX, RZLH, QS, QXFW	4739.156	1218	0.838	0.850	57052.252	57675.783	0.063	0.046
三因子模型	M-XX+M-JX, RZLH+QS, QXFW	4967.177	1221	0.830	0.843	57274.264	57886.030	0.065	0.047
二因子模型	M-XX+M-JX, RZLH+QS+QXFW	5286.802	1223	0.802	0.817	57589.888	58193.811	0.065	0.051
单因子模型	M-XX+M-JX+RZLH+QS+QXFW	5402.421	1224	0.801	0.815	57703.507	58303.509	0.065	0.051

注: M-XX——团队学习型目标导向，M-JX——团队绩效型目标导向，RZLH——认知灵活性，QS——情绪智力，QXFW——情绪氛围。

四、共同方法偏差的检验与控制

共同方法偏差（Common Method Biases）是指当数据来源或评分者相同、测量环境相同、项目的语境及项目本身特征所造成的自变量与因变量之间人为地共变（周浩，2004）[301]，它是由共同的测量方法产生的而不是由于所测量的建构产生的方差所引起的偏离真值的程度。之所以要对共同方法偏差进行检验并加以控制是由于方法学效应会虚高共同方法观测的变量间的关系，研究表明，当存在共同方法偏差时方差有可能会被过高估计 20% 左右（Cote 和 Buckley，1988）[302]。

共同方法偏差可以通过过程控制和统计控制两种方法来削减，但是想要完全地避免共同方法偏差几乎是不可能的。从过程控制方面，本书采用匿名采样、正反题项设计，随机设置题项顺序以及对量表进行两轮预调研不断改进等方式进行了控制，同时在数据预处理过程中将团队目标导向及团队情绪氛围等变量聚合到了团队层面并通过 T1–T2 两个时点测量了不同变量；从统计控制方面本书观察了相关系数分析并使用 Harmans 单因素检验来进行控制。从相关系数表 5–2 可以看出，本书所有变量之间相关系数均在可接受范围内，无过高相关系数出现。同时，Harmans 检验的基本假设包括出现单因子，同时单因子解释所有条目的大部分方差，其结果也支持上述观点。主成分分析结果显示萃取的因子数共 20 个，远远超过了 1 个。同时，解释能力最强的因子仅揭示了总变异的 11.665%，累积解释方差贡献率为 11.903%，低于 15%。因此，从理论上来看，本书的结论不受共同方法偏差的影响。

第二节 假设检验

本书使用结构方程模型的方法采用 Mplus7.0 软件来对假设进行检验。表5-8 注明了各假设内容以及该假设内容所在层面。本书的最终结果变量在个体层面，因此采用两个层面的研究模型，层面 1 为个体层面，层面 2 为团队层面。

表5-8 研究假设及各假设所涉及层面

假设	具体假设陈述	层面
H1a–c	员工感知到的（a）工作自主性水平越高、（b）工作挑战性越强、（c）工作趣味性越强，员工的积极情绪水平越高	1

续表

假设	具体假设陈述	层面
H2a-c	员工感知到的（a）领导－成员关系质量越好、（b）团队－成员关系质量越好，（c）工作－家庭平衡水平越高，员工的积极情绪水平越高	1
H3a-c	员工的认知灵活性能够正向调节个体感知到的（a）工作自主性、（b）工作挑战性和（c）工作趣味性对积极情绪的直接作用，即员工的认知灵活性越强，其感知到的工作自主性、工作挑战性与工作趣味性对积极情绪的正向作用越强	1
H4a-c	员工的认知灵活性能够正向调节个体感知到的（a）领导－成员关系质量、（b）团队－成员关系质量和（c）工作－家庭平衡对积极情绪的直接作用，即员工的认知灵活性越强，其感知到的领导－成员关系质量、团队－成员关系质量与工作－家庭平衡对积极情绪的正向作用越强	1
H5	即兴行为在积极情绪与员工创新绩效之间起到中介作用	1
H6	心理资本在积极情绪与员工创新绩效之间起到中介作用	1
H7	员工的即兴行为对员工的心理资本有正向作用	1
H8a-b	团队学习型目标导向能够跨层正向调节积极情绪对员工创新绩效的间接效应，即团队的学习型目标导向越强，员工积极情绪通过（a）即兴行为和（b）心理资本对员工创新绩效产生的间接作用越强	1/2
H9a-b	团队绩效型目标导向能够跨层负向调节积极情绪对员工创新绩效的间接效应，即团队的绩效型目标导向越强，员工积极情绪通过（a）即兴行为和（b）心理资本对员工创新绩效产生的间接作用越弱	1/2

一、个体层面直接效应及中介效应的假设检验

通过使用 Mplus7.0 建立结构方程模型，采用 Analysis 中 bootstrap=1000 命令，得到以下结果。表 5-9 呈现了在个体层面上，直接效应及中介效应的假设检验结果。H1a-c 及 H2a-c 分别预测了员工工作特征及关系质量对其积极情绪所可能产生的正向影响。表 5-9 中前因变量对积极情绪的直接作用结果显示，在控制了个体的性别、年龄、受教育程度、工作性质、教育背景及情绪智力后，员工工作的自主性能够促进其积极情绪的出现（B=0.154，p<0.001）。由此可知，H1a 得到了支持；员工工作挑战性对个体积极情绪的正向影响效应不显著（B=-0.016，p>0.05），假设 H1b 未得到支持；员工工作的趣味性能够有效提升其积极情绪的产生（B=0.144，p<0.01），H1c 得到

表 5-9　个体层面直接效应及中介效应的假设检验结果

模型	变量	Estimate	S.E.	p 值
个体层面控制变量	性别	−0.062	0.065	0.338
	年龄	0.034	0.073	0.645
	受教育程度	0.102**	0.072	0.003
	工作性质	0.000	0.018	0.978
	教育背景	−0.020	0.026	0.444
	情绪智力	0.159***	0.143	0.000
前因变量对积极情绪的直接作用	工作自主性	0.154***	0.035	0.000
	工作挑战性	−0.016*	0.050	0.639
	工作趣味性	0.144**	0.038	0.003
	领导－成员交换	0.186***	0.071	0.000
	团队－成员交换	0.239***	0.060	0.000
	工作－家庭平衡	0.107**	0.080	0.001
其他直接作用	积极情绪对即兴行为的直接作用	0.183***	0.052	0.000
	积极情绪对心理资本的直接作用	0.191***	0.050	0.000
	即兴行为对心理资本的直接作用	0.482***	0.039	0.000
中介作用	总效应	0.116***	0.025	0.000
	积极情绪——即兴行为——创新绩效	0.053**	0.018	0.003
	积极情绪——心理资本——创新绩效	0.063**	0.019	0.003
整体模型拟合指数	N	375		
	LL	−3554.201		
	AIC	7140.403		
	BIC	7208.340		
	CFI	0.971		
	TLI	0.933		
	R^2	0.248		
	RMSEA	0.054		
	SRMR	0.039		

注：* 代表 $p<0.05$，** 代表 $p<0.01$，*** 代表 $p<0.001$。

了支持。在关系质量方面，团队成员与领导的交换关系能够正向预测其积极情绪水平的高低（B=0.186，p<0.001），H2a 得到了支持；类似地，团队成员与其他成员的交换关系能够正向预测其个人积极情绪水平的高低（B=0.239，P<0.001），H2b 得到了支持；而团队成员感知到的工作－家庭关系平衡能够激发其积极情绪的产生（B=0.107，p<0.01），H2c 得到了支持。

H5 和 H6 预测了员工的积极情绪是否通过即兴行为与心理资本作用于员工创新绩效，而 H7 预测了员工的积极情绪对即兴行为的拓展能否影响其心理资本的水平。由表 5-9 中结果可知，在不考虑中介作用的情况下，员工的积极情绪能够直接作用于即兴行为（B=0.183，p<0.001）和心理资本（B=0.191，p<0.001）。由 bootstrap 命令分析的中介作用结果表明，即兴行为与心理资本在员工积极情绪与创新之间起到的总体中介效应达到了0.116（p<0.001），即兴行为占到了 0.053（p<0.01），而心理资本占到了 0.063（p<0.01）。由此可知，H5 与 H6 得到了验证。同时即兴行为能够有效预测员工的心理资本水平（B=0.482，p<0.001），H7 得到了验证。

同时，可以观察到，员工的受教育程度能够有效地影响其创新能力，而情绪智力与员工的关系十分紧密（B=0.159，p<0.001），因此，控制个体的情绪特质能够有效减少其对结果的干扰。整体模型的拟合情况良好：CFI=0.971，TLI=0.933，RMSEA=0.054，SRMR=0.039，均符合建议值的要求。

二、认知灵活性调节效应的假设检验

本书旨在探索个体情绪、认知与情境要素的协同作用，因此还建立了个体层面的调节效应结构方程模型以验证认知灵活性在个体情绪产生阶段所起到的调节效应。

H3a-c 提出员工的认知灵活性在工作特征与员工积极情绪之间起到了正向的调节作用，从结果列表 5-10 中 Model3 的结果可以看出，工作自主性与认知灵活性的交互项对员工的积极情绪有正向的影响（γ=0.176，p<0.001）；工作挑战性与认知灵活性的交互项对员工的积极情绪的作用效应不显著（γ=-0.001）；工作趣味性与认知灵活性的交互项对员工的积极情绪有正向的影响（γ=0.162，p<0.01）。因此，H3a-c 中的假设 H3a、假设 H3c 得到支持，H3b 未得到支持。H4a-c 提出员工的认知灵活性在关系质量与员工积极情绪之间起到了正向的调节作用。从结果列表 5-10 中 Model4 的结果可以看出，领导－成员关系质量与认知灵活性的交互项对员工的积极情绪有正向的影响（γ=0.141，p<0.05）；团队－成员关系质量与认知灵活性的交互项对员工积极情绪有正向的影响（γ=0.153，p<0.05）；工作－家庭平衡与认知灵活性的交

互项对员工积极情绪有正向的影响（$\gamma=0.177$，$p<0.05$）。因此，H4a–c 均得到了支持。

表 5-10　认知灵活性调节效应的假设检验结果

变量	Dependent Variable：积极情绪（PE）			
	Model1	Model2	Model3	Model4
截距	4.858	1.299	2.030	2.857
控制变量				
性别	−0.003	−0.001	−0.002	−0.001
年龄	−0.090	−0.087	−0.124	−0.097
受教育程度	−0.060	−0.079	−0.067	−0.030
工作性质	−0.062	−0.077	−0.063	−0.042
教育背景	0.010	0.004	0.005	0.003
情绪智力	−0.015	0.015	0.006	−0.016
自变量				
认知灵活性（RZLH）		0.193**	0.339	0.250
工作自主性（GZZZ）		0.210***	0.781**	
工作挑战性（GZTZ）		0.010	−0.210	
工作趣味性（GZQW）		0.047*	0.720**	
领导 – 成员关系（LCGX）		0.036*		0.549*
团队 – 成员关系（TCGX）		0.132*		0.497*
工作 – 家庭平衡（GJPH）		0.177**		0.953*
交互项				
GZZZ × RZLH			0.176***	
GZTZ × RZLH			−0.001	
GZQW × RZLH			0.162**	
LCGX × RZLH				0.141*
TCGX × RZLH				0.153*
GJPH × RZLH				0.177*
N	375	375	375	375
LL	−399.923	−350.761	−352.046	−357.991
AIC	815.847	731.522	734.092	749.981

续表

变量	Dependent Variable：积极情绪（PE）			
	Model1	Model2	Model3	Model4
BIC	837.262	790.426	792.996	804.885
R^2	0.494	0.380	0.383	0.395
ΔR^2	0.010	0.124	0.121	0.109

注：个体层面 N=375，团队层面 N=85，* 代表 p<0.05，** 代表 p<0.01，*** 代表 p<0.001，ΔR^2 均为与 Null 模型比较结果。

为进一步检验认知灵活性在领导 - 成员关系质量之间的调节效应，本书对这一关系进行简单斜率分析，结果表明，当认知灵活性水平较高时，个体与团队领导的关系质量对其积极情绪有显著的正向影响关系（Simple Slope=1.039，p<0.05）；当认知灵活性水平较低时，个体与团队领导的关系质量对其积极情绪的正向影响不显著（Simple Slope=0.395，p>0.05），图 5–13 为调节效应示意图。

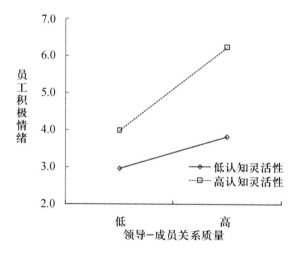

图 5-13　认知灵活性对领导 - 成员关系质量与积极情绪关系的调节效应

三、团队目标导向调节效应的假设检验

本书旨在探索个体情绪、认知与情境要素的协同作用，因此还建立了跨层面的调节效应结构方程模型以验证团队学习型目标导向及团队绩效型目标导向在个体情绪拓展 - 建构阶段所起到的调节效应。

　　当调节变量与自变量的调节或交互效应通过中介变量作用于因变量时称作有中介的调节效应，如图 5-14 所示。本书的 H8a-b 及 H9a-b 即一个典型的有中介的调节模型。以本书的 H8a 为例，团队学习型目标导向能够正向调节积极情绪对员工创新绩效的间接效应，即团队的学习型目标导向越强，员工积极情绪通过即兴行为对员工创新绩效产生的间接作用越强。假设验证过程第一步应验证员工积极情绪与团队学习型目标导向对员工创新绩效关系的调节效应；第二步应验证学习型目标导向对员工积极情绪与员工即兴行为关系的调节效应；第三步应验证加入中介变量后的调节效应是否显著。具体地，此类模型的验证思路如步骤（1）~ 步骤（3）的回归方程所示：

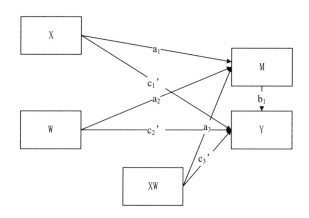

图 5-14　有中介的调节效应模型

　　（1）做 Y 对 X、W 和 XW 的回归：
$$Y=c_1X+c_2W+c_3XW+e_1$$
XW 的系数 c_3 显著，说明调节效应显著。
　　（2）做 M 对 X、W 和 XW 的回归：
$$M=a_1X+a_2W+a_3XW+e_2$$
XW 的系数 a_3 显著。
　　（3）做 Y 对 X、M、W 和 XW 的回归：
$$Y=c_1'X+c_2'W+b_1M+c_3'XW+e_3$$
M 的系数 b_1 显著。
　　观察方程系数，c_3' 为直接的调节效应（也就是在所有变量进入模型后，W 对 Y 的调节效应），a_3b_1 为间接的调节效应（及 W 通过 M 对 X 与 Y 关系起到的调节效应），如果第三步中的 c_3' 不显著，则调节效应完全通过中介效应影响因变量。同时，通过中介变量产生的间接调节效应为 a_3b_1，通过比较

c_3 与 c_3' 的大小可知，在加入了中介变量后 W 的直接调节效应发生了何种变化。当 $c_3 > c_3'$ 时，说明中介变量的加入减弱了直接调节效应；当 $c_3 < c_3'$ 时，说明在加入中介变量后加强了调节变量的直接调节效应。

团队目标导向属于团队层面变量，以本书中对有中介的调节效应验证过程中的第一步回归方程 Model 1 为例，应建立如下方程：

Level-1：

$$CXJX = \beta_{0j} + \beta_{1j}PE + \varepsilon_{ij}$$

Level-2：

$$\beta_{0j} = \gamma_{00} + \gamma_{01}M\_XX + \gamma_{02}M\_JX + \mu_{0j}$$

$$\beta_{1j} = \gamma_{10} + \gamma_{11}M\_XX + \gamma_{12}M\_JX + \mu_{1j}$$

复合模型为：

$$CXJX = \gamma_{00} + \gamma_{01}M\_XX + \gamma_{02}M\_JX + \mu_{0j} + (\gamma_{10} + \gamma_{11}M\_XX + \gamma_{12}M\_JX + \mu_{1j})PE + \varepsilon_{ij}$$

$$= \gamma_{00} + \gamma_{10}PE + \gamma_{01}M\_XX + \gamma_{02}M\_JX + \gamma_{11}M\_XX \times PE + \gamma_{12}M\_JX \times PE + \mu_{0j} + \mu_{1j}PE + \varepsilon_{ij}$$

使用 Mplus，对 Model1 跨层次调节效应进行模型构建与分析的语句如下[①]：

```
ANALYSIS：
  TYPE=TWO LEVEL RANDOM；
  PROCESSOR=2；
MODEL：
    %WITHIN%
    CXJX ON XB NL XL XZ EDU QS；
    s1 | CXJX ON PE；

    %BETWEEN%
    CXJX ON TEAM QXFW M_XX M_JX；
    s1 ON M_XX M_JX；
    [s1]；

  OUTPUT：
    SAMPSTAT；
    CINTERVAL；
```

① CXJX——员工创新绩效、XB——性别、NL——年龄、XL——受教育程度、XZ——工作性质、EDU——教育背景、QS——情绪智力、PE——积极情绪、TEAM——团队规模、QXFW——情绪氛围、M_XX——团队学习型目标导向、M_JX——团队绩效型目标导向。

表 5-11　团队目标导向对中介路径的调节效应的假设验证结果

因变量	员工创新绩效	即兴行为为中介的调节效应		心理资本为中介的调节效应	
		即兴行为	员工创新绩效	心理资本	员工创新绩效
	Model1	Model2	Model3	Model4	Model5
截距 γ_{00}	10.353***	8.482***	3.523**	11.257***	2.693*
控制变量 –level 1					
性别	0.111	−0.033	0.127	−0.146	0.188
年龄	−0.021	0.046	−0.039	−0.043	0.000
受教育程度	−0.054	−0.086	−0.014	−0.136	0.044
工作性质	−0.080	0.010	−0.079*	−0.006	−0.073
教育背景	0.060	0.012	0.046	0.004	0.055
情绪智力	−0.100	−0.042	−0.066	−0.029	−0.062
控制变量 –level 2					
团队规模	0.035**	0.005	0.035**	0.015	0.036*
团队情绪氛围	0.058	0.060	−0.083	0.001	−0.054
自变量					
积极情绪（PE）γ_{10}	1.287**	1.718***	0.596	1.942***	0.309*
团队学习型目标导向（M_XX）γ_{01}	0.923*	0.353	0.200*	0.884**	0.183
团队绩效型目标导向（M_JX）γ_{02}	−0.544	−0.848**	−0.179*	−0.833**	−0.113
即兴行为（JX）			0.557***		
心理资本（XLZB）					0.613***
交互项					
PE × M_XX γ_{11}	0.208***	0.163*	0.116**	0.167***	0.106*
PE × M_JX γ_{12}	−0.330***	−0.277***	−0.176***	−0.247***	−0.179**
N：个体层面（团队层面）	375（86）	375（86）	375（86）	375（86）	375（86）
LL	−875.878	−840.868	−1779.178	−875.494	−1795.519
AIC	1781.756	1715.736	3600.357	1784.988	3633.038
BIC	1845.448	1787.920	3689.525	1857.172	3722.206

注：采用随机变动系数方程。* 代表 $p<0.05$，** 代表 $p<0.01$，*** 代表 $p<0.001$。

　　具体研究假设验证结果如表5–11所示，由表中数据可知，H8a–b、H9a–b均得到了验证。

　　H8a提出：团队学习型目标导向能够跨层正向调节积极情绪对员工创新绩效的间接效应，即团队的学习型目标导向越强，员工积极情绪通过即兴行为对员工创新绩效产生的间接作用越强。从表5–11中Model1的结果可知，团队学习型目标导向对积极情绪与员工创新绩效的正向调节效应显著（$\gamma=0.208$，$p<0.001$）；从Model2的结果可知，团队学习型目标导向对积极情绪与即兴行为的正向调节效应显著（$\gamma=0.163$，$p<0.05$）；从Model3的结果可知，团队学习型目标导向对积极情绪与员工创新绩效的正向调节作用是通过即兴行为的中介作用产生的（$\gamma=0.557$，$p<0.001$），且团队学习型目标导向对积极情绪与员工创新绩效关系的正向调节效应依然显著（$\gamma=0.116$，$p<0.01$），说明该调节效应不完全通过该中介变量——即兴行为发生作用。在这一关系的验证过程中，Model1中的$c_3=0.208$，$p<0.001$，调节变量通过中介变量即兴行为对积极情绪与员工创新绩效关系的间接调节效应为$a_3b_1=0.091$，而直接的调节效应为$c_3'=0.116$，$p<0.01$。$c_3>c_3'$，且c_3'显著，这说明调节变量的部分调节效应是通过中介变量产生的。

　　H8b提出：团队学习型目标导向能够跨层正向调节积极情绪对员工创新绩效的间接效应，即团队的学习型目标导向越强，员工积极情绪通过心理资本对员工创新绩效产生的间接作用越强。从表5–11中Model1的结果可知，团队学习型目标导向对积极情绪与员工创新绩效的正向调节效应显著（$\gamma=0.208$，$p<0.001$）；从Model4的结果可知，团队学习型目标导向对积极情绪与心理资本的正向调节效应显著（$\gamma=0.167$，$p<0.001$）；从Model5的结果可知，团队学习型目标导向对积极情绪与员工创新绩效的正向调节作用是通过心理资本的中介作用产生的（$\gamma=0.613$，$p<0.001$），且团队学习型目标导向对积极情绪与员工创新绩效关系的正向调节效应依然显著（$\gamma=0.106$，$p<0.05$），说明该调节效应不完全通过心理资本发生作用。在这一关系的验证过程中，Model1中的$c_3=0.208$，$p<0.001$，调节变量通过中介变量心理资本对积极情绪与员工创新绩效关系的间接调节效应为$a_3b_1=0.102$，而直接的调节效应为$c_3'=0.106$，$p<0.05$。$c_3>c_3'$，且c_3'显著，这说明调节变量的部分调节效应是通过中介变量产生的。

　　H9a提出：团队绩效型目标导向能够跨层负向调节积极情绪对员工创新绩效的间接效应，即团队的绩效型目标导向越强，员工积极情绪通过即兴行为对员工创新绩效产生的间接作用越弱。从表5–11中Model1的结果可知，团队绩效型目标导向对积极情绪与员工创新绩效的负向调节效应显著（$\gamma=-0.330$，$p<0.001$）；从 Model2 的结果可知，团队绩效型目标导向对积极情绪与即兴行为的负向调节效应显著（$\gamma=-0.277$，$p<0.001$）；从 Model3 的结果可知，团队绩效型目标导向对积极情绪与员工创新绩效的正向调节作用是通过即兴行为的中介作用产生的（$\gamma=0.557$，$p<0.001$），且团队绩效型目标导向对积极情绪与员工创新绩效关系的负向调节效应依然显著（$\gamma=-0.176$，$p<0.001$），说明该调节效应不完全通过即兴行为发生作用。在这一关系的验证过程中，Model1 中的 $c_3=-0.330$，$p<0.001$，调节变量通过中介变量即兴行为对积极情绪与员工创新绩效关系的间接调节效应为 $a_3b_1=-0.154$，而直接的调节效应 $c_3'=-0.176$，$p<0.001$。$c_3<c_3'$，且 c_3' 显著，但均为负向作用，这说明调节变量的部分调节效应是通过中介变量产生的。

H9b 提出：团队绩效型目标导向能够跨层负向调节积极情绪对员工创新绩效的间接效应，即团队的绩效型目标导向越强，员工积极情绪通过心理资本对员工创新绩效产生的间接作用越弱。从表 5-11 中 Model1 的结果可知，团队绩效型目标导向对积极情绪与员工创新绩效的负向调节效应显著（$\gamma=-0.330$，$p<0.001$）；从 Model4 的结果可知，团队绩效型目标导向对积极情绪与心理资本的负向调节效应显著（$\gamma=-0.247$，$p<0.001$）；从 model5 的结果可知，团队绩效型目标导向对积极情绪与员工创新绩效的负向调节作用是通过心理资本的中介作用产生的（$\gamma=0.613$，$p<0.001$），且团队绩效型目标导向对积极情绪与员工创新绩效关系的负向调节效应依然显著（$\gamma=-0.179$，$p<0.01$），说明该调节效应不完全通过心理资本发生作用。在这一关系的验证过程中，Model1 中的 $c_3=-0.330$，$p<0.001$，调节变量通过中介变量心理资本对积极情绪与员工创新绩效关系的间接调节效应为 $a_3b_1=-0.151$，而直接的调节效应 $c_3'=-0.179$，$p<0.01$。$c_3<c_3'$，且 c_3' 显著，但均为负向作用，这说明调节变量的部分调节效应是通过中介变量产生的。

以团队学习型目标导向对积极情绪通过即兴行为影响员工创新绩效关系的调节效应以及团队绩效型目标导向对积极情绪通过心理资本影响员工创新绩效关系的调节效应为例，具体的调节效应示意图如图 5-15 及图 5-16 所示。

四、对未验证假设的进一步分析

本书中与工作挑战性有关的两个 H1b 及 H3b 均未能得到验证，需要通过进一步的理论与数据分析来说明假设未被验证的原因。

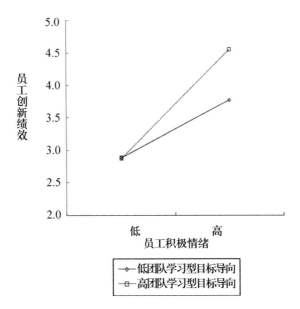

图 5-15　团队学习型目标导向对积极情绪通过即兴行为影响员工创新绩效关系的调节效应

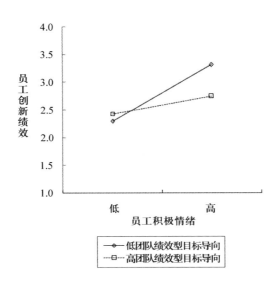

图 5-16　团队绩效型目标导向对积极情绪通过心理资本影响员工创新绩效关系的调节效应

工作挑战性对个体积极情绪的正向影响作用未能被验证。在本书中，使用该量表测量工作挑战性得出其与员工的积极情绪呈负相关关系，且不显著（$\gamma=-0.001$，$p>0.05$）。根据前文的研究综述可知，工作挑战性是指员工对工作中具有挑战性的任务及重要项目所需付出努力的感知。本书在测量时借鉴了本土学者的研究，选用了 Cavanaugh 的测量挑战性工作压力源的研究量表，该量表反映的是员工自身在角色载荷、时间限制、工作机会及高责任等因素方面所感受到的压力。以往对挑战性工作压力源的研究结论仍存在矛盾。LePine 等（2004）认为，虽然挑战型工作压力能够激发个体的学习动机[303]，但无论是挑战型的工作压力还是妨碍型的工作压力均会导致个体的情绪耗竭。而在中国本土化的研究中，有学者认为挑战型工作压力对员工情绪耗竭的正向作用不显著（李宗波和彭翠，2014）[304]，也有研究结论表明挑战型工作压力能够引发个体的积极情绪（刘新梅等，2015）[305]。可见，以往的研究中有关工作挑战性与员工情绪关系的研究结论并不一致。

同时，通过进一步的数据分析，本书发现工作挑战性与员工的积极情绪呈非线性关系。基于 SPSS16.0 对曲线回归方程的显著性检验，以及判定系数可以看出，工作挑战性与员工的积极情绪之间存在倒"U"形曲线关系。从表 5-13 中可以看出，整体回归模型的方差分析结果，$F=38.500$，且在 0.001 水平上显著。同时，从表 5-14 的回顾系数上可以看出，二次效应的系数分别为 5.346 和 -4.629，且均在 0.001 水平上显著。因此，在工作挑战性较小时，员工的积极情绪水平较低，同时，在工作挑战性过大时，员工的积极情绪水平也较低，当工作挑战性处于中间水平时，员工的积极情绪水平最高，二次效应如图 5-17 所示。

表 5-12　二次模型汇总

R	R Square	Adjusted R Square	S.E.
0.414	0.171	0.167	0.521

表 5-13　工作挑战性 ANOVA

	Sum of Squares	df	Mean Square	F	Sig.
Regression	20.901	2	10.450	38.500	0.000
Residual	100.974	372	0.271		
Total		374			

表 5-14 工作挑战性对积极情绪的二次效应系数表

	Unstandardized Coefficients		Standardized Coefficients	T	Sig.
	B	Std.Error	Beta		
工作挑战性	2.249	0.421	2.544	5.346	0.000
工作挑战性 ^{2}	−0.195	0.042	−2.204	−4.629	0.000
（Constant）	−1.918	1.036		−1.851	0.065

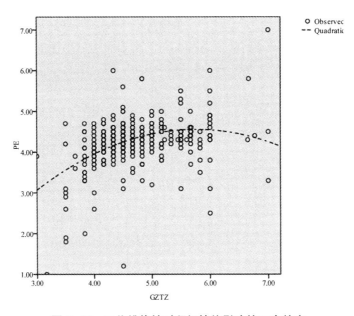

图 5-17 工作挑战性对积极情绪影响的二次效应

本书中的 H3b 是基于 H1b 提出的，也未能得到验证。为了进一步分析员工的认知灵活性究竟是如何对工作挑战性与员工的积极情绪之间的关系产生影响的，本书借鉴以往研究做法，利用工作挑战性的中值（Median）将个体所面对的工作挑战性分为低工作挑战性组和高工作挑战性组，以区分不同的工作挑战性。工作挑战性的中值为 4.50，根据这一数值，将样本分为高工作挑战性组 172 个样本和低工作挑战性组 203 个样本。

结果如表 5-15 所示。在高工作挑战性分组中工作挑战性与员工的积极情绪正相关（B=0.156，p<0.05），认知灵活性能够正向调节工作挑战性与积极情绪之间的关系（B=0.257，p<0.01）。而在低工作挑战性分组中，工作挑战性同样与员工的积极情绪正相关（B=1.308，p<0.001），但并不受认知灵活

性的调节作用（B=-0.161，p>0.05）。也就是说，在高工作挑战性分组中，个体的认知灵活性越强，工作挑战性越高，个体的积极情绪水平越高。在低工作挑战性分组中，个体的认知灵活性并不对工作挑战性与积极情绪的关系起到调节作用。

表 5-15　认知灵活性对不同分组的工作挑战性与积极情绪关系的调节效应

因变量	积极情绪 （高工作挑战性分组）		积极情绪 （低工作挑战性分组）	
自变量				
工作挑战性	0.156*	−1.036*	1.308***	2.020*
认知灵活性	0.108	−1.260*	0.239***	0.881
交互项				
工作挑战性 × 认知灵活性		0.257**		−0.161
N	172	172	203	203
R^2	0.232	0.311	0.638	0.641
ΔR^2	0.042	0.079	0.398	0.396
F-value	4.427*	5.497***	44.025***	29.460***

注：* 代表 p<0.05，** 代表 p<0.01，*** 代表 p<0.001。

第三节　本章小结

本章在对数据进行分析的基础上对研究提出的理论假设作以检验并给出了检验结果。首先，通过计算样本的 R_{wg}、ICC（1）及 ICC（2）三个聚合指标，说明了本书涉及的团队层面变量能够从个体层面聚合至团队层面。其次，信度检验结果表明该研究量表具有良好的信度水平。再次，本书对潜变量进行了探索性因子分析，证明各个变量具有良好的聚合效度及区分效度，同时通过因子分析的方法证明本书不存在严重的共同方法偏差问题。基于以上对数据有效性的判断，本书通过建立结构方程模型的方法，对个体层面变量间的直接或间接关系，以及跨层面的有中介的调节效应进行了假设检验。最后，对未能得到支持的假设进行了进一步数据分析。具体各个假设的验证情况如表 5-16 所示。

表 5-16 假设验证结果

假设	具体假设陈述	研究结论
H1a-c	员工感知到的（a）工作自主性水平越高、（b）工作挑战性越强、（c）工作趣味性越强，员工的积极情绪水平越高	N
H2a-c	员工感知到的（a）领导－成员关系质量越好、（b）团队－成员关系质量越好，（c）工作－家庭平衡水平越高，员工的积极情绪水平越高	Y
H3a-c	员工的认知灵活性能够正向调节个体感知到的（a）工作自主性、（b）工作挑战性和（c）工作趣味性对积极情绪的直接作用，即员工的认知灵活性越强，个体感知到的工作自主性、工作挑战性与工作趣味性对积极情绪的正向作用越强	N
H4a-c	员工的认知灵活性能够正向调节个体感知到的（a）领导－成员关系质量、（b）团队－成员关系质量和（c）工作－家庭平衡对积极情绪的直接作用，即员工的认知灵活性越强，个体感知到的领导－成员关系质量、团队－成员关系质量与工作－家庭平衡对积极情绪的正向作用越强	Y
H5	即兴行为在积极情绪与员工创新绩效之间起到中介作用	Y
H6	心理资本在积极情绪与员工创新绩效之间起到中介作用	Y
H7	员工的即兴行为对员工的心理资本有正向作用	Y
H8a-b	团队学习型目标导向能够跨层正向调节积极情绪对员工创新绩效的间接效应，即团队的学习型目标导向越强，员工积极情绪通过（a）即兴行为和（b）心理资本对员工创新绩效产生的间接作用越强	Y
H9a-b	团队绩效型目标导向能够跨层负向调节积极情绪对员工创新绩效的间接效应，即团队的绩效型目标导向越强，员工积极情绪通过（a）即兴行为和（b）心理资本对员工创新绩效产生的间接作用越弱	Y

注：Y 表示假设得到支持，N 表示假设未能得到支持或部分未能得到支持。

第六章　研究结果的讨论

　　面对中国现阶段经济转型、社会转型及资本转型的复杂局面，为了实现企业创新成果的顺利转化，本书认为应以人性化管理措施为依托关注对员工积极情绪资源的发掘，通过激发个体积极情绪，利用个体的积极情绪提升员工创新绩效，为企业实现创新奠定坚实的基础。基于此，本书提出三大研究问题：工作场所中员工的积极情绪是如何被激发和涌现的？积极情绪通过何种内在机制影响员工创新绩效？在积极情绪的产生和作用过程中，个体认知特质与外部情境因素是如何在这一过程中产生协同作用的？本书以个体积极情绪从产生到拓展－建构再到最终产出的情感过程为逻辑主线，分析了即兴行为及心理资本在积极情绪与员工创新绩效关系中所发挥的中间作用，以及个体认知特质与团队目标导向可能在个体情绪过程的不同阶段所产生的重要影响。

　　本书首先基于质性数据，分析出了两类六种能够影响员工积极情绪产生的关键要素，分别为：工作自主性、工作挑战性、工作趣味性、领导－成员关系质量、团队－成员关系质量，以及工作－家庭平衡。其次，分别从个体短期行为导向到长期资源积累两个角度，在积极情绪与员工创新绩效之间构建了拓展与建构两条不同的路径：积极情绪－即兴行为－员工创新绩效路径以及积极情绪－心理资本－员工创新绩效路径。再次，考虑到个体认知与情感的共生地位，本书探讨了个体认知灵活性这一特质在情绪产生阶段对工作特征和关系质量要素与积极情绪之间关系的调节作用。最后，为了进一步明确个体积极情绪拓展与建构过程的边界条件，本书采用跨层研究的方法，在积极情绪的拓展与建构阶段引入不同类型的团队目标导向作为调节变量。基于 86 个团队的 375 名员工样本的实证分析，结果显示多数理论假设均得到了支持。由此可见，本书所提出的理论模型具有一定的合理性。本章将针对前一章中对假设的验证结果进行进一步的深入讨论，分析假设得到验证或未被验证的原因，进而探讨本书的理论意义和实践意义。

第一节　研究结果讨论

1. 积极情绪的涌现

关于本书中"工作场所中员工的积极情绪是如何被激发和涌现的"这一研究问题，本书最终的数据结果表明：在工作特征方面，员工感知到的工作自主性与工作趣味性能够正向影响员工积极情绪的产生，而员工所感知到的工作挑战性与积极情绪呈现倒"U"形关系。在关系质量方面，领导－成员关系质量、团队－成员关系质量及工作－家庭平衡均与个体积极情绪的产生有显著的正相关关系。大部分的研究假设得到了验证。

（1）本书的质性研究数据表明个体感知到的工作特征与关系质量均能够激发其积极情绪的产生。积极情绪的产生与外部环境及个体对外部环境如何评价有关，情感事件理论中的"事件"是基于服务业从业人员的文本数据析出的，且是在西方文化背景下进行的。本书通过在中国本土多个行业收集到的质性研究数据析出了两类六种能够引发员工积极情绪的影响因素，分别为：工作自主性、工作趣味性、工作挑战性、领导－成员关系质量、团队－成员关系质量及工作－家庭平衡。又基于个体情绪的认知－评价理论以及现有研究量表，通过实证方法进一步对六种影响要素与积极情绪的关系予以验证。这一研究工作凸显了"关系"导向在中国情境下的重要作用，以往研究中仅关注如何塑造更有利于员工积极情绪产生的任务设置或工作特征是不全面的。

（2）具体研究假设H1a与H1c的结果表明，工作自主性与工作趣味性均能够对员工积极情绪的产生有正向的影响。工作自主性意味着员工具有自我决定的权利，当个体能够自由地决定工作方法、工作安排及工作标准时，个体在计划、决策和实施时会更加自信，感知到更高水平的支持，从而体验到更多积极情绪。同时，当个体在工作中感受到工作是充满乐趣的，这种趣味性带来了良好的工作结果，并且管理者及组织认为保证工作的趣味性是适宜的，那么个体更容易体验到积极的情绪。

本书之所以能够得到这样的研究结论是由于从员工需求的视角出发对工作特征进行分类，考虑到当今人力资源不同以往的需求转变，具有其时代性。以往典型的工作特征分类方式为两种：一种是要求－控制模型（DC模型），也就是根据个体感知到的工作压力与个体感知到的对自身工作的控制和对技能应用的水平来预测个体的产出。在此基础上发展出的DCS模型加入了社会支持维度，包括有上级支持、同事支持、家庭或朋友支持等。另一

种是工作要求 – 资源模型（JD–R 模型），也就是根据个体感知到的物质、心理、社会或组织方面的要求以及资源来预测个体产出（吴亮等，2010）[306]。而本书基于自身的研究问题，不再将组织对个体所提出的要求或组织可以为个体提供的资源等客观指标作为划分工作特征类别的依据，而是以个体的情感需求得到满足时所体验到的具体工作属性作为划分依据。可见，在工作中能否自由地控制自身工作方法、程序及标准，在工作中能否体验到乐趣并且学习到新的知识获得更进一步的提升直接决定了现阶段员工是否能保持高水平的正向情绪并得到更多有益产出。

（3）具体研究假设 H2a–c 的结果表明，领导 – 成员关系质量、团队 – 成员关系质量与工作 – 家庭平衡能够对员工积极情绪的产生有正向的影响。其一，在高权力距离的文化背景下，员工与管理者保持良好的关系质量有助于员工心理安全感的实现，能够帮助消除个体在情绪评价过程中的不对称效应，聚焦于双方的良性互动，产生积极情绪。其二，个体感知到的良好的团队 – 成员关系质量能够促进个体社会认同的产生，还有助于建立正向的团队情绪氛围，从而提升个体的积极情绪。其三，在工作 – 家庭平衡的状态下，员工的自豪感及对家庭和工作的关注力都会有所提升，同时，情绪的溢出效应和削减效应能够帮助员工很好地平衡在不同场所中的情绪体验从而使工作 – 家庭平衡有利于积极情绪的产生。

这一研究结论很好地补充了对社会关系质量与个体情绪两者之间因果关系的探索。此前的本土研究认为，积极情绪的社会功能有利于创造力的产生。积极的情绪状态有利于个体在团队中与其他人和谐共处，从而提升整个团队的隐性知识共享的水平，进而影响团队整体的创造力（汤超颖等，2011）[164]。Kang、Shaver 和 Sue 等采用实证研究的方法证实了积极情绪对个体关系质量的影响，研究结论认为：在集体主义文化氛围中，个体倾向于克制自己的情绪表达并因此而能够获取较为和谐的人际关系网络，在个人主义文化盛行的场所，个体倾向于表达自我，真实地呈现自己的情绪，即使这种直接的表达与宣泄会对外部关系质量产生不良的影响（Kang 等，2003）[307]。可见，在中国情境下，员工希望通过呈现低调与平和的情绪状态来追求自身与外部关系的和谐相处。同时，亚洲员工由于在情绪分化上所呈现出的更为敏感的特征会使其在处理人际关系时变得小心翼翼从而去构建更和谐的人际关系。而本书的结论证实了关系质量能够反作用于个体积极情绪的产生，且在中国情境下，构建和谐的人际关系能够有效地促发个体对积极情绪的表达。

同时，本书结论较为全面地总结了可能对个体工作场所中的情绪产生影响的社会关系质量要素。以往研究关注的是个体在生活中与其他个人的普遍关系是如何受到积极情绪影响的，尤其是朋友关系、邻里关系及家庭关系，采用的是 Kang 和 Shaver 所开发的人际关系质量量表（Interpersonal Relationship Quality Scale，IRQ）。这一量表主要通过询问个体是否经常拜访亲朋好友，对方对自身的评价是否是友好的，是否能够接受周围人对自己提出的需求，是否与周围很多不同的人都有联系。而本书基于文本数据分析，提出了个人与领导、个人与团队及个体工作与家庭等多个维度的关系质量要素，全面地概括了在工作场所中可能与个体产生互动关系的多个对象及其对个体积极情绪产生的影响。

然而，H1b 并未得到验证，工作挑战性与员工积极情绪之间不存在正向关系，且关系不显著。根据前文对未验证假设的进一步数据分析可知，造成这一结果的原因比较复杂。国外学者的研究结论与本土学者的研究结论仍存在一定差异，不同的研究目的与研究条件可能导致了不同的研究结论。因此，本书认为工作挑战性与员工积极情绪之间的关系可能并非简单的线性关系，可以尝试对二者的曲线关系进行验证。通过 SPSS16.0 散点图的初步预估可以发现，工作挑战性与积极情绪之间可能存在二次效应。进而，使用 SPSS16.0 采用曲线回归的方法证实了这一关系的存在，即工作挑战性设置的较低或工作挑战性设置的较高时均不利于员工积极情绪的产生，仅在中值水平附近，员工的积极情绪能够得到最大程度的激发。

这一研究结论虽然未能验证原假设，但是为研究问题的进一步展开提供了思路。有研究将工作挑战性看作是研究背景，探讨了超载荷、高模糊性及政治化的工作环境下，员工个体的知识收集行为对团队有效性的影响（Haas，2006）[308]。国内研究认为，工作挑战性能够作为情境变量调节员工威胁感知及其创造力之间的关系，例如在发生并购过程中，把并购看作是威胁的员工，在高水平的工作挑战性的作用下会发挥更高水平的创造力（龙静等，2011）[309]。高水平的工作挑战性还能够负向调节变革型领导与员工敬业度之间的关系，作为变革型领导的替代品对员工敬业态度产生积极的影响（杨红明，2017）[310]。本书将工作挑战性作为前因变量，探讨了其作为影响因素对个体积极情绪的产生是如何发挥作用的，且在假设未能得到验证的情况下进一步得出两者之间倒"U"形关系的结论，改变了以往研究中工作挑战性的作用位置，通过建立二次回归模型发现了不同以往的研究结论。除此之外，现有的工作挑战性是工作压力的一个维度，工作挑战性的测量量表采用了挑战性工作压力源的研究量表，这也是导致本书结论与研究假设出现不一致的重要原因之一。基于本书的质性数据分析，知识型员工并不仅仅将工作挑战性看作是工作压力的一个方面，更多的是将工作挑战性看作是学习机会和职业发展的可能。因此，现阶段的测量方式仅能反映出工作挑战性内涵中的一个方面这是不全面的，测量量表还有待于进一步完善。

2. 积极情绪的拓展 - 建构过程对员工创新绩效的影响

关于本书中"积极情绪通过何种内在机制影响员工创新绩效"这一研究问题，本书的数据结果表明：员工的积极情绪能够通过激发员工即兴行为提升员工创新绩效，同时，积极情绪还能通过提升员工心理资本提升员工创新绩效，再者，员工的即兴行为有助于其心理资本的积累。

（1）研究假设 H5 的结果表明，即兴行为能够中介积极情绪与员工创新绩效之间的关系，这说明积极情绪的拓展作用不仅局限于作用在个体认知及注意力方面，还能够通过对员工即时的主动性行为产生影响进而提升创造力。积极情绪通过增加个体的注意力范围，提升行动力来满足即时性并通过提升员工从外部社交关系获取的支持来实现即兴行为。即兴过程增加了个体知识创造的可能性，也更容易激发员工个体利用直觉去思考问题，直觉的运用是创新实现的一个重要环节。因此，员工的即兴行为能够在积极情绪与创新之间起到中介作用。

这一研究结论不仅将员工积极情绪与即兴行为的发生联系在一起，还为即兴行为与员工创新绩效之间的关系提供了更进一步的支持。其他领域的相关研究已经证实了情绪与即兴行为的发生有着十分紧密的联系。音乐家会通过将一些碎片化的元素结合在一起来实现即兴演奏时的情感传递，进而使乐章结构变得较为多样化（McPherson 等，2014）[122]；组织中的情绪表达规则往往是通过员工的即兴行为来维护或者打破的，从而有利于员工在工作场所中形成自我认同（Morgan 和 Krone，2001）[124]。同时，其他领域中即兴行为所产生的结果往往也是即时性的，不同于此，本书结论证实了积极情绪能够通过瞬时的、短暂的即兴行为对个体长期创新绩效的提升产生作用，这与国内学者阮国祥等（2015）的研究结论一致[169]。本书结论证实了组织领域内即兴行为研究与其他领域内现有研究具有一定联系，也具有其独特性。

（2）研究假设 H6 的结果表明，心理资本能够中介积极情绪与员工创新绩效之间的关系，这说明积极情绪的建构作用不仅局限于对个体身体资源、智能资源、社会资源的提升，而且能够通过对核心心理资源产生影响进而提升创造力。其原因在于积极情绪可以提升个体的恢复力，增加个体与其他个体的社会联系，并借助短期内的快速反馈为心理资本积累正向的积极的能量。而心理资本能够通过触发个体内在动机，避免消极，提供坚强的意志力以及在逆境中迅速恢复以实现创新。因此，员工的心理资本能够在积极情绪与创新之间起到中介作用。

这一研究结论丰富了以往将心理资本作为中介变量的研究，基于拓展－建构理论，通过这一无形的、核心的个人资源将个体积极情绪与员工创新绩效联系起来。有关心理资本的研究成果已经十分丰富，将其作为中介变量的研究是重要分支之一。已有研究将管理者的领导风格、组织氛围、组织支持、工作设计与员工的行为产出或绩效产出通过心理资本的中介作用联系起来（隋杨等，2012；叶新凤等，2014；田喜洲和谢晋宇，2010；苏勇等，2011）[311-314]，采用的是外部情境因素对个体内部心理资源产生作用进而影响个人输出，也就是外部输入－心理过程－个人产出的逻辑思路。本书相较于以往研究，采用的是个体自身情绪对个体内部心理资源产生建构作用进而影响员工创新绩效，也就是"内部输入—心理过程—个人产出"的研究思路。同时，从积极情绪到心理资本再到员工创新绩效这一作用路径的剖析还有助于提升对积极情绪拓展－建构理论新的认识。积极情绪的拓展－建构理论中指出个体积极情绪短期内的拓展作用能够为长期资源的积累奠定基础。学者基于不同的研究分别去验证了积极情绪的拓展作用或建构作用是如何实现的。本书实现了同时对积极情绪拓展与建构作用两条不同路径的验证，得到了两条相互独立又有联系的作用路径，研究结论表明积极情绪可以直接对个体资源积累产生影响。

（3）假设 H7 的结果表明，即兴行为能够对心理资本产生正向的影响，这说明积极情绪的拓展过程能够正向影响积极情绪的建构过程。其一，即兴行为通过与外部环境多次交换与互动，提升了个体面对变化环境时的抗压能力与恢复力。其二，即兴行为通过多次的、反复的行动有效地提升了个体的技能与经验，从而提升了个体的自我效能感。其三，即兴行为通过与其他团队成员的互动与交流提升了个体在社会资本方面的积累，继而感知到更多的社会支持，从而形成乐观心态并充满希望。

这一工作采用实证研究的方法证实了个体能够通过积极情绪短期内的拓展作用进行长期资源建构，使对积极情绪拓展－建构理论的应用不再局限于心理学研究领域以及实验研究的方法。有追踪研究结论表明，积极情绪能够对个体生理、认知、心理及社会资源的变化和提升产生影响（Fredrickson，2013）[68]，验证了由积极情绪直接指向个体资源建构的作用结果。本书进一步在拓展作用结果变量：即兴行为与建构作用结果变量：心理资本之间建立联系，明确了从拓展到建构作用的内在作用机理，完善了对拓展－建构理论在组织管理领域的应用。

3. 不同层面因素对个体积极情绪产生及拓展 - 建构过程的协同作用

关于本书中"在积极情绪的产生和作用过程中，个体认知特质与外部情境因素是如何在这一过程中产生协同作用的"这一研究问题，本书的数据结果表明：员工的认知灵活性能够正向调节工作自主性、工作趣味性、领导 - 成员关系质量、团队 - 成员关系质量及工作 - 家庭平衡与积极情绪的关系；团队学习型目标导向能够跨层正向调节积极情绪对员工创新绩效的间接效应，即团队的学习型目标导向越强，员工积极情绪通过即兴行为或心理资本对员工创新绩效产生的间接作用越强；团队绩效型目标导向能够跨层负向调节积极情绪对员工创新绩效的间接效应，即团队的绩效型目标导向越强，员工积极情绪通过即兴行为和或心理资本对员工创新绩效产生的间接作用越弱。

（1）H3a、H3c 与 H4a-c 的结果表明：员工的认知灵活性能够正向调节工作自主性、工作趣味性、领导 - 成员关系质量、团队 - 成员关系质量及工作 - 家庭平衡与积极情绪的关系。认知灵活性在工作自主性与积极情绪之间的调节作用是通过提升个体在任务转换中的灵活性以降低员工在工作特征未满足自身要求时所带来的挫折感而实现的。认知灵活性在关系质量要素与积极情绪之间的调节作用是通过提升个体在不同关系中的多元选择以避免员工对一种关系质量的负面评价所产生的溢出效应，并通过增加个体多元关系的选择与构建而实现的。

（2）H3b 由于工作挑战性与积极情绪的直接正向关系未得到验证也与预期结果不符。通过进一步验证工作挑战性与积极情绪之间的倒"U"形关系，本书以中值为界将工作挑战性分为高工作挑战性组和低工作挑战性组分别验证了认知灵活性在不同组别内对工作挑战性与员工积极情绪之间的调节效应。结果表明，认知灵活性仅在高工作挑战性组中起到正向调节效应，在低分组中的调节效应不显著，也就是原假设在部分数据基础上得到了支持的原因之一。

有关认知灵活性的研究结论补充了对个体认知与情感互动机制的认识。以往有关个体情感与认知的研究主要关注两个方面：一是情感特质或认知特质，二是情感特质对个体认知过程的影响作用。本书的研究结论强调了个体情感过程尤其是积极情绪产生过程中认知及认知特质的重要意义。假设H1a、H1c 和假设 H2a-c 证实了个体是通过情绪的认知 - 评价过程将外部情境因素感知和解读进而形成积极情绪的，而 H3a、H3c 和 H4a-c 通过引入认知灵活性突出了个体认知特质在认识外部环境和积极情绪产生过程中的重要意义。同时，该研究结论证明了个体认知特质与情境因素的交互作用对其积极情绪产生的影响，探索性地将认知灵活性作为一种心理情境因素来观察其对外部情境因素与积极情绪关系的调节作用，将认知灵活性从以往的预测变量转换为情境变量进行研究。

（3）H8a-b 和 H9a-b 的结果表明，团队学习型目标导向能够跨层正向调节积极情绪对员工创新绩效的间接效应，即团队的学习型目标导向越强，员工积极情绪通过即兴行为或心理资本对员工创新绩效产生的间接作用越强；团队绩效型目标导向能够跨层负向调节积极情绪对员工创新绩效的间接效应，即团队的绩效型目标导向越强，员工积极情绪通过即兴行为或心理资本对员工创新绩效产生的间接作用越弱。两种目标导向均能够对最终绩效产生影响，高水平的团队学习型目标导向能够通过引导个体关注学习过程，调动认知策略增加适应性，正确评价反馈等多个方面的出色表现鼓励员工即兴行为的发生，完善和提升心理资本，从而间接地促进员工创新绩效行为的发生。高水平的团队绩效型目标导向由于其重结果而轻过程，增加了员工规避风险的可能性，降低了员工的适应性以及增加了错误的评价反馈等，这些均不利于个体即兴行为的产生以及心理资本的应用与发挥，从而间接抑制了员工创新绩效行为的产生。

这一研究结论将团队目标导向作为个体积极情绪拓展－建构过程的边界条件，扩展了团队目标导向的研究思路。有研究将目标导向作为个体产出的预测变量，关注了不同类型的目标导向之所以引发个体不同产出时是受到哪些情境因素的影响，Hirst 与 Simmons 和 Ren 等的研究均关注了不同情境因素对团队目标导向预测作用的调节作用（Hirst 等，2011；Simmons 和 Ren，2009）[185, 186]。另外，这一研究结论证实了在中国情境下，不同类型的团队目标导向能够对员工创新绩效产生截然不同的影响作用，此研究结论与国内研究者路琳和常河山等的对个体目标导向直接作用的研究结论基本一致，学习型目标导向相较于绩效型目标导向更有益于个体产出。相较于此，本书的研究结论还进一步证实了不同团队目标导向通过对个体心理及行为产生不同的影响从而对个体最终绩效产生的有中介的调节效应，深化了团队目标导向作为调节变量的研究。

第二节   研究结果意义

本书不仅具有一定的理论意义，同时也能为管理实践提供一定的指导。对理论意义的讨论有助于明确本书在理论应用与创新方面的贡献，以及对未来研究的启发。对实践意义的讨论有助于理解本书如何在管理实践中进行应用，为管理者提供具体的方法与应对策略。

一、理论意义

相较于以往研究，本书的理论贡献主要体现在以下三个方面：对员工创新绩效的贡献、对积极情绪和拓展－建构理论的贡献及对研究情景化的贡献。

1. 对员工创新绩效研究的贡献

本书对员工创新绩效理论推进的贡献主要体现在：其一，研究证实了员工积极情绪作为情感驱动力对其创新绩效的提升作用，较好地补充了以往以判断为员工创新绩效驱动的研究不足。以往研究结论已经证实了个体的个性特征、知识技能水平对员工创新绩效可能产生的影响，以及情境因素可能产生的直接作用和调节作用。受制于以判断为驱动的研究模式，多数研究结论只能表明个体创新是理性思维的结果。但现实情况是员工创新绩效从思考到实践再到落实的过程中，在不同环节的作用结果可能是由个体不同的智能决定的。个体的创新思维可能是由直觉引发的，也可能是经过严密的逻辑推导实现的。个体的创新行为乃至创新成果不仅仅是个体理性思维的结果，其情感因素，尤其是情绪在触发和引导良性结果产生的过程中扮演着十分重要的角色。相较以往研究，本书不再涉及对员工创新绩效外部激励因素的探索以及员工内在知识、技能或认知能力可能对创新带来的影响的探讨，而是将着力点放在探索个人内在情感力量可能对有益于个体自身乃至组织的工作绩效带来的重要影响。以情感为驱动，以员工积极情绪对其创新的影响力为研究主线，提出从积极情绪产生到积极情绪拓展－建构再到最终产出的完整研究框架。研究结果表明，员工的积极情绪能够有效预测员工创新绩效的产生。积极情绪作为积极心理学中被广泛讨论的问题已经在组织行为学中得到了广泛关注，积极情绪能够为个体自身带来正面力量的基本假设毋庸置疑，本书以个人积极情绪是否能够为组织带来有益产出为基本假设，明确了个体内在情感力量对实现个人乃至组织绩效提升均具有重要意义，这为后续研究提供了新的思路。

其二，即兴行为与心理资本在积极情绪与员工创新绩效之间的中介作用丰富了对员工创新绩效内在机制的探索。以往研究虽然对个体创新绩效提升途径的探索从未停止过，但已有研究首先探讨的是社会情境因素，如创新氛围及领导方式；任务情境因素，如工作要求及奖惩措施；个体因素，如人格特质及目标导向等因素对员工创新绩效的直接影响。其次才探索这些因素是如何通过作用于个体内在动机及心理状态对员工创新绩效产生的影响的，如个体可以通过自我认同、心理授权及创新自我效能等中间心理过程来完成创新。与以往研究不同的是，本书基于积极情绪的拓展－建构理论，从积极情绪的瞬时性和累积性两种不同作用结果出发，通过引入即兴行为与心理资本两大核心构念，探讨了两者在员工积极情绪与创新之间的中介作用，实证研究结果表明，员工的即兴行为能够在员工的积极情绪与员工创新绩效之间起到中介作用，而员工的心理资本同样能够在员工的积极情绪与员工创新绩效之间起到中介作用。这一工作通过引入即时主动行为和核心心理资源两条不同路径，丰富了现有研究对员工创新绩效内在机制的建立方式。启发后续研究对员工创新绩效提升途径的探索不仅可以通过打开个体内在心理机制的黑箱来完成，还可以从不同时间导向所引发的不同作用结果的视角出发，关注短期路径和长期路径对个体创新绩效的作用过程及结果。

2. 对积极情绪及拓展－建构理论的贡献

其一，对情绪的认知－评价理论的应用以及对认知灵活性调节作用的验证深化了对员工个体认知在其积极情绪涌现过程中作用地位的认识。情绪的认知－评价理论中认为不同的个体对环境中刺激的知觉不同，所领悟的意义也不同。个体基于自身过去的经验、认识和记忆在短时间内的认知－评价过程是外部因素与情绪反应的中介过程，通过这一过程个体会有被加强或被削弱的情绪反应。本书基于情绪认知－评价理论，建立了积极情绪产生的过程机制。在这一过程中，个体积极情绪是依托于个体的认知过程和评价结果而产生的，是从外部情境因素到积极情绪的桥梁和纽带。同时，不同个体的认知能力及认知特质有所区别，不同个体对相同的外部环境会产生不同的认知结果，本研究将个体的认知灵活性作为调节变量，探讨了这一认知特质在积极情绪产生阶段对情境要素与积极情绪关系的调节作用。实证研究结果表明员工的认知灵活性对工作自主性、工作趣味性、领导－成员关系质量、团队－成员关系质量和工作－家庭平衡等要素与积极情绪之间的关系有正向调节作用。在这一过程中，个体的认知灵活性作为个体最典型的认知特质，成为能够通过影响情绪的认知－评价过程来促使个体积极情绪产生的内在情境变量。由以往研究及本书的结论可知，个体认知与情感之间的相互作用是复杂的，作用地位是多变的。究竟是认知引发了个体情感的产生，抑或是情感激发了个体认知能力的提升均能够找到一定的理论依据与实证数据支持。本书的研究结论启发后续相关研究在讨论员工情绪问题或建立员工情绪作用机制时，应关注在这一过程中个体认知所发挥的多重作用。

其二，工作特征及关系质量两类积极情绪影响因素的提出向前延伸了拓展－建构理论，使对积极情绪拓展与建构效应的探讨不再是无源之水、无本之木。积极情绪的拓展－建构理论较好地解决了情绪是如何在短期内对员工的认知和行为产生影响，又是如何影响员工的长期资源积累的，但是未能对积极情绪是如何产生的作以解答，这使得对积极情绪的研究成了无源之水，无本之木。本书引入了情绪的认知-评价过程与情感事件理论的基本研究思路，通过质性分析的方法分析出两类六种能够影响积极情绪产生的要素，弥补了对积极情绪产生机制探索不足的问题。从理论上完善了积极情绪从产生到作用过程再到最终产出的整体过程，横向向前延伸了拓展-建构理论，使对积极情绪的研究有根可循，有本可依。同时，采取了质性研究的方法，在大量文本分析的基础上通过初始编码、聚焦编码及理论编码提炼出基于事实的、可靠的工作场所中可能对积极情绪产生影响的要素，并通过类属化这些要素形成了工作特征（工作自主性、工作趣味性、工作挑战性）与关系质量（领导-成员关系质量、团队-成员关系质量、工作-家庭平衡）两大类影响因素，以上理论基础与质性数据分析结果为后续积极情绪来源的探索提供了基本的研究思路。

其三，即兴行为与心理资本的中介作用及即兴行为对心理资本的直接作用的验证为拓展-建构理论在组织管理领域内的应用提供了实证依据。现有研究中对积极情绪拓展-建构理论的应用多基于积极情绪的拓展作用来说明个体积极情绪对认知范围的扩大作用，深入分析两条路径的独立作用与联系的研究较少。现有研究也未能对该理论在工作场所中及在组织行为学领域中的可靠性加以验证。本书通过在拓展路径中引入即兴行为，明确了积极情绪产生后短期内的拓展作用不仅局限于对员工认知范畴和注意力的扩展，同时还对员工工作场所中的前倾性行为的发生有重要意义。同时，摒弃了以往研究更为关注的身体资源、智能资源与社会资源，通过在建构路径中引入员工心理资本，揭示了积极情绪在个体核心心理资源积累方面能起到关键作用。通过建立以上两条路径，较好地实现了拓展-建构理论在组织行为学中的应用，为员工创新绩效内在机制的建立提供了更为丰富的途径与方法。在同一研究中对拓展-建构路径的同时验证，为该理论在实证研究中的进一步应用奠定了基础。同时，该理论为变量间关系的研究提供了不同时效导向的逻辑框架，研究者可以根据自身研究的目的与研究问题，在拓展与建构两条不同的路径中选择相应的代理变量来完成研究。

本书结论除了为进一步丰富员工创新绩效途径提供了理论基础，还通过证实拓展结果对建构结果的直接作用，也就是即兴行为对个体心理资本的直接正向作用完成了对积极情绪如何转化为生产力的中间过程的剖解。从拓展-建构理论的原始内容及对该理论的应用来看，多数研究将积极情绪的建构作为拓展效应的必然结果，同时将建构过程所得到的资源作为积极情绪所取得的最终结果。本书认为，积极情绪可以在发挥短期作用的同时完成对资源的积累，而建构结果也并不是积极情绪所达成的最终结果，拓展与建构过程均是积极情绪通向个人最终产出的中间环节，而这两条路径可以是独立存在并同时对最终结果发挥作用的。员工创新绩效的提升是个人积极情绪拓展－建构的最终产出之一，在这一过程中员工的积极情绪与工作幸福感也得到了较大程度的满足。

3. 对研究情境化的贡献

组织心理学与组织行为学主要解决的是在组织情境中个体及其所在团队的行为特征、过程及作用结果。现阶段的组织行为学开始注重对个体及其所在群体情境的探索，试图将情境融合在理论模型的构建中。组织心理学研究的情景化的理念大致体现在两个方面：首先是对西方理论的本土化探索，其次是理论建立的特殊或具体研究情境的设定。

其一，本书在探讨积极情绪是如何涌现时以中国员工为调查对象，采用质性研究的方法提炼出了关系质量这类能够对积极情绪产生影响的要素，兼顾了员工的本土化特征。本土情景化主要通过将重要的国家特征，无论是经济的、文化的、政治的相关变量作为预测影响个体或组织现象的因素。本书在探讨积极情绪的来源时借鉴了情感事件理论在提出伊始的研究模式，前人研究在基于西方服务业从业人员的文本数据析出了 14 类与个体积极情绪有关的工作事件。本书以中国企业为研究背景对国内企业的员工进行了半结构性访谈及问卷调查，析出的三种关系质量要素不同于以往仅关注工作特征的研究。研究结论证实了领导－成员关系质量、团队－成员关系质量及工作－家庭平衡均能够对员工积极情绪产生正向影响。员工在工作场所中的互动对象可以是上级管理者、同事及下属，领导－成员关系质量反映了个体与直接上级的互动关系质量，团队－成员关系质量则反映了自己与周围同事或下属的关系质量，工作－家庭平衡反映了个体在处理工作与家庭矛盾关系时的真实感受。这三种不同关系质量的提出尽可能地涵盖了员工在工作中所体验到的不同面向的互动关系，考虑到了个人工作与家庭边界模糊的实际趋势，为后续开展积极情绪本土化研究提供了明确的方向。研究者在解决中国员工情绪问题时，不能忽视中国员工的"关系导向"特征及其社会属性对个人态度和行为可能产生的影响。

其二，本书采用跨层研究方法，分析了不同类型的团队目标导向作为典型外部情境因素是如何通过两条中介路径对积极情绪与员工创新绩效关系发挥调节效应的，完善了对积极情绪作用过程的边界条件的探索。员工创新绩效的情景化研究主要有两个分支：一个是对工作环境中影响创新的外部因素的探索；另一个是团队特征与领导者两种因素对个体层面创新提升的跨层次作用。但目前团队特征对个体创新的情景化研究主要从团队多样化的角度出发，例如：团队成员在性别、种族、信仰及其他文化背景上所呈现出的多样性或团队成员在想法、视角、知识和价值观上所呈现出的深度多样性。具体研究情境的设定主要是通过找到影响该现象的外部因素来考察不同层级的影响因素对所关注的自变量与因变量之间关系的影响。因此，本书通过在员工积极情绪的拓展 – 建构阶段引入团队目标导向这一变量，研究结果表明：团队学习型目标导向能够跨层正向调节积极情绪对员工创新绩效的间接效应，即团队的学习型目标导向越强，员工积极情绪通过即兴行为或心理资本对员工创新绩效产生的间接作用越强；团队绩效型目标导向能够跨层负向调节积极情绪对员工创新绩效的间接效应，即团队的绩效型目标导向越强，员工积极情绪通过即兴行为或心理资本对员工创新绩效产生的间接作用越弱。从研究结论中可以看出，团队的学习型目标导向更有利于积极情绪促进个体即兴行为的发生以及心理资本的积累，能够通过对积极情绪的拓展 – 建构过程发挥作用进而影响最终产出。这一研究工作进一步明确了积极情绪与员工创新绩效关系的边界条件，使研究者对构念和理论应用的适用性和外在效度的理解得到普遍提升。启发研究者应深入探讨情境变量通过中间机制对最终结果产生的影响便于更细微地刻画出变量间的作用机制。

二、实践意义

（1）在中国情境下，无论是工作特征还是关系质量均能够对员工积极情绪的产生发挥作用。这样的研究结论启发管理者在管理员工情绪时应从被动地对员工消极情绪的规避与削减转换到对员工积极情绪及工作幸福感的促发与提升。在这一过程中管理者不仅应关注员工需求的时代性和变化性，还需兼顾员工的本土化特征。在很长一段时间内，中西方的管理实践都是以"科学管理"为指导的，这些管理理念在被应用到极致时往往是以牺牲员工个人利益而实现组织目标为代价的。随着经济发展与文化融合，新时期的劳动力需求已经发生根本变化。当员工的工作目的从谋生手段转变为实现个人价值，个人主义精神在工作过程中大放异彩时，个人目标与组织目标，个人利益与组织利益逐渐共生。因此，本书证实了企业实施"以人为本"的人性化管理措施与绩效提升之间并不矛盾，企业在提升员工个人工作幸福感的同时能够激发员工创新绩效。

其一，研究结论表明对员工的情绪管理实践应从避免负面情绪向激发积极情绪转变，化被动为主动，以积极情绪的涌现为提升员工工作幸福感和实现绩效提升的切入点。情绪管理的提出是人力资源管理实践的一大进步，它明确了情绪管理在组织管理中的重要意义。但是与心理学的发展轨迹类似，目前的情绪管理研究关注了如何避免员工负面情绪的发生以保证顺利完成组织任务，减少妨害组织正常运转的情绪事件的发生，但缺乏对积极情绪的关注。积极情绪与"正能量"联系紧密，员工在"正能量"与"负能量"博弈的过程中找寻幸福感，管理者去有意识地培育员工的积极情绪不仅可以削减消极情绪的负面影响，还能让员工在"正能量"的推动下逐渐驶入积极情绪的健康轨道，从而在工作中找到幸福感并拥有自信。其二，对积极情绪影响要素的探索有效地将情绪管理措施化繁为简，启发管理者在管理员工情绪时应从工作特征设置和关系质量保障两个方面入手。本书基于情绪的认知 - 评价理论与情感事件理论，采用质性研究的方法，通过对全国各地各类公司中企业员工开展有关积极情绪来源的大规模的开放式问答和文本分析，提炼出了两类六种能够对个体积极情绪涌现产生重要影响的要素。通过六种具体要素的分析为管理者提供了切实的、全面的、丰富的情绪管理策略。具体而言，在工作设置方面管理者可以通过提升员工在工作中的自主性，适当放权来激发员工在工作中的工作热情与主观能动性；还可以通过适当提升工作环境与工作内容的趣味性，将枯燥的工作变得有趣从而激发员工创新绩效灵感，有效提升个体对工作的参与性与积极性。在关系质量管理方面，管理者可以加强自身与员工的良好互动关系，从关心关注员工情绪做起，为员工解决在创新过程中遇到的困难提供必要的资源支持；管理者在团队建设方面可以加强引导作用，通过创造和谐公平的团队氛围，协调团队中任务的分配与协作，帮助团队员工培养良好的团队 - 成员关系；管理者还应该关注家庭和谐对员工工作产出的溢出效应，通过适当关心员工家庭生活，提升人力资源管理措施对员工家庭的覆盖度来促使员工在工作与家庭关系中实现平衡。有关工作挑战性与个体积极情绪关系的研究结论表明，管理者适当增加个体工作的复杂度与挑战性有助于激发员工内在潜力，增加个人自尊，感知组织认可与支持从而有效提升创新的内在动机。但是如果工作过于繁杂冗余，虽然在时间和内容上都给员工施以了一定压力，但是从对个人能力提升的角度来看并无益处。管理者对工作挑战性的设置不仅应避免过低和过高，同时应重视压力来源，当工作任务有益于提升能力和获取学习机会时将对个体的积极情绪产生有正面的影响，但简单地增加工作的时间压力或任务数量则无益于个体积极情绪的产生。可见，管理者在设置工作挑战性时把握程度与挑战内容是重中之重。

（2）即兴行为与心理资本在积极情绪与员工创新绩效之间中介作用的证

实启发管理者应重视积极情绪即时性的拓展作用以及可累积性的建构作用，鼓励管理者为组织营造试错型的文化氛围，为员工即兴的顺利发挥培养土壤，搭建主动创新和快速创新的平台。其一，员工的即兴行为有利于增加员工创新绩效的主动性与自发性。即兴行为在积极情绪与员工创新绩效之间的中介作用启发管理者应加强建立试错型的文化，鼓励团队成员勇于尝试新的方法，建立不只以结果为导向的奖惩机制，平衡员工在风险性与安全性上的选择。还应通过适度授权，帮助员工更及时地把握行动时机，增加自主性和主动性。同时，根据拓展－建构理论，积极情绪能够使个体关注环境、适应环境并付诸那些具有自发性、变革性和前瞻性的行为，因此，积极情绪不仅仅只对员工的即兴行为有激发作用，还能够对其他类型的主动性组织行为有正向的影响作用。例如，员工的反馈寻求行为及建言行为。员工的这些行为能够促进团队内部的学习行为和知识运用，也能够对创新提升有重要作用。管理者在管理实践中应密切关注情绪与员工行为之间的紧密关系，通过激发个体积极情绪来实现对员工行为的管理。其二，研究结论还证明积极情绪能够对个体的资源积累产生十分重要的贡献，员工的心理资本相较于身体资本、智能资本和社会资本等是更核心的资源。挖掘员工内在心理力量是解决员工工作积极主动性的根本问题，当个体内在心理资源得到积累并达到一定水平后，个体才会更乐意将其发挥出来，从而实现这些资源的真正价值。员工的心理资本能够使员工充满效能感、乐观与希望，并帮助个体在逆境中快速恢复，从而有助于增加员工创新绩效的内在动机。员工的心理资本可以通过多种方式得到提升，管理者可以通过在任务过程中提供正面的反馈和及时的肯定来帮助员工提升其效能感。还可以通过增加团队成员之间的沟通与交流，互帮与互助来加强个体完成任务的信心。同时，还应适时地为员工描绘愿景，令员工在逆境中也能充满希望。同时还启发管理者应组织对失败任务的反思与学习，增加团队的自反性从而提升个体的抗压能力，保持士气，提升其恢复力。

（3）认知灵活性在工作特征与关系质量与积极情绪之间的调节作用启发管理者应有意识地利用员工个体认知智能对情感智能的增补作用。毋庸置疑，认知与情感是员工在日常工作中所动用的最基本的两大核心心理要素，认知从理性的角度帮助员工处理那些逻辑的、规范的以及学习性的事务；情感从感性的角度帮助员工处理那些叙事的、社交的事务。不同的心理要素在完成工作任务时发挥不同的作用，起到互补的作用。认知灵活性可以帮助员工在理解周围环境时看到更积极的一面，进而激发积极情绪的产生，而积极情绪能够帮助实现个体认知的拓展，从而提升其认知灵活性。个体认知能力对其是如何看待外部情境，如何处理外部信息，如何将这些信息转化为自身评价结果有着十分重要的作用。而认知灵活性在这一过程中的调节作用恰恰说明员工在面对环境时如果能够及时调整内外部信息的偏差更有利于其积极情绪的产生，管理者如果能得到这一过程中员工的反馈则有利于其了解组织环境与员工个人的匹配程度，进而为后期组织情境的重塑及员工个人积极情绪的培养打下坚实基础。管理者可以通过加大团队内部交流，扩大环境扫描范围及开发多种备择方案的方式来鼓励员工有意识地提升自己的认知灵活性，同时通过提升员工自身的情绪智力以及团队整体的情绪氛围来激发员工情感智能的提升。总体而言，管理者应充分认识并利用个人情感与认知智能之间的相互促进作用，从而借力打力。

（4）学习型团队目标导向能够通过促进个体即兴行为的发挥以及心理资本的积累提升员工创新绩效，这一研究结论启发管理者应致力于为员工搭建学习型平台进而提升对知识型员工的管理效率。组织的目标设定在很长一段时间内都是以达成更高绩效、完成企业自身使命为指导的，管理者作为组织的代理人在制定与践行管理策略和管理措施时尽可能以完成组织目标为前提。本书的研究结论表明完成组织目标的同时兼顾员工个人目标这两者之间并不矛盾。团队目标导向是团队构成的一部分，呈现出团队目标取向的特征，反映了团队成员整体的成就动机、学习模式，也决定了团队成员做出何种行为选择。高水平的学习型目标导向帮助团队成员开发新的能力，学习和拓展新的技能，使他们重视和珍惜学习机会，更乐于迎接挑战。由于员工的创新活动对知识储备和知识更新有迫切要求，团队学习型目标导向为员工进一步的知识储备和知识更新提供了指向与机会。本书的研究中，团队的学习型目标导向有助于员工积极情绪通过激发个体即兴行为和心理资本累积来实现创新，而绩效型目标导向则不利于这样过程的发生。因此，管理者需要在积极情绪的拓展－建构过程中引入学习导向的创新评价体系，通过学习型目标导向的设置来提升员工积极主动性行为和内在心理资源的有效积累，从而保证员工创新绩效的顺利实现。管理者可以通过加强专业类的培训、部门沟通与学习，将任务考核指标与过程表现结合起来进行绩效评价，督促成员间及时地反馈以传达团队以学习型目标为指导的理念，实现对团队学习型平台的搭建。

第三节　本章小结

　　本章讨论了积极情绪的涌现及拓展 – 建构对员工创新绩效影响的相关理论假设验证结果，主要研究结论有：工作特征（工作自主性与工作趣味性）与关系质量（领导 – 成员关系质量、团队 – 成员关系质量及工作 – 家庭平衡）对激发员工积极情绪有正向的作用。同时，员工的即兴行为与心理资本分别在积极情绪与员工创新绩效之间起到了中介作用，且员工的即兴行为能够正向影响其心理资本。员工的认知灵活性在工作自主性与趣味性、领导 – 成员关系质量、团队 – 成员关系质量和工作 – 家庭平衡与员工积极情绪之间起到正向调节作用。团队学习型目标导向能够通过即兴行为或心理资本正向调节积极情绪与员工创新绩效的关系，而团队绩效型目标导向则能够通过即兴行为或心理资本负向调节积极情绪与员工创新绩效之间的关系。

　　本书具有一定的理论意义和实践意义。首先，在员工创新绩效方面，本书建立了以员工积极情绪为核心驱动力的创新研究机制，丰富了对员工创新绩效提升内在机制的探索，在同一研究中探讨了认知与情绪两大心理要素对个体情绪过程与员工创新绩效起到的不同作用。其次，在拓展 – 建构理论方面，研究通过建立积极情绪的来源机制实现了对拓展 – 建构理论向前的延伸，在同一研究中实现了对拓展 – 建构理论在组织情境中的具体应用。最后，在对员工积极情绪与创新关系边界条件的探索以及对研究本土化的推进中，本书以中国文化背景为质性研究调查背景，加入了关系质量这类关键要素，并探讨了不同类型团队目标导向对积极情绪拓展 – 建构过程与员工创新绩效之间关系的不同影响机制。本书在实践中为企业管理员工情绪、提升员工工作幸福感提供了思路，为管理者鼓励和引导员工创新绩效，搭建学习型平台提供了具体途径与方法，对管理者形成系统性、全面性的管理思维具有一定指导意义。

第七章 研究结论与展望

中国企业正面临经济转型、社会转型和资本转型的关键时期，如何有效地利用人力资源管理实践来实现个人目标与组织目标的融合成为亟待解决的管理难题。通过激发员工积极情绪促进员工自主创新从而实现企业创新为解决这一难题找到了突破口。从员工情感智能到创新实现的内在机制的建立是推动理论进一步发展，管理措施进一步完善的新思路。然而无论是理论探索或是管理实践均还未能对这两者之间的关系展开系统性的研究与思考。因此，本书以员工积极情绪为驱动力，以拓展－建构理论为基础，建立了以积极情绪的产生、拓展－建构及最终产出为逻辑主线的员工创新绩效提升机制，通过构建员工情感、认知及外部情境要素的理论整合模型，提出了相关的理论假设，并通过建立多个结构方程模型及实证数据分析对理论假设进行了检验，得到了相应的研究结论。

第一节 研究结论

第一，在个体层面上，员工感知到的工作特征与关系质量能够对其积极情绪产生正向的影响。本书通过对多个中国企业中来自多个行业的 235 名员工进行半结构化访谈和问卷调查共得到 3672 条初始代码，通过聚焦编码得到 39 个聚焦代码，在这 39 个聚焦代码中，有 17 条与员工的工作特征有关，22 条与员工的人际关系有关，最终通过理论编码，析出工作自主性、工作挑战性及工作趣味性三条有关工作特征的理论代码，领导－成员关系、团队－成员关系及工作－家庭平衡等三条有关关系质量的理论代码。通过找到理论代码的对应成熟量表及实证数据分析可知，除工作挑战性与积极情绪呈现倒"U"形关系外，其余变量对积极情绪的正向影响均显著，与研究假设一致。

第二，在个体层面上，员工的积极情绪不仅能够通过即兴行为这一拓展路径对创新绩效产生正向的影响，还能通过心理资本这一建构路径对创新绩效产生正向的影响，且拓展路径中的即兴行为能够对建构路径中的心理资本产生正向的影响。积极情绪的拓展－建构理论意在说明，个体的积极情绪体验不仅能够拓展其短期内的认知范围和行动力，同时还能对其资源积累起到建构作用。本书利用了该理论的这一核心思想，从拓展和建构两条路径出发，建立了积极情绪对员工创新绩效的影响机制。考虑到以往研究在拓展路径上对行动力的忽略及在建构路径上对核心心理资源的忽略，本书在拓展路径上引入了即兴行为这一员工主动性行为，在建构路径上引入个体核心资源心理资本作为中介变量，将两者作为连接积极情绪与员工创新绩效的桥梁。基于不同时点的实证数据分析，结果证明了员工的积极情绪能够激发个体瞬时的即兴行为从而提升个体创新，同时，积极情绪还有益于员工心理资本的积累从而对员工创新绩效产生积极的影响。员工的即兴行为能够对个体心理资本的积累产生有利的影响。从实证结果可见，无论是拓展路径还是建构路径，均能够在员工积极情绪与创新之间起到中介作用，且拓展过程有助于积极情绪的建构。

第三，在个体层面上，员工的认知灵活性能够正向调节工作特征（工作自主性与工作趣味性）和关系质量（领导 – 成员关系质量、团队 – 成员关系质量与工作 – 家庭平衡）与积极情绪之间的关系。认知与情感作为员工两大核心智能在以往研究中多互为因果进行研究，本书考虑到认知与情感所调动的不同机能及认知灵活性对个体认识外部环境的重要作用，探讨了这一特质在积极情绪产生过程中的关键作用。通过建立结构方程模型的实证研究结果可知，认知灵活性在工作自主性、工作趣味性、领导 – 成员关系质量、团队 – 成员关系质量与工作 – 家庭平衡与积极情绪间起到正向调节作用，仅在工作挑战性设置水平较高时对工作挑战性与积极情绪间的关系起到正向调节作用。

第四，在团队及个体层面上，团队学习型目标导向与团队绩效型目标导向通过即兴行为和心理资本对积极情绪与员工创新绩效之间的关系起到不同的调节效应。团队学习型目标导向能够通过提升积极情绪对即兴行为与心理资本的正向作用对员工创新绩效产生积极的影响，团队绩效型目标导向能够通过削弱积极情绪对即兴行为与心理资本的正向作用对员工创新绩效产生消极的影响。以往有关不同类型的目标导向对员工创新绩效的研究结论存在不一致。有研究者认为无论是学习型目标导向或是绩效型目标导向均有利于员工创新绩效，也有学者认为绩效型目标导向不利于员工创新绩效。本书认为进一步深入挖掘不同类型的目标导向对员工创新绩效的影响机制有利于对二者实际关系的准确界定。本书通过建立一个跨层的有中介的调节效应模型剖析了不同类型团队目标导向作为外部情境变量之所以对积极情绪与员工创新绩效关系产生不同作用效果的原因。研究结论表明，较高的团队学习型目标导向能够增强员工个体的积极情绪通过即兴行为与心理资本对员工创新绩效的积极影响；而较高的绩效型目标导向则会削弱员工个体的积极情绪通过即兴行为与心理资本对员工创新绩效的积极影响。这一研究结论发现了不同类型的团队目标导向对积极情绪与员工创新绩效中间机制的不同作用效果。

第二节　研究创新点

首先，本书采用质性研究的方法提炼出工作特征及关系质量两类六种能够对员工积极情绪产生影响的要素，并通过实证研究数据验证了工作挑战性与积极情绪的倒"U"形关系及其他要素对积极情绪的正向作用。这一工作向前延伸了拓展－建构理论，填补了现有研究对积极情绪来源探讨不足的理论空白，为管理者通过塑造工作特征和维护关系质量提升员工积极情绪提供了思路。

以往研究中未能建立积极情绪是如何涌现的这一机制。情感事件理论中对员工积极情绪来源的探讨以"事件"为主导，工作场所中的"事件"具有随机性、任意性和繁杂性，因此以往研究对情绪来源的分类趋于具体化和细微化，缺乏概括性。且情感事件理论中多数事件与客观的工作特征有关，未能关注人的社会性，也就是个体员工与管理者、与团队成员甚至是家庭成员的互动关系是如何影响其在工作场所中的情绪的。本书采用质性研究的方法，通过文本分析抽象出两类能够对积极情绪产生影响的因素：工作特征与关系质量。工作特征包括：工作自主性、工作挑战性与工作趣味性；而关系质量则包括：领导－成员关系质量、团队－成员关系质量及家庭－工作平衡。其中，关系质量要素很好地反映了中国员工的关系导向在积极情绪产生机制中的重要作用，凸显了中国本土文化特征。通过质性数据分析得到以上结构化、类属化的结果后，本书又基于情绪的认知－评价理论，采用实证研究的方法进一步证实了以上六种因素与积极情绪之间的关系。研究结果表明，除工作挑战性与积极情绪呈现倒"U"形关系外，其余五种要素均能正向影响员工积极情绪的产生。

根据这一研究结论，管理者可以实施一系列切实可行的激发员工积极情绪的管理措施。从工作特征设计来说，管理者可以通过适度授权来激活员工的工作自主性，也可以增加工作过程中的趣味性来激活员工工作热情和兴趣。从关系质量维护方面来说，管理者可以通过增加上下级沟通来打破层级壁垒，建立较好的领导－成员关系，也可以加强团队活动与私下的互动来建立和谐的团队－成员关系来激活员工的积极情绪。管理者还应对员工家庭生活中的困难给予一定的关怀与帮助，以促进员工的工作－家庭平衡，从而利用积极情绪的溢出效应使员工在工作场所中展现出更好的情绪状态。同时，在工作挑战性的设置方面，过高或过低的工作挑战性均不利于个体积极情绪的产生，管理者应基于对不同员工能力阈值的了解进行更有针对性的、个性化的任务难度设置，以防止过高工作挑战性所导致的压力感，以及过低工作挑战性所导致的工作倦怠。

其次，本书实现了以积极情绪为驱动的员工创新绩效机制的建立，通过在积极情绪与员工创新绩效之间引入即兴行为这一拓展路径以及心理资本这一建构路径落实了拓展－建构理论在工作场所中的具体应用，丰富了现有研究对员工创新绩效提升机制的探索，为管理者提升员工创新能力提供了新的途径与方法。

以往对员工创新绩效的研究多以判断为驱动力，其一是对创新人格特质及认知风格的探讨，其二是对以认知评价为基础的创新心理因素构成的探讨。内在心理机制的构建多是基于理性的、认知的、判断的，均属于对个体"硬智能"的开发，忽略了员工情感这一"软智能"可能在创新过程中的独特优势。积极情绪的拓展－建构理论是在实验室条件下发现并验证的，拓展与建构是两条相互独立又共同发挥作用的路径，拓展路径能够对建构路径产生影响。但是受到环境中多种要素的影响，在工作场所中积极情绪及其影响机制更为复杂。在组织行为学研究中对拓展－建构理论的应用仅将其作为积极情绪对个体认知范围提升的理论依据，把建构路径作为拓展路径的一种必然结果，对两条路径的内在作用机制与地位辨析不足。

本书基于积极情绪的拓展－建构理论，以积极情绪为核心驱动力，将员工创新绩效作为积极情绪的最终产出对两者之间的内在机制进行了初步探索。通过引入积极情绪拓展路径变量——即兴行为与建构路径变量——心理资本，采用实证研究的方法对两者之间的关系进行了验证。基于在不同时点采集的即兴行为与心理资本数据分析结论表明：员工的即兴行为在积极情绪与员工创新绩效之间起到中介作用；员工的心理资本在积极情绪与员工创新绩效之间起到中介作用；员工的即兴行为能够正向影响其心理资本的构建。通过建立积极情绪与员工创新绩效之间的联系，证实了情感在员工创新绩效过程中的重要作用，明确了积极情绪对员工创新绩效发挥作用的两条不同路径，丰富了员工创新绩效提升的途径与方法，落实了积极情绪的拓展－建构理论在工作场所中的实证应用。

根据这一研究结论，管理者可以通过激活员工积极情绪，促进积极情绪的拓展与建构来提升员工创新绩效。管理者可以通过建立试错性文化鼓励团队成员勇于尝试新的方法，建立不以结果为导向的奖惩机制以平衡员工在风险性与安全性上的选择。还可以通过适度授权，帮助员工更及时地把握行动时机，增加员工即兴行为的发生概率以提升创新绩效。同时，管理者可以通过在任务过程中提供正面的反馈和及时的肯定来帮助员工提升其效能感。增加团队成员之间的沟通与交流，互帮与互助来加强个体完成任务的信心。同时，还应适时地描绘愿景，令员工在逆境中也能充满希望。还应组织对失败任务的定期反思与学习，增加团队的自反性从而提升个体的抗压能力，保持其乐观，提升其恢复力。通过对效能感、乐观、希望及恢复力的提升来增加个体的心理资本，从而提升员工创新绩效。

最后，本书不仅提出了从积极情绪的产生到拓展－建构再到员工创新绩效的完整情绪作用过程，还加入了员工认知灵活性及团队目标导向在这一过程中的不同阶段所起到的调节作用。这一工作为后续开展系统性、全面性的研究提供了借鉴，为管理者更深入地认识个体情绪与认知的共生关系，搭建学习型的工作平台提供了有价值的参考。

要阐明现象发生的根本原因，还需关联周围环境对于组织现象的影响。现有研究广泛地探讨了影响员工创新绩效的情境因素，但缺乏对个体情感、认知及外部情境因素互动作用机制的探索。本书试图综合考虑员工情感智能、认知智能与外部情境因素的协同作用，并建立以积极情绪为核心系统，以认知及外部情境因素为支持系统的员工创新绩效研究框架。

其一，认知与情感是个体处理外部信息的两大核心系统，除在积极情绪产生阶段考虑个体的认知－评价过程外，通过在情绪的认知－评价过程中引入个体的认知灵活性这一认知特质，探索了认知灵活性在工作特征和关系质量要素与员工积极情绪之间的调节作用，突出了个体认知特质在情感产生阶段发挥的关键作用，进一步深化了对个体认知在情绪过程中辅助作用的认识。研究结果表明：认知灵活性在工作自主性或工作趣味性与积极情绪之间起到正向调节作用；在关系质量（领导－成员关系质量、团队－成员关系质量、工作－家庭平衡）与积极情绪之间起到正向调节作用。其二，为了进一步讨论目标导向与员工创新绩效之间的影响关系，采用跨层研究的方法，引入团队学习型目标导向和团队绩效型目标导向作为团队情境因素，分析了不同类型团队目标导向对积极情绪拓展－建构过程的调节作用。研究结果表明学习型目标导向有利于积极情绪的拓展与建构从而能够促进员工创新绩效，而绩效型目标导向不利于积极情绪的拓展与建构进而妨碍了员工创新绩效。也就是说，学习型目标导向能够通过员工的即兴行为与心理资本对积极情绪与员工创新绩效之间的关系产生正向的影响，而绩效型目标导向通过即兴行为与心理资本对积极情绪与员工创新绩效的关系产生负向的影响。

　　根据这一研究结论，管理者应从两个方面入手来试图引导员工积极情绪的产生和员工创新绩效的提升。首先，管理者可以通过增加轮岗，组织团队内部交流、学习与反馈，扩大环境扫描范围及开发多种备择方案的方式来鼓励员工有意识地提升认知灵活性。同时，认知灵活性可以帮助员工在理解周围环境时看到积极的一面，进而激发积极情绪的产生，而积极情绪能够帮助实现个体认知的拓展，有利于认知灵活性的提升，因此，管理者应重视个体情感与认知的共生作用，借力打力。其次，在目标导向方面，仅以学习为目的的工作方式很难保证工作效率的提升，但仅以绩效提升为目的的工作方式容易使员工产生工作倦怠，只有将这两种方式有机地结合起来，才能使员工享受工作过程并在最终获取成就感。管理者需要在积极情绪的拓展－建构过程中引入学习导向的创新评价体系，通过学习型目标导向的设置来提升员工积极主动性行为和内在心理资源的有效积累，从而保证员工创新绩效的顺利达成。管理者可以通过加强专业类的培训、部门沟通与学习，淡化绩效考核指标，督促成员间及时的、正向的反馈来传达团队重视学习型目标的信息，实现团队学习型平台的逐步搭建。

第三节　研究局限性

　　虽然本书通过规范的研究步骤完成了对研究问题的解答，研究结论与假设预期基本相符，但由于研究资源及研究条件的限制，本书仍存在以下的不足：

　　（1）本书在研究方法上存在一定的局限性。其一，本书中有小部分质性研究数据通过开放式问答的形式借助网络平台完成收集，未能进行实地面对面的访谈。本书在质性研究访谈阶段选择了本地企业进行了面对面的实地访谈，但由于地域限制及研究人员数量有限，部分距离较远地区的访谈数据本研究借助了 QQ、微信、金数据及问卷星等网络平台完成了收集。这样的操作方式与传统的实地访谈相比，采访者在被试回答问题的过程中无法参与或引导，也无法及时追踪被试在回答中的线索以更好地完成素材收集。但这种方式突破了地域上的限制为研究提供了便捷性，也保证了数据的全面性和普适性。同时，虚拟网络客户端收集的数据能够在一定程度上降低社会赞许效应，最大限度地保证了个体在描述事件时的真实性、可靠性。其二，本书中所有数据均采用自评估的方式易导致共同方法偏差。在以往研究中，多数研究者提倡在对员工的工作绩效评估时尽可能地采用管理者或团队成员他评的方式来完成。但由于本书中团队类型繁杂，地域分布较广，数据收集时间较长，且分为 T1–T2 两个时点收集，增加了数据收集的难度。在实际测量过程中如要做到管理者他评与员工自评的一一对应不仅会降低数据的回收率，也容易出现混淆和偏差。通过本书第五章第一节的数据分析证明本书的共同方法偏差在可接受的范围内，研究结论并不受共同方法偏差的影响。

（2）由于篇幅限制本书对积极情绪的探讨尚存在一定的局限性。其一，研究未能具体到每一种积极情绪的作用方式。在 2004 的研究中，Fredrickson 及其团队就对十种积极情绪中的一种——"感激的"情绪体验做了有针对性的研究。在积极情绪中有高唤起类型的情绪——充满激情的，也有低唤起类型的情绪——警觉的或细心的。某一种单一类型的积极情绪可能会存在与其他积极情绪截然不同的影响机制和作用效果。但整体来看，目前对十种类型的积极情绪做区分探讨的研究并不多见，不同类型的积极情绪的研究进展也不均衡。本书意图分析员工积极情绪的整体体验对创新的影响，在测量时采用多次采样取均值以及被试回顾评价的方式来获得个体较为稳定的积极情绪数据。实证分析过程中将十种不同的积极情绪作为整体变量讨论其与其他变量的关系。其二，未能深入分析不同情绪效价、情绪唤起程度以及个体趋近动机强度可能对积极情绪作用过程和结果的影响。近几年的研究表明，高水平的情绪唤起程度可能对结果产生量的影响。积极情绪对员工认知拓展的影响受到个体趋近动机强度的影响。Price 和 Gable 的研究结果表明，高水平的趋近动机强度会削弱个体的认知分类宽度，而低水平的趋近动机强度会扩展个体的认知分类宽度，学者们后期的研究都将不同趋近动机强度作为积极情绪的调节因素。本书仅关注积极情绪这一效价下情绪对员工创新绩效的影响。由于不设定任何的研究情境与目标，较宽泛地测量了被试在日常工作生活情境中的情绪反应结果，因此不考虑消极情绪、情绪的唤起程度和趋近动机强度水平。

第四节　未来研究方向

针对本书的内容与方法及以上局限性，本书也提供了一些未来可以深挖的研究话题。

（1）后续研究可以试图将本研究中对积极情绪整体性的研究细化为对独立的某一种积极情绪的研究，或与消极情绪做对比研究。正如前文研究局限性中所提到的，本书限于研究篇幅，未能将不同类型积极情绪作以区分讨论。学者们可以进一步探索十种典型的积极情绪中是否所有的积极情绪都能够对员工创新绩效产生作用，是否都能够通过即兴行为与心理资本这两条路径对员工创新绩效发挥作用，是否有其他的拓展或建构路径发挥作用。是否存在不同类型的积极情绪，在员工创新绩效实现过程中起到了不同的作用。例如，热情的、充满灵感的积极情绪为员工创新绩效提供了新想法，而坚定的、坚强的这类积极情绪对员工创新绩效目标实现过程中意志力的提升有着至关重要的作用。同时，由于积极情绪唤起程度的差异，是否会导致不同类型的积极情绪可能存在不同的有益于组织和个人的产出。再者，研究也不应局限在员工创新绩效这一种个体产出，积极情绪还可能对组织公民行为、角色外行为等的产生有积极的影响。个体情绪的产生过程十分短暂，且波动性较大，因此这类研究操作难度较大，但对不同类型积极情绪的区分研究有利于情绪内在作用机制的不断完善和健全。

（2）本书对拓展－建构理论的应用对后续研究具有一定启发性。第一，现有研究基于拓展－建构理论的逻辑框架，对积极情绪拓展作用对建构作用产生的影响进行了验证。研究证明了即兴行为能够对员工的心理资本的积累产生正向作用，也就是拓展作用对建构作用是有益的。个体在组织中的活动具有重复性，多次的瞬时性的主动行为的发生有助于心理资本的积累，那么心理资本在不断提升的过程中，是否会反作用于个体下一次主动行为的产生呢？在未来研究中，可以通过建立多变量增长曲线模型（Multivariable Latent Growth Curve Model）展开对个体即兴行为与心理资本相互关系的纵向研究。通过分别建立两者的潜增长曲线模型（Latent Growth Curve Model）来观察即兴行为及个体心理资本随时间推移所表现出的成长轨迹特点，同时考察两者潜增长曲线模型之间的关系，进而勾勒出积极情绪的拓展作用与建构作用二者随时间变化所体现出的相互影响关系。第二，积极情绪的拓展和建构路径上不仅只存在即兴行为和心理资本两种作用方式，仍可能存在其他作用方式。本书的研究问题之一是找到员工积极情绪与员工创新绩效的内在作用机制。依托于拓展－建构理论，考虑到即兴行为作为员工即时性、主动性行为的典型代表与员工创新绩效有着紧密联系，且心理资本相较于其他资源更能反映个体的核心心理资源，因此选择了此二者作为本书研究中拓展路径与建构路径的关键变量。随着后续研究的不断丰富，可以根据研究者本身的研究目的与研究问题在积极情绪的拓展与建构路径上开发不同的作用方式。

（3）后续研究可以参考本研究在情境化方面的思路，针对不同的研究问题来发掘其他可能对个体积极情绪作用过程产生影响的情境因素。从本书中可以看出，不同类型的团队目标导向能够通过对员工积极情绪的拓展－建构过程产生截然不同的作用效果从而影响最终产出。因此，后续对员工情绪问题的研究不应局限于对内在心理机制的探索，对环境因素的关注有助于勾勒出积极情绪作用过程的边界条件，为管理者塑造有利于个体积极情绪拓展－建构及最终产出的团队特征或组织特征提供了便捷性。

（4）后续研究还可以在研究方法上做一定的完善。本书涉及的研究变量较多，研究结构较为复杂，因此多数变量采用了自评估的方式。但后续研究如条件允许，可选择他评的方式来收集集体数据或绩效评估数据，这样做能更大程度地保证研究的客观性、严谨性并减少共同方法偏差。

参考文献

[1] Gross JJ. Emotion regulation: Affective, cognitive, and social consequences [J]. Psychophysiology, 2002, 39 (3): 281-291.

[2] Hochschild AR. The sociology of feeling and emotion: Selected possibilities [J]. Sociological Inquiry, 1975, 45 (2-3): 280-307.

[3] Kahn WA. Psychological conditions of personal engagement and disengagement at work [J]. Academy of Management Journal, 1990, 33 (4): 692-724.

[4] Drazin R, Glynn MA, Kazanjian RK. Multilevel theorizing about creativity in organizations: A sensemaking perspective [J]. Academy of Management Review, 1999, 24 (2): 286-307.

[5] Amabile TM. The social psychology of creativity: A componential conceptualization [J]. Journal of Personality and Social Psychology, 1983, 45 (2): 357-376.

[6] Amabile TM. Creativity in context: Update to " the social psychology of creativity" [M]. Boulder, CO, US: Westview Press, 1996.

[7] Feist GJ. A meta-analysis of personality in scientific and artistic creativity [J]. Personality and Social Psychology Review, 1998, 2 (4): 290-309.

[8] Glynn MA. Innovative genius: A framework for relating individual and organizational intelligences to innovation [J]. Academy of Management Review, 1996, 21 (4): 1081-1111.

[9] Amabile TM, Conti R, Coon H, et al. Assessing the work environment for creativity [J]. Academy of Mnagement Journal, 1996, 39 (5): 1154-1184.

[10] 杨晶照，杨东涛，赵顺娣等."我是"，"我能"，"我愿"——员工创新绩效心理因素与员工创新绩效的关系研究 [J]. 科学学与科学技术管理，2011，32（4）：165-172.

[11] Tierney P, Farmer SM. Creative self-efficacy: Its potential antecedents and relationship to creative performance [J]. Academy of Management Journal,

2002, 45 (6): 1137–1148.

[12] Shalley CE. Effects of productivity goals, creativity goals, and personal discretion on individual creativity [J]. Journal of Applied Psychology, 1991, 76 (2): 179–185.

[13] Shalley CE. Effects of coaction, expected evaluation, and goal setting on creativity and productivity [J]. Academy of Management Journal, 1995, 38 (2): 483–503.

[14] Carson PPC, Kerry D. Managing creativity enhancement through goal–setting and feedback [J]. The Journal of Creative Behavior, 1993, 27 (1): 36–45.

[15] 王悦亨，王毅，李纪珍 . 创新目标，信息来源与创新成功关系实证研究 [J]. 科研管理，2015（1）：8–17.

[16] 路琳，常河山 . 目标导向对个体创新行为的影响研究 [J]. 研究与发展管理，2008，19（6）：44–51.

[17] Hirst G, Van Knippenberg D, Zhou J. A cross–level perspective on employee creativity: Goal orientation, team learning behavior, and individual creativity [J]. Academy of Management Journal, 2009, 52 (2): 280–293.

[18] Seligman ME, Csikszentmihalyi M. Positive psychology: An introduction [J]. American Psychological Association, 2000, 55 (1): 5–14.

[19] Seligman ME. Positive psychology, positive prevention, and positive therapy [M]. New York, NY, US: Oxford University Press, 2002.

[20] Gable SL, Haidt J. What (and why) is positive psychology? [J]. Review of General Psychology, 2005, 9 (2): 103–110.

[21] McNulty JK, Fincham FD. Beyond positive psychology? Toward a contextual view of psychological processes and well–being [J]. American Psychologist, 2012, 67 (2): 101–110.

[22] Luthans F, Luthans KW, Luthans BC. Positive psychological capital: Beyond human and social capital [J]. Business Horizons, 2004, 47 (1): 45–50.

[23] Nygren TE, Isen AM, Taylor PJ, et al. The influence of positive affect on the decision rule in risk situations: Focus on outcome (and especially avoidance of loss) rather than probability [J]. Organizational Behavior and Human Decision Processes, 1996, 66 (1): 59–72.

[24] Fredrickson BL. The role of positive emotions in positive psychology: The broaden–and–build theory of positive emotions [J]. American Psychologist, 2001, 56 (3): 218–226.

[25] Fredrickson BL. The broaden–and–build theory of positive emotions [M]. New York, NY, US: Oxford University Press, 2005.

[26] Fredrickson BL. Gratitude, like other positive emotions, broadens and builds [M]. New York, NY, US: Oxford University Press, 2004.

[27] Fredrickson BL, Branigan C. Positive emotions broaden the scope of attention and thought–action repertoires [J]. Cognition & Emotion, 2005, 19 (3): 313–332.

[28] Cohn MA, Fredrickson BL. Beyond the moment, beyond the self: Shared ground between selective investment theory and the broaden–and–build theory of positive emotions [J]. Psychological Inquiry, 2006, 17 (1): 39–44.

[29] Cohn MA, Fredrickson BL. In search of durable positive psychology interventions: Predictors and consequences of long–term positive behavior change [J]. The Journal of Positive Psychology, 2010, 5 (5): 355–366.

[30] Vacharkulksemsuk T, Fredrickson BL. Looking back and glimpsing forward: The Broaden–and–Build Theory of Positive Emotions as applied to organizations [M]. London, UK: Emerald Group Publishing Limited, 2013.

[31] De Dreu CK, Baas M, Nijstad BA. Hedonic tone and activation level in the mood–creativity link: Toward a dual pathway to creativity model [J]. Journal of Personality and Social Psychology, 2008, 94 (5): 739–756.

[32] Staw BM, Sutton RI, Pelled LH. Employee positive emotion and favorable outcomes at the workplace [J]. Organization Science, 1994, 5 (1): 51–71.

[33] 刘小禹, 刘军. 团队情绪氛围对团队创新绩效的影响机制 [J]. 心理学报, 2012, 44 (4): 546–557.

[34] Ford CM. A theory of individual creative action in multiple social domains [J]. Academy of Management Review, 1996, 21 (4): 1112–1142.

[35] Zhou Q, Hirst G, Shipton H. Context matters: Combined influence of participation and intellectual stimulation on the promotion focus-employee creativity relationship [J]. Journal of Organizational Behavior, 2012, 33 (7): 894–909.

[36] Wei Wu W, Hao Q, Kasper H, et al. How does organizational structure influence performance through learning and innovation in Austria and China [J]. Chinese Management Studies, 2012, 6 (1): 36–52.

[37] Jiang J, Wang S, Zhao S. Does HRM facilitate employee creativity and organizational innovation? A study of Chinese firms [J]. The International

Journal of Human Resource Management, 2012, 23 (19): 4025–4047.

[38] Afshari M, Siraj S, Ghani MFA, et al. Leadership and creativity [J]. Australian Journal of Basic and Applied Sciences, 2011, 5 (10): 1591–1594.

[39] Somech A, Drach–Zahavy A. Translating team creativity to innovation implementation the role of team composition and climate for innovation [J]. Journal of Management, 2013, 39 (3): 684–708.

[40] Shin SJ, Kim T–Y, Lee J–Y, et al. Cognitive team diversity and individual team member creativity: A cross–level interaction [J]. Academy of Management Journal, 2012, 55 (1): 197–212.

[41] Anderson N, Potonik K, Zhou J. Innovation and creativity in organizations a state–of–the–science review, prospective commentary, and guiding framework [J]. Journal of Management, 2014, 40 (5): 1297–1333.

[42] Chon KK, Hahn DW. Emotions and creativity, East and West [J]. Asian Journal of Social Psychology, 2001, 4 (3): 165–183.

[43] Basch J, Fisher CD. Affective events–emotions matrix: A classification of work events and associated emotions [J]. School of Business Discussion Papers, 1998: 65.

[44] Amabile TM, Barsade SG, Mueller JS, et al. Affect and creativity at work [J]. Administrative Science Quarterly, 2005, 50 (3): 367–403.

[45] Fredrickson BL. The value of positive emotions [J]. American Scientist, 2003, 91 (4): 330–335.

[46] Barrett LF, Gross J, Christensen TC, et al. Knowing what you're feeling and knowing what to do about it: Mapping the relation between emotion differentiation and emotion regulation [J]. Cognition & Emotion, 2001, 15 (6): 713–724.

[47] Lazarus RS, Averill JR, Opton EM. Towards a cognitive theory of emotion [M]. New York, NY: Academic Press 1970.

[48] McColl–Kennedy JR, Anderson RD. Impact of leadership style and emotions on subordinate performance [J]. The leadership Quarterly, 2002, 13 (5): 545–559.

[49] Weiss HM, Cropanzano R. Affective events theory: A theoretical discussion of the structure, causes and consequences of affective experiences at work [M]. US: Elsevier Science/JAI Press, 1996.

[50] Isen AM. Positive affect, systematic cognitive processing, and behavior:

Toward integration of affect, cognition, and motivation [M]. London, UK: Emerald Group Publishing Limited, 2003.

[51] Egan TM. Factors Influencing Individual Creativity in the Workplace: An Examination of Quantitative Empirical Research [J]. Advances in Developing Human Resources, 2005, 7 (2): 160.

[52] Gong Y, Kim T–Y, Lee D–R, et al. A multilevel model of team goal orientation, information exchange, and creativity [J]. Academy of Management Journal, 2013, 56 (3): 827–851.

[53] Watson D, Tellegen A. Toward a consensual structure of mood [J]. Psychological Bulletin, 1985, 98 (2): 219–235.

[54] Watson D, Clark LA, Tellegen A. Development and validation of brief measures of positive and negative affect: the PANAS scales [J]. Journal of Personality and Social Psychology, 1988, 54 (6): 1063–1070.

[55] James K, Brodersen M, Eisenberg J. Workplace affect and workplace creativity: A review and preliminary model [J]. Human Performance, 2004, 17 (2): 169–194.

[56] Plutchik R. A general psychoevolutionary theory of emotion [M]. New York, NY: Academic Press, INC, 1980.

[57] Russell JA, Barrett LF. Core affect, prototypical emotional episodes, and other things called emotion: Dissecting the elephant [J]. Journal of Personality and Social Psychology, 1999, 76 (5): 805–819.

[58] Mayer JD, DiPaolo M, Salovey P. Perceiving affective content in ambiguous visual stimuli: A component of emotional intelligence [J]. Journal of Personality Assessment, 1990, 54 (3–4): 772–781.

[59] Bar–On R. Bar–On Emotional Quotient Inventory Technical Manual [M]. Toronto, ON: Multi–Health Systems Inc, 1999.

[60] 卢家楣. 对情绪智力概念的探讨 [J]. 心理科学, 2006, 28（5）: 1246-1249.

[61] Salovey P, Mayer JD, Caruso D, et al. Measuring emotional intelligence as a set of abilities with the Mayer–Salovey–Caruso Emotional Intelligence Test [M]. Washington, DC, US: American Psychological Association, 2003.

[62] 陈猛, 卜冉, 王丽娜等. 情绪智力与工作绩效的关系 [J]. 心理科学进展, 2012, 20（3）: 412–423.

[63] Brackett MA, Warner RM, Bosco JS. Emotional intelligence and relationship

quality among couples [J]. Personal Relationships, 2005, 12 (2): 197–212.

[64] Jordan PJ, Ashkanasy NM, Hartel CE. Emotional intelligence as a moderator of emotional and behavioral reactions to job insecurity [J]. Academy of Management Review, 2002, 27 (3): 361–372.

[65] Druskat VU, Wolff SB. Building the emotional intelligence of groups [J]. Harvard Business Review, 2001, 79 (3): 80–91.

[66] Liu X–Y, Hrtel CE, Sun JJ–M. The workgroup emotional climate scale theoretical development, empirical validation, and relationship with workgroup effectiveness [J]. Group & Organization Management, 2014, 39 (6): 626–663.

[67] Peterson C. A primer in positive psychology [M]. New York, NY, US: Oxford University Press, 2006.

[68] Fredrickson BL. Positive emotions broaden and build [M]. US: Elsevier Science & Technology, Inc, 2013.

[69] Salovey P. Mood–induced self–focused attention [J]. Journal of Personality and Social Psychology, 1992, 62 (4): 699–707.

[70] 郑希付. 不同情绪模式的图片刺激启动效应 [J]. 心理学报，2003，35（3）：352–357.

[71] Fredrickson BL, Levenson RW. Positive emotions speed recovery from the cardiovascular sequelae of negative emotions [J]. Cognition & Emotion, 1998, 12 (2): 191–220.

[72] 孟昭兰. 当代情绪理论的发展 [J]. 心理学报，1985（2）：209–215.

[73] Schachter S, Singer J. Cognitive, social, and physiological determinants of emotional state [J]. Psychological Review, 1962, 69 (5): 379–399.

[74] Ashby FG, Isen AM. A neuropsychological theory of positive affect and its influence on cognition [J]. Psychological Review, 1999, 106 (3): 529–550.

[75] Grattan LM, Eslinger PJ. Higher cognition and social behavior: Changes in cognitive flexibility and empathy after cerebral lesions [J]. Neuropsychology, 1989, 3 (3): 175–185.

[76] Martin MM, Rubin RB. A new measure of cognitive flexibility [J]. Psychological Reports, 1995, 76 (2): 623–626.

[77] Bishop SR, Lau M, Shapiro S, et al. Mindfulness: A proposed operational definition [J]. Clinical Psychology: Science and Practice, 2004, 11 (3): 230–241.

[78] Feldman G, Hayes A, Kumar S, et al. Mindfulness and emotion regulation: The

development and initial validation of the cognitive and affective mindfulness scale–revised (CAMS–R) [J]. Journal of Psychopathology and Behavioral Assessment, 2007, 29 (3): 177–190.

[79] Isen AM. Positive affect, cognitive flexibility, and self–control [M]. New York, NY: The Guilford Press, 2007.

[80] Isen AM, Daubman KA, Nowicki GP. Positive affect facilitates creative problem solving [J]. Journal of Personality and Social Psychology, 1987, 52 (6): 1122–1131.

[81] 王艳梅，郭德俊. 积极情绪对任务转换的影响 [J]. 心理学报，2008，40（3）：301–306.

[82] Hill RD, Van Boxtel M, Ponds R, et al. Positive affect and its relationship to free recall memory performance in a sample of older Dutch adults from the Maastricht Aging Study [J]. International Journal of Geriatric Psychiatry, 2005, 20 (5): 429–435.

[83] Dreisbach G, Goschke T. How positive affect modulates cognitive control: Reduced perseveration at the cost of increased distractibility [J]. Journal of Experimental Psychology: Learning, Memory, and Cognition, 2004, 30 (2): 343–353.

[84] Frijda N. Moods, emotion episodes, and emotions [M]. New York, NY, US:: Guilford Press, 1993.

[85] Weiss HM, Beal DJ. Reflections on affective events theory [J]. Research on Emotion in Organizations, 2005, 1 (1): 1–21.

[86] Saavedra R, Kwun SK. Affective states in job characteristics theory [J]. Journal of Organizational Behavior, 2000, 21 (2): 131–146.

[87] Fisher CD. Antecedents and consequences of real–time affective reactions at work [J]. Motivation and Emotion, 2002, 26 (1): 3–30.

[88] Jackson SE, Schuler RS. A meta–analysis and conceptual critique of research on role ambiguity and role conflict in work settings [J]. Organizational Behavior and Human Decision Processes, 1985, 36 (1): 16–78.

[89] Ashton–James CE, Ashkanasy NM. Affective events theory: A strategic perspective [M]. London UK: Emerald Group Publishing Limited, 2008.

[90] Dowd SB, Bolus NE. Stress Resulting from Change and Restructuring: A Cognitive Approach [J]. Family & Community Health, 1998, 21 (2): 70–78.

[91] Everly Jr G. "Syntonic change": A mental health perspective on avoiding the

crises associated with change within organizations [J]. International Journal of Emergency Mental Health, 1998, 1 (4): 217–218.

[92] Muhonen et.al. Coping strategies and health symptoms among women and men in a downsizing organisation [J]. Psychological Reports, 2003, 92 (3): 899–907.

[93] Schweiger DM, Denisi AS. Communication with employees following a merger: A longitudinal field experiment [J]. Academy of Management Journal, 1991, 34 (1): 110–135.

[94] Keck SL, Tushman ML. Environmental and organizational context and executive team structure [J]. Academy of Management Journal, 1993, 36 (6): 1314–1344.

[95] Kumar R. The Role of Affect in Negotiations An Integrative Overview [J]. The Journal of Applied Behavioral Science, 1997, 33 (1): 84–100.

[96] Judge TA, Ilies R. Affect and job satisfaction: A study of their relationship at work and at home [J]. Journal of Applied Psychology, 2004, 89 (4): 661.

[97] Weiss HM, Nicholas JP, Daus CS. An examination of the joint effects of affective experiences and job beliefs on job satisfaction and variations in affective experiences over time [J]. Organizational Behavior and Human Decision Processes, 1999, 78 (1): 1–24.

[98] Connolly JJ, Viswesvaran C. The role of affectivity in job satisfaction: A meta-analysis [J]. Personality and Individual Differences, 2000, 29 (2): 265–281.

[99] Lee K, Allen NJ. Organizational citizenship behavior and workplace deviance: The role of affect and cognitions [J]. Journal of Applied Psychology, 2002, 87 (1): 131–142.

[100] Fisher CD. Why do lay people believe that satisfaction and performance are correlated? Possible sources of a commonsense theory [J]. Journal of Organizational Behavior, 2003, 24 (6): 753–777.

[101] Navon D. Forest before trees: The precedence of global features in visual perception [J]. Cognitive Psychology, 1977, 9 (3): 353–383.

[102] Wadlinger HA, Isaacowitz DM. Positive mood broadens visual attention to positive stimuli [J]. Motivation and Emotion, 2006, 30 (1): 87–99.

[103] Schmitz TW, De Rosa E, Anderson AK. Opposing influences of affective state valence on visual cortical encoding [J]. The Journal of Neuroscience, 2009, 29 (22): 7199–7207.

[104] Cohn MA, Fredrickson BL, Brown SL, et al. Happiness unpacked: Positive emotions increase life satisfaction by building resilience [J]. Emotion, 2009, 9 (3): 361–368.

[105] Algoe SB, Fredrickson BL, Gable SL. The social functions of the emotion of gratitude via expression [J]. Emotion, 2013, 13 (4): 605–609.

[106] Salanova M, Bakker AB, Llorens S. Flow at work: Evidence for an upward spiral of personal and organizational resources [J]. Journal of Happiness Studies, 2006, 7 (1): 1–22.

[107] Waugh CE, Fredrickson BL. Nice to know you: Positive emotions, self‐other overlap, and complex understanding in the formation of a new relationship [J]. The Journal of Positive Psychology, 2006, 1 (2): 93–106.

[108] Cornum R, Matthews MD, Seligman ME. Comprehensive soldier fitness: Building resilience in a challenging institutional context [J]. American Psychologist, 2011, 66 (1): 4–9.

[109] Carlson D, Kacmar KM, Zivnuska S, et al. Work–family enrichment and job performance: A constructive replication of affective events theory [J]. Journal of Occupational Health Psychology, 2011, 16 (3): 297–312.

[110] Hatch. MJ. Commentary: Jazzing up the theory of organizational improvisation [J]. Advances in Strategic Management, 1997(14): 181–192.

[111] Moorman C, Miner AS. Organizational improvisation and organizational memory [J]. Academy of Management Review, 1998, 23 (4): 698–723.

[112] Moorman C, Miner AS. The convergence of planning and execution: Improvisation in new product development [J]. the Journal of Marketing, 1998, 62 (3): 1–20.

[113] Crossan MM, Lane HW, White RE. An Organizational Learning Framework: From intuition to institution [J]. Academy of Management Review, 1999, 24 (3): 522–537.

[114] Vera D, Crossan M. Improvisation and innovative performance in teams [J]. Organization Science, 2005, 16 (3): 203–224.

[115] Magni M, Proserpio L, Hoegl M, et al. The role of team behavioral integration and cohesion in shaping individual improvisation [J]. Research Policy, 2009, 38 (6): 1044–1053.

[116] 樊耘，门一，于维娜. 高管团队即兴能力研究与基础模型构建 [J]. 科技进步与对策，2014，31（4）：138–144.

[117] 门一，樊耘，张旭等 . 基于间断－平衡理论对高管团队即兴动态形成机制的研究 [J]. 软科学，2015，29（5）：87-91.

[118] 樊耘，门一，张婕 . 超竞争环境下资源对高管团队即兴能力的影响 [J]. 商业研究，2013（6）：9-18.

[119] Wu CH, Parker SK. The role of leader support in facilitating proactive work behavior: A perspective from attachment theory [J]. Journal of Management, 2017, 43 (4): 1025-1049.

[120] Shin Y, Kim MS, Choi JN, et al. Does leader-follower regulatory fit matter? The role of regulatory fit in followers' organizational citizenship behavior [J]. Journal of Management, 2017, 43 (4): 1211-1233.

[121] Pina E. Cunha M, Vieira da Cunha J, Kamoche K. Organizational improvisation: What, When, How and Why [J]. International Journal of Management Reviews, 1999, 1 (3): 299-341.

[122] McPherson MJ, Lopez-Gonzalez M, Rankin SK, et al. The role of emotion in musical improvisation: An analysis of structural features [J]. PLoS ONE, 2014, 9 (8): 105-144.

[123] 潘安成，李笑男 . 基于情感反应的组织即兴成因机理研究 [J]. 中国管理科学，2012，20（4）：185-192.

[124] Morgan J, Krone K. Bending the rules of " professional" display: Emotional improvisation in caregiver performances [J]. Journal of Applied Communication Research, 2001, 29 (4): 317-340.

[125] Goldsmith AH, Darity W, Veum JR. Race, cognitive skills, psychological capital and wages [J]. The Review of Black Political Economy, 1998, 26 (2): 9-21.

[126] Luthans F, Avolio BJ, Walumbwa FO, et al. The psychological capital of Chinese workers: Exploring the relationship with performance [J]. Management and Organization Review, 2005, 1 (2): 249-271.

[127] Luthans F, Avolio BJ, Avey JB, et al. Positive psychological capital: Measurement and relationship with performance and satisfaction [J]. Personnel Psychology, 2007, 60 (3): 541-572.

[128] Sweetman D, Luthans F, Avey JB, et al. Relationship between positive psychological capital and creative performance [J]. Canadian Journal of Administrative Sciences, 2011, 28 (1): 4-13.

[129] Luthans F, Avey JB, Avolio BJ, et al. Psychological capital development:

Toward a micro-intervention [J]. Journal of Organizational Behavior, 2006, 27 (3): 387–393.

[130] Becker GS. Human capital: A theoretical and empirical analysis, with special reference to education [M]. New York, NY, US: National Bureau of Economic Research, Inc, 2009.

[131] Coleman JS. Social capital in the creation of human capital [J]. American Journal of Sociology, 1988(94)：95–120.

[132] Newman A, Ucbasaran D, Zhu F, et al. Psychological capital: A review and synthesis [J]. Journal of Organizational Behavior, 2014, 35 (S1): 120–138.

[133] 张红芳, 吴威. 心理资本, 人力资本与社会资本的协同作用 [J]. 经济管理, 2009, 31（7）: 155–161.

[134] Nigah N, Davis AJ, Hurrell SA. The impact of buddying on psychological capital and work engagement: An empirical study of socialization in the professional services sector [J]. Thunderbird International Business Review, 2012, 54 (6): 891–905.

[135] Mathe K, Scott-Halsell S. The effects of perceived external prestige on positive psychological states in quick service restaurants [J]. Journal of Human Resources in Hospitality & Tourism, 2012, 11 (4): 354–372.

[136] Wang Y, Liu L, Wang J, et al. Work-family conflict and burnout among Chinese doctors: The mediating role of psychological capital [J]. Journal of Occupational Health, 2012, 54 (3): 232–240.

[137] Epitropaki O. Employment uncertainty and the role of authentic leadership and positive psychological capital [C]//Academy of Management Proceeding. Academy of Management, 2013.

[138] Combs GM, Milosevic I, Jeung W, et al. Ethnic identity and job attribute preferences: The role of collectivism and psychological capital [J]. Journal of Leadership & Organizational Studies, 2012, 19 (1): 5–16.

[139] Ngo HY, Foley S, Ji MS, et al. Linking Gender Role Orientation to Subjective Career Success The Mediating Role of Psychological Capital [J]. Journal of Career Assessment, 2014, 22 (2): 290–303.

[140] Gooty J, Gavin M, Johnson PD, et al. In the Eyes of the Beholder Transformational Leadership, Positive Psychological Capital, and Performance [J]. Journal of Leadership & Organizational Studies, 2009, 15 (4): 353–367.

[141] Woolley L, Caza A, Levy L. Authentic leadership and follower development:

Psychological capital, positive work climate, and gender [J]. Journal of Leadership & Organizational Studies, 2010, 18 (4): 438–448.

[142] Luthans KW, Jensen SM. The linkage between psychological capital and commitment to organizational mission: A study of nurses [J]. Journal of Nursing Administration, 2005, 35 (6): 304–310.

[143] Avey JB, Hughes LW, Norman SM, et al. Using positivity, transformational leadership and empowerment to combat employee negativity [J]. Leadership & Organization Development Journal, 2008, 29 (2): 110–126.

[144] Avey JB, Reichard RJ, Luthans F, et al. Meta–analysis of the impact of positive psychological capital on employee attitudes, behaviors, and performance [J]. Human Resource Development Quarterly, 2011, 22 (2): 127–152.

[145] Baron RA, Franklin RJ, Hmieleski KM. Why Entrepreneurs Often Experience Low, Not High, Levels of Stress The Joint Effects of Selection and Psychological Capital [J]. Journal of Management, 2013, 42 (3): 742–768.

[146] Norman SM, Avey JB, Nimnicht JL, et al. The interactive effects of psychological capital and organizational identity on employee citizenship and deviance behaviors [J]. Journal of Leadership & Organizational Studies, 2010, 17 (4): 380–391.

[147] Walumbwa FO, Peterson SJ, Avolio BJ, et al. An investigation of the relationships among leader and follower psychological capital, service climate, and job performance [J]. Personnel Psychology, 2010, 63 (4): 937–963.

[148] Hmieleski KM, Carr JC. The relationship between entrepreneur psychological capital and new venture performance [M]. Babson Park, MA: Babson College., 2008.

[149] Abbas M, Raja U, Darr W, et al. Combined effects of perceived politics and psychological capital on job satisfaction, turnover intentions, and performance [J]. Journal of Management, 2014, 40 (7): 1813–1830.

[150] Roberts SJ, Scherer LL, Bowyer CJ. Job stress and incivility: What role does psychological capital play? [J]. Journal of Leadership & Organizational Studies, 2011, 18 (4): 449–458.

[151] Cheung F, Tang CS–k, Tang S. Psychological capital as a moderator between emotional labor, burnout, and job satisfaction among school teachers in China [J]. International Journal of Stress Management, 2011, 18 (4): 348–371.

[152] 李晓艳，周二华. 心理资本与情绪劳动策略，工作倦怠的关系研究 [J]. 管理科学，2013（1）: 38–47.

[153] Avey JB, Wernsing TS, Luthans F. Can positive employees help positive organizational change? Impact of psychological capital and emotions on relevant attitudes and behaviors [J]. The Journal of Applied Behavioral Science, 2008, 44 (1): 48–70.

[154] Lazarus RS. Thoughts on the relations between emotion and cognition [J]. American Psychologist, 1982, 37 (9): 1019–1024.

[155] Oldham GR, Cummings A. Employee Creativity: Personal and Contextual Factors at Work [J]. The Academy of Management Journal, 1996, 39 (3): 607–634.

[156] Shalley CE, Perry–Smith JE. Effects of social–psychological factors on creative performance: The role of informational and controlling expected evaluation and modeling experience [J]. Organizational Behavior and Human Decision Processes, 2001, 84 (1): 1–22.

[157] Amabile TM. Motivational synergy: Toward new conceptualizations of intrinsic and extrinsic motivation in the workplace [J]. Human Resource Management Review, 1993, 3 (3): 185–201.

[158] Runco MA, Chand I. Cognition and creativity [J]. Educational Psychology Review, 1995, 7 (3): 243–267.

[159] De Jesus SN, Rus CL, Lens W, et al. Intrinsic motivation and creativity related to product: A meta–analysis of the studies published between 1990 – 2010 [J]. Creativity Research Journal, 2013, 25 (1): 80–84.

[160] Zhou J, Shalley CE. Deepening our understanding of creativity in the workplace: A review of different approaches to creativity research [M]. Washington, DC, US: American Psychological Association, 2011.

[161] Cropley AJ. Creativity and cognition: Producing effective novelty [J]. Roeper Review, 1999, 21 (4): 253–260.

[162] Myers IB, McCaulley MH, Most R. Manual, a guide to the development and use of the Myers–Briggs type indicator [M]. Palo Alto, CA: Consulting Psychologists Press, 1985.

[163] Bledow R, Rosing K, Frese M. A dynamic perspective on affect and creativity [J]. Academy of Management Journal, 2013, 56 (2): 432–450.

[164] 汤超颖，艾树，龚增良. 积极情绪的社会功能及其对团队创造力的影

响，隐性知识共享的中介作用 [J]. 南开管理评论，2011，14（4）：129-137.

[165] 李旭培，时雨，王桢等. 抗逆力对工作投入的影响：积极应对和积极情绪的中介作用 [J]. 管理评论，2013，25（1）：114-119.

[166] 李悦，王重鸣. 程序公正对创新行为的影响：积极情绪的中介效应研究 [J]. 软科学，2012，26（2）：79-83.

[167] 彭正龙，王红丽，谷峰. 涌现型领导对团队情绪，员工创新绩效行为的影响研究 [J]. 科学学研究，2011，29（3）：471-480.

[168] 张小林，裴颖. 即兴能力理论研究综述 [J]. 科技进步与对策，2010，27（23）：156-160.

[169] 阮国祥，毛荐其，马立强. 员工即兴行为对个体创新绩效作用机制的跨层次研究——基于新能源创业企业的实证 [J]. 中国软科学，2015(1)：108-117.

[170] Hmieleski KM, Corbett AC. The contrasting interaction effects of improvisational behavior with entrepreneurial self-efficacy on new venture performance and entrepreneur work satisfaction [J]. Journal of Business Venturing, 2008, 23 (4): 482-496.

[171] 纪晓丽，蔡耀龙. 研发团队即兴能力与团队创新绩效关系研究——共享心智模式的调节作用 [J]. 科技进步与对策，2013，30（14）：11-16.

[172] Bandura A. Social foundations of thought and action: A social cognitive theory [M]. New York, NY, US: Prentice-Hall, Inc. , 1986.

[173] Bandura A. Self-efficacy: The exercise of control [M]. New York, NY, US: W H. Freeman, 1997.

[174] 张宏如. 心理资本对创新绩效影响的实证研究 [J]. 管理世界，2013（10）：170-171.

[175] 侯二秀，陈树文，长青. 知识员工心理资本对创新绩效的影响：心理契约的中介 [J]. 科学学与科学技术管理，2012，6（33）：149-155.

[176] 张振刚，李云健，余传鹏. 员工的主动性人格与创新行为关系研究——心理安全感与知识分享能力的调节作用 [J]. 科学学与科学技术管理，2014，35（7）：171-180.

[177] 吴庆松，游达明. 员工心理资本，组织创新氛围和技术创新绩效的跨层次分析 [J]. 系统工程，2011，29（1）：69-77.

[178] 赵斌，付庆凤，李新建. 科技人员心理资本对创新行为的影响研究：以知识作业难度为调节变量 [J]. 科学学与科学技术管理，2012，33（3）：

174–180.

[179] 韩翼，杨百寅. 真实型领导，心理资本与员工创新绩效行为：领导成员交换的调节作用 [J]. 管理世界，2011（12）：78–86.

[180] George JM, Zhou J. When openness to experience and conscientiousness are related to creative behavior: An interactional approach [J]. Journal of Applied Psychology, 2001, 86 (3): 513–524.

[181] Elliott ES, Dweck CS. Goals: An approach to motivation and achievement [J]. Journal of Personality and Social Psychology, 1988, 54 (1): 5–12.

[182] Button SB, Mathieu JE, Zajac DM. Goal orientation in organizational research: A conceptual and empirical foundation [J]. Organizational Behavior and Human Decision Processes, 1996, 67 (1): 26–48.

[183] Kaplan A, Maehr ML. The contributions and prospects of goal orientation theory [J]. Educational Psychology Review, 2007, 19 (2): 141–184.

[184] Lin S–C, Chang J–N. Goal orientation and organizational commitment as explanatory factors of employees' mobility [J]. Personnel Review, 2005, 34 (3): 331–353.

[185] Hirst G VKD, Chen C, et al. How does bureaucracy impact individual creativity? A cross–level investigation of team contextual influences on goal orientation–creativity relationships [J]. Academy of Management Journal, 2011, 54 (3): 624.

[186] Simmons A L RR. The influence of goal orientation and risk on creativity [J]. Creativity Research Journal, 2009, 21 (4): 400–408.

[187] Mehta A, Feild H, Armenakis A, et al. Team goal orientation and team performance: The mediating role of team planning [J]. Journal of Management, 2008, 35 (4): 1026–1046.

[188] Dragoni L. Understanding the emergence of state goal orientation in organizational work groups: The role of leadership and multilevel climate perceptions [J]. Journal of Applied Psychology, 2005, 90 (6): 1084.

[189] Dweck CS. Implicit theories as organizers of goals and behavior [M]. New York, NY, US: The Guilford Press, 1996.

[190] Porter CO. Goal orientation: effects on backing up behavior, performance, efficacy, and commitment in teams [J]. Journal of Applied Psychology, 2005, 90 (4): 811–818.

[191] Ames C, Archer J. Achievement goals in the classroom: Students' learning

strategies and motivation processes [J]. Journal of Educational Psychology, 1988, 80 (3): 260–267.

[192] Porath CL, Bateman TS. Self-regulation: From goal orientation to job performance [J]. Journal of Applied Psychology, 2006, 91 (1): 185–192.

[193] 罗瑾琏, 王亚斌, 钟竞. 员工认知方式与创新行为关系研究——以员工心理创新氛围为中介变量 [J]. 研究与发展管理, 2010, 22（2）: 1–8.

[194] Zha P, Walczyk JJ, Griffith-Ross DA, et al. The impact of culture and individualism‐collectivism on the creative potential and achievement of American and Chinese adults [J]. Creativity Research Journal, 2006, 18 (3): 355–366.

[195] Du J, Wang D-N. Person-Environment Fit and Creativity: The Moderating Role of Collectivism [J]. Acta Psychologica Sinica, 2009(10): 980–988.

[196] 刘云, 石金涛. 组织创新气氛对员工创新绩效行为的影响过程研究——基于心理授权的中介效应分析 [J]. 中国软科学, 2010（3）: 133–144.

[197] Gumusluoglu L, Ilsev A. Transformational leadership, creativity, and organizational innovation [J]. Journal of Business Research, 2009, 62 (4): 461–473.

[198] Rego A, Sousa F, Marques C, et al. Hope and positive affect mediating the authentic leadership and creativity relationship [J]. Journal of Business Research, 2014, 67 (2): 200–210.

[199] Choi JN, Sung SY, Lee K, et al. Balancing cognition and emotion: Innovation implementation as a function of cognitive appraisal and emotional reactions toward innovation [J]. Journal of Organizational Behavior, 2011, 32 (1): 107–124.

[200] Cappelli P, Sherer PD. The missing role of context in OB-the need for a meso-level approach [J]. Research in Organizational Behavior, 1991(13): 55–110.

[201] 蒲勇健, 赵国强. 内在动机与外在激励 [J]. 中国管理科学, 2003, 11（5）: 95–100.

[202] Locke E. Motivation, cognition, and action: An analysis of studies of task goals and knowledge [J]. Applied Psychology, 2000, 49 (3): 408–429.

[203] 李斌, 马红宇, 郭永玉. 心理资本作用机制的研究回顾与展望 [J]. 心理研究, 2014, 7（6）: 53–63.

[204] Cole K, Daly A, Mak A. Good for the soul: The relationship between work, wellbeing and psychological capital [J]. The Journal of Socio-Economics,

2009, 38 (3): 464–474.

[205] Zajonc RB. Feeling and thinking: Preferences need no inferences [J]. American Psychologist, 1980, 35 (2): 151–175.

[206] Georgsdottir AS, Getz I. How flexibility facilitates innovation and ways to manage it in organizations [J]. Creativity and Innovation Management, 2004, 13 (3): 166–175.

[207] Ward TB, Smith SM, Vaid JE. Creative thought: An investigation of conceptual structures and processes [M]. Washington, DC, US: American Psychological Association, 1997.

[208] Hackman JR, Oldham GR. Motivation through the design of work: Test of a theory [J]. Organizational Behavior and Human Performance, 1976, 16 (2): 250–279.

[209] 张志学. 组织心理学研究的情境化及多层次理论 [J]. 心理学报，2010（1）: 10–21.

[210] Hackman JR, Oldham GR. Development of the job diagnostic survey [J]. Journal of Applied Pchology, 1975, 60 (2): 159–170.

[211] Charmaz K. Constructing grounded theory [M]. Thousand Oaks, California, US: Sage Publications Inc, 2014.

[212] Lee Y–C, Lin Y–C, Huang C–L, et al. The construct and measurement of peace of mind [J]. Journal of Happiness Studies, 2013, 14 (2): 571–590.

[213] Patrick BC, Skinner EA, Connell JP. What motivates children's behavior and emotion? Joint effects of perceived control and autonomy in the academic domain [J]. Journal of Personality and Social Psychology, 1993, 65 (4): 781–791.

[214] Ryan RM, Deci EL. Self‐regulation and the problem of human autonomy: Does psychology need choice, self‐determination, and will? [J]. Journal of Personality, 2006, 74 (6): 1557–1586.

[215] Wharton AS. The affective consequences of service work managing emotions on the job [J]. Work and Occupations, 1993, 20 (2): 205–232.

[216] Rafaeli A, Sutton RI. The expression of emotion in organizational life [J]. Research in Organizational Behavior, 1989, 11 (1): 1–42.

[217] Ryan RM, La Guardia JG, Solky‐Butzel J, et al. On the interpersonal regulation of emotions: Emotional reliance across gender, relationships, and cultures [J]. Personal Relationships, 2005, 12 (1): 145–163.

[218] Knee CR, Lonsbary C, Canevello A, et al. Self-determination and conflict in romantic relationships [J]. Journal of Personality and Social Psychology, 2005, 89 (6): 997–1009.

[219] Bolton S, Houlihan M, Lamm E, et al. Workplace fun: The moderating effects of generational differences [J]. Employee Relations, 2009, 31 (6): 613–631.

[220] Ford RC, McLaughlin FS, Newstrom JW. Questions and answers about fun at work [J]. Human Resource Planning, 2003, 26 (4): 18–33.

[221] Bolton S, Houlihan M, Bolton SC, et al. Are we having fun yet? A consideration of workplace fun and engagement [J]. Employee Relations, 2009, 31 (6): 556–568.

[222] Chan SC. Does workplace fun matter? Developing a useable typology of workplace fun in a qualitative study [J]. International Journal of Hospitality Management, 2010, 29 (4): 720–728.

[223] Isen AM, Reeve J. The influence of positive affect on intrinsic and extrinsic motivation: Facilitating enjoyment of play, responsible work behavior, and self-control [J]. Motivation and Emotion, 2005, 29 (4): 295–323.

[224] Everett A. Benefits and challenges of fun in the workplace [J]. Library Leadership & Management, 2011, 25 (1): 1–10.

[225] Hackman JR, Oldham GR. Work redesign [M]. MA: Addison-Wesley, 1980.

[226] Rafaeli A, Worline M. Individual emotion in work organizations [J]. Social Science Information, 2001, 40 (1): 95–123.

[227] Meyer DK, Turner JC. Discovering emotion in classroom motivation research [J]. Educational Psychologist, 2002, 37 (2): 107–114.

[228] Brophy J. Conceptualizing student motivation [J]. Educational Psychologist, 1983, 18 (3): 200–215.

[229] Edwards MR, Peccei R. Perceived organizational support, organizational identification, and employee outcomes:Testing a simultaneous multifoci model [J]. Journal of Personnel Psychology, 2010(9): 17–26.

[230] Schriesheim CA, Castro SL, Cogliser CC. Leader-member exchange (LMX) research: A comprehensive review of theory, measurement, and data-analytic practices [J]. The Leadership Quarterly, 1999, 10 (1): 63–113.

[231] Dasborough MT. Cognitive asymmetry in employee emotional reactions to leadership behaviors [J]. The Leadership Quarterly, 2006, 17 (2): 163–178.

[232] Daim T, Hsu B-F, Chen W-Y, et al. Explaining supervisory support to work-

family conflict: The perspectives of guanxi, LMX, and emotional intelligence [J]. Journal of Technology Management in China, 2010, 5 (1): 40–54.

[233] Hwang K–K. Face and favor: The Chinese power game [J]. American Journal of Sociology, 1987, 92 (4): 944–974.

[234] Peeters G, Czapinski J. Positive–negative asymmetry in evaluations: The distinction between affective and informational negativity effects [J]. European Review of Social Psychology, 1990, 1 (1): 33–60.

[235] Seers A. Team–member exchange quality: A new construct for role–making research [J]. Organizational Behavior and Human Decision Processes, 1989, 43 (1): 118–135.

[236] Zou W–C, Liu J. One for all, all for one: Review of research on Team–member exchange [J]. Advances in Psychological Science, 2011(8): 1193–1204.

[237] Erdogan B. A justice perspective to understanding the effects of LMX differentiation for individual attitudes [C]. National Meeting of the Academy of Management. Denver, CO, 2002.

[238] Tse HH, Troth AC, Ashkanasy NM. Emotion in organizations [M]. Thousand Oaks, CA, US: Sage Publications, Inc, 2015.

[239] Wolff SB, Pescosolido AT, Druskat VU. Emotional intelligence as the basis of leadership emergence in self–managing teams [J]. The Leadership Quarterly, 2002, 13 (5): 505–522.

[240] Clark SC. Work/family border theory: A new theory of work/family balance [J]. Human Relations, 2000, 53 (6): 747–770.

[241] Greenhaus JH, Collins KM, Shaw JD. The relation between work – family balance and quality of life [J]. Journal of Vocational Behavior, 2003, 63 (3): 510–531.

[242] Grzywacz JG, Carlson DS. Conceptualizing work—family balance: Implications for practice and research [J]. Advances in Developing Human Resources, 2007, 9 (4): 455–471.

[243] Livingston BA, Judge TA. Emotional responses to work–family conflict: An examination of gender role orientation among working men and women [J]. Journal of Applied Psychology, 2008, 93 (1): 207–216.

[244] George JM. Mood and absence [J]. Journal of Applied Psychology, 1989, 74 (2): 317–324.

[245] Edwards JR, Rothbard NP. Mechanisms linking work and family: Clarifying

the relationship between work and family constructs [J]. Academy of Management Review, 2000, 25 (1): 178–199.

[246] Barnett RC, Hyde JS. Women, men, work, and family [J]. American Psychologist, 2001, 56 (10): 781–796.

[247] Goudswaard A, De Nanteuil M. Flexibility and working conditions: A qualitative and comparative study in seven EU Member States [M]. Luxembourg: Office for Official Publications of the European Communities, European Foundation for the Improvement of Living and Working Conditions, 2000.

[248] Mayr U, Kliegl R. Task–set switching and long–term memory retrieval [J]. Journal of Experimental Psychology: Learning, Memory, and Cognition, 2000, 26 (5): 1124–1140.

[249] Ravizza SM, Carter CS. Shifting set about task switching: Behavioral and neural evidence for distinct forms of cognitive flexibility [J]. Neuropsychologia, 2008, 46 (12): 2924–2935.

[250] Lyubomirsky S, King L, Diener E. The benefits of frequent positive affect: Does happiness lead to success? [J]. Psychological Bulletin, 2005, 131 (6): 803–855.

[251] Baas M, De Dreu CK, Nijstad BA. A meta–analysis of 25 years of mood–creativity research: Hedonic tone, activation, or regulatory focus? [J]. Psychological Bulletin, 2008, 134 (6): 779–806.

[252] Fredrickson BL, Joiner T. Positive emotions trigger upward spirals toward emotional well–being [J]. Psychological Science, 2002, 13 (2): 172–175.

[253] Clore GL, Schwarz N, Conway M. Affective causes and consequences of social information processing [J]. Handbook of Social Cognition, 1994(1): 323–417.

[254] Dunn JR, Schweitzer ME. Feeling and believing: The influence of emotion on trust [J]. Journal of Personality and Social Psychology, 2005, 88 (5): 736–748.

[255] Dovidio J, Gaertner S, Isen A, et al. Positive affect and the reduction of intergroup bias [M]. Mahway, NJ: Erlbaum, 1995.

[256] Nelson MH, Fierke KK, Sucher BJ, et al. Including emotional intelligence in pharmacy curricula to help achieve CAPE outcomes [J]. American Journal of Pharmaceutical Education, 2015, 79 (4): 1–6.

[257] 徐光，张雪，田也壮．即兴创新视角下的科研团队创造力提升研究 [J]. 科学管理研究，2015，33（4）：95–97.

[258] 谢慧娟，王国顺．社会资本，组织学习对物流服务企业动态能力的影

响研究 [J]. 管理评论，2012，24（10）：133-142.

[259] Leybourne S, Sadler-Smith E. The role of intuition and improvisation in project management [J]. International Journal of Project Management, 2006, 24 (6): 483-492.

[260] Miner AS, Bassof P, Moorman C. Organizational improvisation and learning: A field study [J]. Administrative Science Quarterly, 2001, 46 (2): 304-337.

[261] Snyder CR, Irving LM, Anderson JR. Hope and health [M]. Oxford, UK: Oxford University Press., 1991.

[262] Carver CS, Scheier MF, Segerstrom SC. Optimism [J]. Clinical Psychology Review, 2010, 30 (7): 879-889.

[263] Luthans F. Positive organizational behavior: Developing and managing psychological strengths [J]. The Academy of Management Executive, 2002, 16 (1): 57-72.

[264] Lazarus RS. Does the positive psychology movement have legs? [J]. Psychological Inquiry, 2003, 14 (2): 93-109.

[265] Avey JB, Luthans F, Smith RM, et al. Impact of positive psychological capital on employee well-being over time [J]. Journal of Occupational Health Psychology, 2010, 15 (1): 17-28.

[266] George JM. Leader positive mood and group performance: The case of customer service [J]. Journal of Applied Social Psychology, 1995, 25 (9): 778-794.

[267] Magen Z, Aharoni R. Adolescents' contributing toward others relationship to positive experiences and transpersonal commitment [J]. Journal of Humanistic Psychology, 1991, 31 (2): 126-143.

[268] Berry DS, Willingham JK. Affective traits, responses to conflict, and satisfaction in romantic relationships [J]. Journal of Research in Personality, 1997, 31 (4): 564-576.

[269] Kashdan TB, Roberts JE. Social anxiety's impact on affect, curiosity, and social self-efficacy during a high self-focus social threat situation [J]. Cognitive Therapy and Research, 2004, 28 (1): 119-141.

[270] Prabhu V, Sutton C, Sauser W. Creativity and certain personality traits: Understanding the mediating effect of intrinsic motivation [J]. Creativity Research Journal, 2008, 20 (1): 53-66.

[271] Gist ME, Mitchell TR. Self-efficacy: A theoretical analysis of its determinants

and malleability [J]. Academy of Management Review, 1992, 17 (2): 183–211.

[272] Snyder CR. The psychology of hope: You can get there from here [M]. New York: Free Press: Simon and Schuster, 1994.

[273] Peterson C, Chang EC. Optimism and flourishing [M]. Flourishing: positive psychology and the life well–lived. Washington, DC, US: American Psychological Association, 2003.

[274] Masten AS. Ordinary magic: Resilience processes in development [J]. American Psychologist, 2001, 56 (3): 227–238.

[275] Rerup C, Feldman MS. Routines as a source of change in organizational schemata: The role of trial–and–error learning [J]. Academy of Management Journal, 2011, 54 (3): 577–610.

[276] Ford JK, Smith EM, Weissbein DA, et al. Relationships of goal orientation, metacognitive activity, and practice strategies with learning outcomes and transfer [J]. Journal of Applied Psychology, 1998, 83 (2): 218–233.

[277] Vande Walle D, Cron WL, Slocum Jr JW. The role of goal orientation following performance feedback [J]. Journal of Applied Psychology, 2001, 86 (4): 629–640.

[278] Breaugh JA. The measurement of work autonomy [J]. Human Relations, 1985, 38 (6): 551–570.

[279] Kirmeyer SL, Shirom A. Perceived job autonomy in the manufacturing sector: Effects of unions, gender, and substantive complexity [J]. Academy of Management Journal, 1986, 29 (4): 832–840.

[280] Spreitzer GM. Psychological empowerment in the workplace: Dimensions, measurement, and validation [J]. Academy of Management Journal, 1995, 38 (5): 1442–1465.

[281] Cavanaugh MA, Boswell WR, Roehling MV, et al. An empirical examination of self–reported work stress among US managers [J]. Journal of Applied Psychology, 2000, 85 (1): 65–74.

[282] Karl K, Peluchette J, Hall–Indiana L, et al. Attitudes toward workplace fun: A three sector comparison [J]. Journal of Leadership & Organizational Studies, 2005, 12 (2): 1–17.

[283] Scandura TA, Graen GB. Moderating effects of initial leader－member exchange status on the effects of a leadership intervention [J]. Journal of Applied Psychology, 1984, 69 (3): 428–436.

[284] Liden RC, Maslyn JM. Multidimensionafity of leader–member exchange: An empirical assessment through scale development [J]. Journal of Management, 1998, 24 (1): 43–72.

[285] 曾垂凯. 家长式领导与部属职涯高原：领导—成员关系的中介作用 [J]. 管理世界，2011（5）：109–119.

[286] 李山根，凌文辁. 团队 – 成员交换研究现状探析与未来展望 [J]. 外国经济与管理，2011, 33（7）：58–64.

[287] Hill EJ, Hawkins AJ, Ferris M, et al. Finding an extra day a week: The positive influence of perceived job flexibility on work and family life balance [J]. Family Relations, 2001, 50 (1): 49–58.

[288] Valcour M. Work–based resources as moderators of the relationship between work hours and satisfaction with work–family balance [J]. Journal of Applied Psychology, 2007, 92 (6): 1512–1523.

[289] Carlson DS, Grzywacz JG, Zivnuska S. Is work–family balance more than conflict and enrichment? [J]. Human Relations, 2009, 62 (10): 1459–1486.

[290] 韵江，王文敬. 组织记忆，即兴能力与战略变革 [J]. 南开管理评论，2015, 18（4）36–46.

[291] Larson M, Luthans F. Potential added value of psychological capital in predicting work attitudes [J]. Journal of Leadership & Organizational Studies, 2006, 13 (2): 75–92.

[292] 柯江林，孙健敏，李永瑞. 心理资本：本土量表的开发及中西比较 [J]. 心理学报，2009, 41（9）：875–888.

[293] Janssen O, Van Yperen NW. Employees' goal orientations, the quality of leader–member exchange, and the outcomes of job performance and job satisfaction [J]. Academy of Management Journal, 2004, 47 (3): 368–384.

[294] Dennis JP, Vander Wal JS. The cognitive flexibility inventory: Instrument development and estimates of reliability and validity [J]. Cognitive therapy and Research, 2010, 34 (3): 241–253.

[295] Vande Walle D. Development and validation of a work domain goal orientation instrument [J]. Educational and Psychological Measurement, 1997, 57 (6): 995–1015.

[296] 张文勤，王瑛. 团队中的目标取向对创新气氛与创新绩效影响的实证研究 [J]. 科研管理，2011, 32（3）：121–129.

[297] Zhou J, George JM. Awakening employee creativity: The role of leader

emotional intelligence [J]. The Leadership Quarterly, 2003, 14 (4): 545–568.

[298] 段锦云，田晓明，王先辉. 情绪智力对员工创造力的影响 [J]. 科研管理，2013，34（8）：106–114.

[299] Wong C, Law K. Development of an emotional intelligence instrument and an investigation of its relationship with leader and follower performance and attitudes [J]. The Leadership Quarterly, 2002, 13 (1): 1–32.

[300] Fornell C, Larcker DF. Structural equation models with unobservable variables and measurement error: Algebra and statistics [J]. Journal of Marketing Research, 1981, 18 (3): 382–388.

[301] 周浩，龙立荣. 共同方法偏差的统计检验与控制方法 [J]. 心理科学进展，2004，12（6）：942–950.

[302] Cote JA, Buckley MR. Measurement error and theory testing in consumer research: An illustration of the importance of construct validation [J]. Journal of Consumer Research, 1988, 14 (4): 579–582.

[303] LePine JA, LePine MA, Jackson CL. Challenge and hindrance stress: Relationships with exhaustion, motivation to learn, and learning performance [J]. Journal of Applied Psychology, 2004, 89 (5): 883–891.

[304] 李宗波，彭翠. 挑战性 - 阻碍性压力对工作满意度，情绪衰竭的差异性影响——上下属关系的调节作用 [J]. 软科学，2014，28（3）：82–86.

[305] 刘新梅，韩骁，崔天恒等. 工作压力，情绪状态与员工创造力的关系研究 [J]. 统计与信息论坛，2015，30（7）：84–89.

[306] 吴亮，张迪，伍新春. 工作特征对工作者的影响——要求 - 控制模型与工作要求 - 资源模型的比较 [J]. 心理科学进展，2010，18（2）：348–355.

[307] Kang S-M, Shaver PR, Sue S, et al. Culture-specific patterns in the prediction of life satisfaction: Roles of emotion, relationship quality, and self-esteem [J]. Personality and Social Psychology Bulletin, 2003, 29 (12): 1596–1608.

[308] Haas MR. Knowledge gathering, team capabilities, and project performance in challenging work environments [J]. Management Science, 2006, 52 (8): 1170–1184.

[309] 龙静，程德俊，王陵峰. 企业并购情境下的威胁感知与员工创造力：工作负担和挑战性的调节效应 [J]. 经济科学，2011，218（4）：119–128.

[310] 杨红明. 挑战性工作要求对变革型领导的"替代"：科研人员敬业度作

用的间接调节模型 [J]. 科技进步与对策，2017，34（7）：88-93.

[311] 隋杨，王辉，岳旖旎等. 变革型领导对员工绩效和满意度的影响：心理资本的中介作用及程序公平的调节作用 [J]. 心理学报，2012，44（9）：1217-1230.

[312] 叶新凤，李新春，王智宁. 安全氛围对员工安全行为的影响 [J]. 软科学，2014，28（1）：86-90.

[313] 田喜洲，谢晋宇. 组织支持感对员工工作行为的影响：心理资本中介作用的实证研究 [J]. 南开管理评论，2010（1）：23-29.

[314] 苏勇，王淼，李辉. 工作设计对员工知识共享行为影响研究：以心理资本为中介变量 [J]. 软科学，2011，25（9）：75-80.

附录A 质性研究访谈提纲

编号	问 题
1	您的工作属于哪种性质
2	在工作中您是如何理解积极情绪的？能具体通过几个词语来形容吗
3	您认为您目前在大多数情况下的心态或情绪是积极正面的，还是消极负面的
4	您在工作中一定经历过一些让您开心、愉悦或十分高兴的事情吧，您能讲几件令您印象深刻的事情吗
5	您觉得在您上述所体验的这些事件中，让您体验到积极情绪的最主要的原因是什么呢
6	您觉得您所经历过的这些正向的、积极的情绪是否与单位安排的工作设置有一定的关系 这些工作设置有哪些突出的特点让您印象深刻
7	您觉得您所经历过的这些正向的、积极的情绪是否源自您和周围人的互动关系？这些人都包括谁
8	您在工作中一定也有过十分低迷、沮丧和郁闷的情况出现，您认为这些消极情绪出现的原因主要是什么？通过改善这些，您的工作会变得更开心、更快乐一些吗

附录B 研究量表

尊敬的女士 / 先生：

您好！您成为我们的询问对象是我们的荣幸。您在长期的学习与工作中积累了丰富的理论与实践经验，您的选择将是本次研究的基础。衷心地感谢您在百忙中抽出宝贵的时间参与此项调查。

本研究的目的在于通过匿名问卷的方式，得到您最为真实的感受。您的回答是完全保密的，数据仅作为科研用途并不会提供给任何其他组织或个人。请您根据自己的切身体会与感受如实填写，所有问题没有对错与好坏之分，仅凭直觉判断即可。请您在相应的格内打"√"。

以下信息为您的基本情况：			
您的性别：	1. 男（　　）	2. 女（　　）	
您的年龄：	1. 20 岁以下（　　）	2. 21~30 岁（　　）	3. 31~40 岁（　　）
	4. 41~50 岁（　　）	5. 51~60 岁（　　）	6. 60 岁以上（　　）
您的学历：	1. 专科及以下（　　）	2. 本科（　　）	3. 硕士（　　）
	4. 博士（　　）	5. 其他（　　）	
您在本单位工作的时间：	1. 1 年以内（　　）	2. 1~3 年（　　）	3. 3~7 年（　　）
	4. 7~10 年（　　）	5. 10 年以上（　　）	
您的工作性质：	1. 技能型（　　）	2. 事务型（　　）	3. 研究型（　　）
	4. 艺术型（　　）	5. 经管型（　　）	6. 社交型（　　）
您的教育背景：	1. 理工（　　）　2. 文法（　　）　3. 经管（　　）　4. 其他（　　）		
您所在部门或团队共有（　　）人			

在过去的一个月内，您的工作可能需要您采取一种新的方法，使用一种新的工具，或为团队最终新成果的产出提供新的想法与建议。请结合上述情况及您自身真实的工作经历去评价在过去一个月内，您感受到以下情绪体验的程度。

编号	题 项	完全不符合←——→完全符合						
1	充满兴趣的：觉得内心对某人或事物感到充满好奇或觉得十分有趣	1	2	3	4	5	6	7
2	警觉的：感受到关注周围环境的变化能快速反应的状态	1	2	3	4	5	6	7
3	兴奋的：体会到难以抑制的开心与激动，难以平静	1	2	3	4	5	6	7
4	富有灵感的：突然为自己某个时刻的想法或主意由衷感到赞叹	1	2	3	4	5	6	7
5	坚强的：在困难来临或十分沮丧时告诉自己打起精神并充满信心	1	2	3	4	5	6	7
6	坚定的：对某个目标十分明确并决心要为之付出努力	1	2	3	4	5	6	7
7	细心的：注意到一些之前没有注意到的有关人和事的细节	1	2	3	4	5	6	7
8	充满热情的：感受到自身内在的活力	1	2	3	4	5	6	7
9	活跃的：体会到一种向上的积极的感受	1	2	3	4	5	6	7
10	自豪的：为自己、朋友、同事或家人感到十分欣慰与骄傲	1	2	3	4	5	6	7

个人工作特征与家庭调查问卷

编号	题 项	完全不符合←——→完全符合						
1	我被允许决定使用何种方法来完成我的工作	1	2	3	4	5	6	7
2	我能够选择完成工作的步骤	1	2	3	4	5	6	7
3	在完成工作的过程中我有自由选择方法的权利	1	2	3	4	5	6	7
4	我对我的工作计划有控制权	1	2	3	4	5	6	7
5	我在一定程度上能掌控我接下来的工作活动，也就是什么时候我去做什么	1	2	3	4	5	6	7
6	我的工作是这样的，我能决定在什么时候做特定的工作活动	1	2	3	4	5	6	7
7	我的工作允许我更改评价方法，这样我就可以突出我所做的一些方面	1	2	3	4	5	6	7
8	我能够更改我本应该完成的工作目标的设定	1	2	3	4	5	6	7
9	在一定程度上，我对自己本应该完成的上级所认定的工作目标有控制权	1	2	3	4	5	6	7

续表

编号	题　项	完全不符合←──→完全符合						
10	我被分配的任务或项目的数量多	1	2	3	4	5	6	7
11	我承担的职责和责任多	1	2	3	4	5	6	7
12	我的职位所需要承担的职责范围广	1	2	3	4	5	6	7
13	我有很多工作需要在规定时间内完成	1	2	3	4	5	6	7
14	我工作时感觉时间压力大	1	2	3	4	5	6	7
15	在我的工作中开玩笑或者持有玩乐的心态被认为是不成熟、不专业的表现	1	2	3	4	5	6	7
16	在我的单位，非工作时间才能找到有趣的事做，工作时间只能工作	1	2	3	4	5	6	7
17	在工作中找到乐趣对我的工作来说很重要	1	2	3	4	5	6	7
18	我喜欢跟那些能够在工作中找到乐趣的人一起工作	1	2	3	4	5	6	7
19	我之所以在工作时压力感和紧张感比较少，是因为工作中乐趣多多	1	2	3	4	5	6	7
20	当工作比较有趣的时候，我周围的人工作得更努力、时间更长了	1	2	3	4	5	6	7
21	我能够协商和达成工作和家庭对我的期望	1	2	3	4	5	6	7
22	我能满足无论是工作中还是家庭中关键人物对我的角色期望	1	2	3	4	5	6	7
23	那些与我关系亲密的人会认为我在工作和家庭之间做到了很好的平衡	1	2	3	4	5	6	7
24	我能够完成我的上级以及我的家人对我的期望	1	2	3	4	5	6	7
25	我的同事和我的家庭成员认为我满足了他们对我的期望	1	2	3	4	5	6	7
26	基于同事或家人的反馈，我很清楚我履行了我在工作中以及在家庭中的责任和义务	1	2	3	4	5	6	7
27	我通常知道自己的感受是什么以及为什么会有这样的感受	1	2	3	4	5	6	7
28	我通常能够很好地理解周围人的情绪	1	2	3	4	5	6	7
29	我对别人的感受和情绪非常敏感	1	2	3	4	5	6	7
30	我对自己的情绪有很强的控制能力	1	2	3	4	5	6	7
31	当我愤怒时，我通常能在很短的时间内平静下来	1	2	3	4	5	6	7

个人心理及行为调查问卷 -1

编号	题 项	完全不符合←→完全符合						
1	我能很好并迅速地评估周围环境	1	2	3	4	5	6	7
2	在思考时，我会去搜寻额外的、并没有立刻提供给我的信息	1	2	3	4	5	6	7
3	我会从不同的角度评估现有状况	1	2	3	4	5	6	7
4	我有能力克服我所面对的任何困难	1	2	3	4	5	6	7
5	在思考问题时，我会考虑目前现有信息与事实	1	2	3	4	5	6	7
6	在做决定之前，我会考虑多种选择	1	2	3	4	5	6	7
7	我觉得用不同的方法去应对不同的状况十分麻烦	1	2	3	4	5	6	7
8	在面对困境的时候，我在行动前会考虑多种方案	1	2	3	4	5	6	7
9	我认为从不同的视角去审视困境是十分重要的	1	2	3	4	5	6	7
10	我能善于设身处地地为他人着想，从他人的视角看问题	1	2	3	4	5	6	7
11	我会立刻处理那些始料未及的事件	1	2	3	4	5	6	7
12	我在实施行动的时候是敏捷的	1	2	3	4	5	6	7
13	我会在始料未及的问题出现的那一刻立刻给予回应	1	2	3	4	5	6	7
14	我在解决问题时采用新的方法	1	2	3	4	5	6	7
15	我在新的工作流程中会试图寻找机遇	1	2	3	4	5	6	7
16	我在完成工作的过程中甘愿为新想法冒一定的风险	1	2	3	4	5	6	7
17	我会有意识地展示自己创造性的工作	1	2	3	4	5	6	7

个人心理及行为调查问卷 -2

编号	题 项	完全不符合←——→完全符合						
1	在现阶段，我在追求目标的过程中充满能量	1	2	3	4	5	6	7
2	我目前面对的任何问题都有很多解决方法	1	2	3	4	5	6	7
3	就目前而言，我感觉自己挺成功的	1	2	3	4	5	6	7
4	此时，我正在为达成我自己所设立的目标而努力	1	2	3	4	5	6	7
5	在不确定的情况下，我总是往最好的方向思考	1	2	3	4	5	6	7
6	我对我的未来感到很乐观	1	2	3	4	5	6	7
7	总的来说，我期待好事情能发生在我的身上而不是糟糕的事情	1	2	3	4	5	6	7
8	当我受到惊吓的时候，我能很快克服不安并恢复平静	1	2	3	4	5	6	7
9	我能相当快速地克服对于某个人的愤怒	1	2	3	4	5	6	7
10	我乐于尝试那些我从来没有吃过的东西	1	2	3	4	5	6	7
11	与其他大部分人相比，我的好奇心更强	1	2	3	4	5	6	7
12	当我在工作中遭遇挫折时我很难恢复或继续开始工作	1	2	3	4	5	6	7
13	我通常能够从容地处理工作中所遇到的事情	1	2	3	4	5	6	7
14	我能够为了改进自己的工作去创造新的想法	1	2	3	4	5	6	7
15	我能够积极调动那些帮我产生新想法的各类支持与资源	1	2	3	4	5	6	7
16	我能够寻找新的工作方法，工作技巧和工作工具	1	2	3	4	5	6	7
17	我能够积极地去获取上级对自己新想法的批准	1	2	3	4	5	6	7
18	我能将创造性的想法实现为有用的产品、工具（或付诸实践）	1	2	3	4	5	6	7
19	我能为工作中的难题找到原创性的解决方案	1	2	3	4	5	6	7
20	我能够在解决问题时系统性地引入自己的新想法	1	2	3	4	5	6	7
21	我的新想法能够令团队中的重要成员充满热情	1	2	3	4	5	6	7
22	我能彻底地评估新想法是否能实现	1	2	3	4	5	6	7

团队及领导调查问卷

编号	题　项	完全不符合←——→完全符合						
1	您觉得自己和上级领导的工作关系如何	1	2	3	4	5	6	7
2	您充分信任上级，即使她不在场，您也会相信并维护其决策的可能性	1	2	3	4	5	6	7
3	您的上级领导运用职权帮您解决工作困难的可能性有多大	1	2	3	4	5	6	7
4	您的上级在多大程度上了解您的潜能	1	2	3	4	5	6	7
5	您的上级在多大程度上了解您工作方面的问题与需求	1	2	3	4	5	6	7
6	您在多大程度上清楚上级对您的工作表现的满意度	1	2	3	4	5	6	7
7	上级会在多大程度上牺牲自己的利益帮您摆脱工作困境	1	2	3	4	5	6	7
8	我经常就工作方法的优化向其他团队成员提供建议	1	2	3	4	5	6	7
9	当我的工作或团队成员的工作使其他人的工作变得更容易（或者更困难）时，大家总会知道	1	2	3	4	5	6	7
10	其他团队成员了解我的潜力	1	2	3	4	5	6	7
11	其他团队成员了解我的问题和需要	1	2	3	4	5	6	7
12	当工作较为繁忙时，团队成员经常互相帮助	1	2	3	4	5	6	7
13	团队成员乐意相互帮助完成所分配的工作	1	2	3	4	5	6	7
14	我所在的团队成员常常通过总结过去的经验而获取新知识	1	2	3	4	5	6	7
15	我所在的团队对解决遇到的工作问题非常自信	1	2	3	4	5	6	7
16	我们大家很注重去学习与我们工作相关的并能提升自身能力的内容	1	2	3	4	5	6	7
17	我们大家很乐意去承担一些富有挑战性的、让我们学到更多的任务	1	2	3	4	5	6	7
18	我们大家总是试图寻找开发新技能和新知识的机会和方法	1	2	3	4	5	6	7

续表

编号	题　项	完全不符合←→完全符合						
19	我们大家会为了学习新的技能乐于接受那些富有挑战性的和困难的任务	1	2	3	4	5	6	7
20	我们大家很关心自己是不是比其他的团队表现得更出色	1	2	3	4	5	6	7
21	我们愿意去向其他人证明自己在工作中的能力	1	2	3	4	5	6	7
22	当其他人知道我们的团队做得很棒的时候，我感觉很开心	1	2	3	4	5	6	7
23	我们的团队乐于去承担那些能证明我们能力的任务	1	2	3	4	5	6	7
24	我所在的团队或部门成员大家都充满朝气和干劲	1	2	3	4	5	6	7
25	在目前这个团队或部门中工作我觉得充满了希望	1	2	3	4	5	6	7
26	在目前的团队或部门中大家都十分乐观和自信	1	2	3	4	5	6	7

后 记

曾几何时，害怕面对的问题是什么时候毕业、工作了吗。可一个博士学位里所包含的矛盾与纠结，苦楚与挣扎，唯有自己和身边人才能体会。这次研究之旅更是一场时而令人疯狂、时而令人沮丧、时而给人惊喜、时而又低落至尘埃的人生修行，漫长的一年半时间体味到人间百味，幸运的是有身边的你们。

感谢您，樊老师！在那个乍暖还寒的春天您给了我重新出发的机会。感谢您作为导师的启发与指导，作为长者的聆听与建议，作为妈妈的关怀与计之深远！感谢李怀祖教授在博士论文最终修改阶段多次的指导与意见，感谢您严谨的学术态度与专业的学术风范！感谢师门让我认识了一群这样的人！感谢所有师兄，你们睿智或勤勉！感谢师姐，你们全能或乐观！感谢所有师妹，你们明亮或可爱！尤其感谢这段岁月中你们的陪伴！

感谢你们，我的爸爸妈妈！谢谢你们在这些年其他家长都已经享受儿女回报时所表现出的不慌不忙，谢谢你们永远不问缘由，不计成本的付出！感谢你们给我富足的精神世界和独立的人格，谢谢你们拉着我的手，又放开我的手，让我在孤独时有依靠，在拥挤时有自我！希望你们不要怪女儿这几年的无能与自私！感谢我的公婆，谢谢你们帮我们建立了自己的小家，扶持我们继续前行！感谢所有亲人的关心与爱，尤其是四姨与姨夫在我求学阶段提供的帮助！

感谢你，我的爱人鹏飞！谢谢你一直以来对待所有人的善良与心胸！谢谢你毫无怨言地身挑重担一人养家让我过着衣食无忧的生活！谢谢你从未在我面前表现过哪怕一次的负面与消极！谢谢你在婚后仍然让我拥有选择的权利！谢谢你自始至终对我充满信心！感谢你，刘沅也，我的狗蛋儿鱼！谢谢你在肚子里陪伴妈妈做博士论文的日日夜夜，那样坐着一定很辛苦吧！谢谢你在最需要妈妈的时候愿意目送我离开让我安心返校完成学业，提早长大一定有些不情愿吧！谢谢你选择了我，无条件的爱我，这一生我们一起走一程。

感谢你们，我所有的朋友！尤其谢谢寇寇，婧哥和瑶瑶参与了我 18 岁后的人生，从青葱岁月到中年妇女，谢谢你们为我欢喜为我忧，谢谢你们包容我的发际线，原谅我的不时髦！

最后我想感谢自己！每每在人生转弯和荆棘密布时，我都选择迎接新的对手，哪怕天寒地冻路远马亡，只为回头时除了辛苦不觉遗憾。也许特立独行是我的反骨，也许随波逐流是我的无奈，这一次，我要感谢年近 30 岁的自己，接受了出身与运气，接受了平凡与天赋，但始终记得为了远方！希望终有一天 80 岁的自己，心中依然充满好奇与笃定，山水与阳光！